CHIP HEATH e DAN HEATH

ideias que colam

Por que algumas ideias pegam e outras não

ALTA BOOKS
EDITORA
Rio de Janeiro, 2018

Ideias que Colam: Por que algumas ideias pegam e outras não
Copyright © 2018 da Starlin Alta Editora e Consultoria Eireli. ISBN: 978-1400064281

Impresso no Brasil.

Obra disponível para venda corporativa e/ou personalizada. Para mais informações, fale com projetos@altabooks.com.br

Tradução
Marcia Nascentes

Copidesque
Cláudia Amorim

Editoração Eletrônica
Estúdio Castellani

Revisão
Mariflor Brenlla Rial Rocha | Edna Rocha

Produção Editorial
Elsevier Editora - CNPJ: 42.546.531./0001-24

CIP-Brasil. Catalogação na fonte
Sindicato Nacional dos Editores de Livros, RJ

H348i Heath, Chip
Ideias que colam: por que algumas ideias pegam e outras não/Chip Heath e Dan Heath; tradução Marcia Nascentes.
– Rio de Janeiro: Alta Books, 2018.

Tradução de: Made to stick: why some ideas survive and others die...
ISBN: 978-85-508-0366-1

1. Psicologia social. 2. Contágio (Psicologia social).
3. Efeitos do contexto (Psicologia). I. Heath, Dan, 1973-. II. Título.

07-0159.
CDD: 302
CDU: 316.6

ALTA BOOKS
EDITORA

Rua Viúva Cláudio, 291 — Bairro Industrial do Jacaré
CEP: 20970-031 — Rio de Janeiro - RJ
Tels.: (21) 3278-8069 / 3278-8419
www.altabooks.com.br — altabooks@altabooks.com.br
www.facebook.com/altabooks

A nosso pai, que dirigia um velho Chevette
desbotado para nos levar à faculdade.

À nossa mãe, por ter preparado nosso café-da-manhã
diariamente, durante 18 anos.

Seus filhos

AGRADECIMENTOS

Várias pessoas forneceram feedback sobre nossa proposta inicial, que precisava de muito aperfeiçoamento. Agradecemos a estas pessoas por terem nos ajudado a criar um documento convincente o bastante para ser aprovado no primeiro teste essencial: Doug Crandall, James Dailey, Ben Ellis, John Lin, Tom Prehn, Chloe Sladden e Craig Yee.

Ao terminarmos a primeira metade do livro, estávamos muito empolgados e ansiosos para obter algum feedback. Então, enviamos cópias para alguns amigos e colegas, que atenderam ao nosso pedido e enviaram um feedback por escrito. Eles também pouparam você, leitor, de várias histórias pouco convincentes e interessantes. Somos muito gratos a: Daryl Anderson, E. Joseph Arias, Deena Bahri, Amy Bryant, Mark e Chelsea Dinsmore, Julie Balovich, Danny Fitelson, Alfred Edmond, Michael Erisman, Chris Ertel, Erika Faust, Craig Fox, Emmet Gaffney, Lisa Gansky, Liz Gerber, Julio Gonzalez, Eric Guenther, Steven Guerrero, Susanna Hamner e Byron Penstock, Tod e Susan Hays, Fred e Brenda Heath, Ian Hill, Joe Lassiter, Alex Kazaks, Brian Kelly, Paul Marshall, George Miller, Shara Morales, Michael Morris, Derek Newton, Justin Osofsky, Jeff Pfeffer, Bill Sahlman, Andrew e Katie Solomon, Melissa Studzinski, Mark Schlueter, Paul Schumann, Steven Slon, Amy e Walter Surdacki, Bob Sutton, Mike Sweeney, Anthony Trendl, Ed Uyeshima, Steve e Trae Vassallo, Rachel Ward, Keith Yamashita. Agradecemos pelo feedback que recebemos quando mais precisávamos.

Nossos mais sinceros agradecimentos às pessoas que nos ajudaram de diferentes formas: Noah Weiss, que passou horas reunindo fontes desconhecidas para a inclusão de exemplos interessantes nos estágios iniciais, e Maggie Cong-Huyen, que assumiu a posição de Noah quando ele saiu. Nossos agradecimentos especiais a Jeff Saunders, por ter indicado a Intenção do Comando. Agradecemos aos alunos de Chip pelos diversos anos de aulas da OB 368, que ajudou a aperfeiçoar e testar seu modelo. Agradecemos aos colaboradores de Chip, que ajudaram a trabalhar muitas dessas idéias: Adrian Bangerter, Chris Bell, Jonah Berger, Sanford Devoe, Nate Fast, Alison Fragale, Emily Sternberg, Scott Wiltermuth. Estas pessoas leram o livro e ajudaram a reunir exemplos para as edições internacionais: Eugine Chong, Hide Doi, Atsuko Jenks, Hyun Kim, Motoki Korenaga, Andreas Kornstaedt e Noriko Masuda.

Este parágrafo é dedicado às pessoas cujo trabalho nos inspirou. Elas não tinham ligação direta com este livro, mas tinham tudo a ver com o livro. Somos seus fãs. Recebam nossos agradecimentos: Edward Tufte, Don Norman, Malcolm Gladwell, James Carville, Stephen Denning, Robert McKee, Andy Godman, Jim Thompson, Steven Tomlinson, Edward Burger, George Wolfe, David Placek, Keith Yamashita, Jacob Goldenberg, George Loewenstein, Robert Cialdini, Mark Schaller, David Rubin, Jan Brunvand e tantas outras pessoas. Pedimos desculpas àqueles que esquecemos de citar no livro até a data de publicação.

A nossos agentes, Don Lamm e Christy Fletcher, somos profundamente gratos por terem tornado esta experiência possível. Agradecemos a Mark Fortier, por ter divulgado o livro.

Nunca devemos esquecer de agradecer ao editor. Segundo as palavras de outros autores, você costuma fazer esse agradecimento rangendo os dentes. Este é o nosso primeiro livro e, quando decidimos lançá-lo no mercado, pressupõe-se que já tivéssemos escutado várias histórias terríveis sobre as editoras. Sendo assim, deveríamos nos sentir desprestigiados e sem apoio. A Random House fugiu à regra nesse ponto. Foi um prazer trabalhar com eles, que se mostraram tão gentis que é difícil saber por onde começar. Nossos sinceros agradecimentos a: Debbie Aroff, Avideh Bashirrad, Rachel Bernstein, Nicole Bond, Evan Camfield, Gina Centrello, Kristin Fassler, Jennifer Hershey, Stephanie Huntwork, Jennifer Huwer, London King, Sally Marvin, Dan Menaker, Jack Perry, Tom Perry, Kelle Ruden, Robbin Schiff e Carol Schneider. E não poderíamos deixar de mencionar Sanyu Dillon. Como expressar toda a nossa gratidão por tudo que você fez por nós? Você foi demais.

Nosso muito obrigado ao inacreditável editor Ben Loehnen. Esperamos ter a sorte de poder ver nossos pais lendo este livro uma vez. (Um comentário: nosso pai acredita em uma Teoria de Quantidade sobre Literatura, segundo a qual não vale a pena ler um livro com menos de quatrocentas páginas. Confiamos apenas nos laços que nos unem para convencê-lo a ler este livro.) No entanto, Ben já leu o livro cerca de 12 vezes, sem reclamar, pelo menos na nossa frente. Ben, agradecemos por sua enorme paciência, atenção, grande insight e apoio. Tudo bem. Vamos parar por aqui, senão vai parecer que estamos escrevendo seu anuário. (Relaxe!) Mas, reconhecemos que, às vezes, demos muito trabalho a você, como no caso de nossa campanha da fita adesiva.

Somos gratos à nossa família, que nos tolerou durante esse tempo. Devemos a vocês os nossos mais sinceros agradecimentos, justamente pelo fato de terem permanecido ao nosso lado, oferecendo apoio, apesar de não estarem diretamente envolvidos com este livro. Esta seção do livro nos dá uma grande oportunidade de registrar nossa gratidão. Agradecemos a nosso pai e à nossa mãe por nos tornarem co-autores. Obrigado, Susan. Obrigado, Emory. Obrigado, irmã Susan. Somos gratos também a Tod, Hunter e Darby.

Esperamos que apreciem o livro. Foi divertido escrevê-lo.

OS AUTORES

CHIP HEATH é professor de comportamento organizacional na Graduate School of Business da Stanford University. Ele mora em Los Gatos, na Califórnia.

DAN HEATH é consultor na Duke Corporate Education. Ex-pesquisador na Harvard Business School, é co-fundador da Thinkwell, uma editora inovadora que apresenta aulas virtuais com tecnologia de última geração. Ele mora em Raleigh, na Carolina do Norte.

SUMÁRIO

INTRODUÇÃO

O QUE COLA?

Um amigo de um amigo nosso viaja a negócios com freqüência. Vamos chamá-lo de Dave. Dave esteve recentemente em Atlantic City para uma reunião importante com clientes. Após a reunião, como ele tinha um tempo livre antes do vôo, foi a um bar para tomar um drinque.

Ao terminar o primeiro drinque, uma mulher atraente se aproximou e perguntou se poderia oferecer-lhe outro drinque. Ele ficou surpreso, mas lisonjeado. É claro que aceitou. A mulher se dirigiu ao bar e retornou com dois drinques – um para ela e outro para ele. Ele agradeceu e tomou um gole. Essa é a última coisa de que ele se lembra.

Ou melhor, essa foi a sua última lembrança antes de acordar, desorientado, deitado em uma banheira de hotel, cheia de cubos de gelo.

Ele olha freneticamente ao redor, tentando descobrir onde está e como chegou até ali. Ele encontra o seguinte bilhete:

NÃO SE MOVA. DISQUE 911.

Havia um telefone celular sobre uma pequena mesa ao lado da banheira. Ele pega o celular e disca 911, com dificuldade, pois seus dedos estavam dormentes em função do gelo. Estranhamente, a operadora parece saber da situação. Ela diz: "Senhor, procure verificar se há algo nas suas costas, devagar e com cuidado. Há um tubo saindo da parte inferior?" Ansioso, ele começa a tatear o corpo e encontra um tubo.

A operadora diz: "Senhor, não se assuste. Um de seus rins foi retirado. Há um grupo de ladrões de órgãos agindo nesta cidade. E eles o pegaram. Os paramédicos estão a caminho. Não se mova até eles chegarem."

Você acaba de ler sobre uma das lendas urbanas de maior sucesso nos últimos 15 anos. A primeira pista é a famosa abertura da lenda urbana: "Um amigo de um amigo..." Você já reparou que a vida dos amigos de nossos amigos é bem mais interessante do que a vida de nossos próprios amigos?

Provavelmente você já ouviu falar nessa lenda do Roubo do Rim. Há várias versões circulando por aí; todas apresentam três elementos em comum: (1) a bebida com a droga, (2) a banheira cheia de cubos de gelo e (3) o clímax da lenda do roubo do rim. Uma das versões apresenta um homem casado que recebe um drinque com droga de uma prostituta que ele convidou para ir a seu quarto em Las Vegas. Trata-se de uma representação da moralidade com a utilização de rins.

Suponhamos que você decida fechar este livro agora, faça uma pausa de uma hora e, depois, ligue para um amigo para contar a história, sem consultar o livro. É provável que você consiga contar a história quase que perfeitamente. Talvez você se esqueça de que o viajante estava em Atlantic City para "uma reunião importante com clientes" – e quem se importa com isso? Mas você se lembraria de todos os fatos importantes.

O Roubo do Rim é uma história que colou. É fácil compreendê-la, memorizá-la e recontá-la posteriormente. E, se acreditarmos que ela é verdadeira, isso poderá mudar nosso comportamento para sempre – pelo menos em relação a aceitar bebidas de pessoas desconhecidas e atraentes.

Compare a história do Roubo do Rim com a passagem a seguir, retirada de um jornal distribuído por uma ONG (organização não-governamental). Ela começa assim: "A formação de uma comunidade abrangente naturalmente se presta à justificativa do retorno sobre investimento que deve ser copiado, com base em prática existente." E continua, argumentando que "[um] fator que restringe o fluxo de recursos a CCIs é que os financiadores muitas vezes precisam recorrer a requisitos-alvo ou categóricos para obter concessões a fim de garantir a responsabilidade".

Imagine interromper a leitura agora para uma pausa de uma hora. Na verdade, esqueça a pausa; ligue logo para um amigo e conte a passagem que você acabou de ler, sem consultar o texto. Boa sorte.

É justo comparar uma lenda urbana com uma passagem ruim e tendenciosa? É claro que não. Mas vejamos quando as coisas se tornam interessantes: pense em nossos dois exemplos como dois pólos de um espectro da capacidade de ser memorável. Qual se aproxima mais das comunicações encontradas em seu trabalho? Se você é como a maioria das pessoas, seu ambiente de trabalho gravita rumo ao pólo sem fins lucrativos, como se ele fosse a Estrela do Norte.

Talvez isso seja perfeitamente natural; algumas idéias são inerentemente interessantes e outras são inerentemente desinteressantes. Uma gangue de ladrões de órgãos – inerentemente interessante! Estratégia financeira sem fins lucrativos – inerentemente desinteressante! É o debate natureza *versus* educação aplicado a idéias: as idéias nascem interessantes ou se tornam interessantes?

Bem, este livro contém os ensinamentos.

Então, como transmitir nossas idéias para que elas tenham sucesso no mundo? Muitos de nós estamos em busca de uma forma de transmiti-las de maneira eficaz, de conseguir que nossas idéias façam diferença. Um professor de Biologia passa uma hora explicando a mitose. Uma semana depois, apenas três crianças se lembram do significado. Um gerente faz uma palestra na qual revela uma nova estratégia. Os membros do staff balançam a cabeça entusiasmados, em sinal de aprovação. No dia seguinte, observa-se que os funcionários da linha de frente continuam a implementar animadamente a estratégia antiga.

Em geral, é difícil implementar novas idéias e, mesmo assim, a história ridícula do Roubo do Rim continua circulando, e sem qualquer tipo de recurso para sustentá-la.

Por quê? Será que isso ocorre apenas porque rins roubados dão mais ibope do que outros tópicos? Ou será que é possível fazer com que uma idéia *verdadeira* e *válida* circule de maneira tão eficaz quanto uma idéia falsa?

A verdade sobre a pipoca no cinema

Art Silverman não parava de olhar para um saco de pipocas de cinema sobre sua mesa. Aquele saco parecia estar no lugar errado. A sua sala já estava impregnada daquele cheiro de falsa manteiga. Em virtude da pesquisa realizada em sua empresa, Silverman sabia que a pipoca sobre a mesa não era saudável. Na verdade, não era nada saudável. Sua tarefa era descobrir uma forma de transmitir essa mensagem aos freqüentadores de cinema dos Estados Unidos.

Silverman trabalhava no Center for Science in the Public Interest (CSPI), uma ONG que alerta a população sobre nutrição. O CSPI enviou sacos de pipoca de 12 salas de cinema, em três cidades grandes, para um laboratório, a fim de analisar seu valor nutricional. Os resultados foram surpreendentes.

O Departamento de Agricultura dos Estados Unidos (USDA) recomenda que uma dieta normal contenha no máximo 20g de gordura saturada por dia. De acordo com os resultados do laboratório, o típico saco de pipocas continha 37g.

O culpado era o óleo de coco utilizado para tornar a pipoca crocante. Esse óleo tinha algumas vantagens sobre os demais. Ele conferia à pipoca uma textura suave e liberava um aroma mais agradável e natural do que os óleos alternativos. Infelizmente, conforme provado pelos resultados de laboratório, o óleo de coco também continha um alto teor de gordura saturada.

Aquela única porção de pipocas sobre a mesa de Silverman, algo que qualquer pessoa poderia comer entre as refeições principais, correspondia a quase dois dias de gordura saturada. E aqueles 37g de gordura saturada estavam acondicionados em um pacote *médio* de pipocas. Sem dúvida, um pacote de tamanho maior poderia resultar em três dígitos.

Silverman percebeu o desafio: poucas pessoas sabiam o que "37g de gordura saturada" significavam. A maioria das pessoas não sabe dizer o valor calórico diário recomendado pelo USDA. Será que 37g é uma quantidade boa ou ruim? E, mesmo que tivéssemos a intuição de que é ruim, questionaríamos se isso é "muito ruim" (como o cigarro) ou "ruim" (como um biscoito recheado ou um milk-shake).

A própria frase "37g de gordura saturada" foi suficiente para que a maioria das pessoas ficasse curiosa. Silverman diz: "Simplesmente mencionar que há gordura saturada não desperta a atenção das pessoas. Isso soa como algo acadêmico, seco. E quem se importa?"

Silverman poderia ter criado algum tipo de comparação visual – talvez um anúncio comparando a quantidade de gordura saturada na pipoca com a dose diária recomendada pelo USDA. Pense em um gráfico de barras, com uma das barras duas vezes maior do que a outra.

Mas, em todo caso, isso era científico demais. Racional demais. A quantidade de gordura naquela pipoca era, de certa forma, irracional. Era irresponsável. O CSPI precisava encontrar uma forma de veicular a mensagem que realmente mostrasse que aquilo era um exagero.

Silverman encontrou a solução.

O CSPI convocou a imprensa para uma entrevista coletiva, em 27 de setembro de 1992, e transmitiu a seguinte mensagem: "Um pacote médio de pipocas 'amanteigadas', encontrado em um típico cinema da redondeza, contém mais gordura com perigo de obstrução arterial do que bacon com ovos no café-da-manhã, um sanduíche Big Mac com fritas no almoço e um bife com todos os acompanhamentos no jantar – tudo isso junto!"

O pessoal do CSPI não dispensou os elementos visuais – eles exibiram a gama completa de alimentos gordurosos para as câmeras de televisão. O equivalente a um dia inteiro de alimentação não-saudável estava disposto sobre uma mesa. Toda aquela gordura saturada – aglutinada em um único saco de pipocas.

A história teve logo grande repercussão, sendo transmitida por diversos canais de televisão: CBS, NBC, ABC e CNN. Foi matéria de destaque no *USA Today*, no *Los Angeles Times* e apareceu na seção Estilo do *The Washington Post*. Leno e Letterman* inventaram piadas sobre a pipoca encharcada de gordura. E redatores das manchetes de jornais e revistas criaram alguns trocadilhos: "Pipoca recebe classificação 'F'", "Luzes, ação, colesterol!", "Pipoca de cinema é dupla garantia de gordura".

A idéia colou. Muitos freqüentadores de cinema evitavam comprar pipoca nos cinemas. As vendas caíram. Os atendentes das lanchonetes começavam a se acostumar a responder perguntas sobre o tipo de óleo utilizado para fazer a pipoca. As pessoas queriam saber se era um óleo "ruim". Logo depois, a maioria das maiores redes de cinemas, incluindo a United Artists, a AMC e a Loews, anunciaram que não utilizariam mais óleo de coco.

Sobre a capacidade de colar

Essa é uma história de idéia de sucesso, ou melhor, é uma história *verídica* de idéia de sucesso. As pessoas do CSPI sabiam algo sobre o mundo que precisavam compartilhar. Elas descobriram uma maneira de transmitir a idéia de forma que as pessoas escutassem e se importassem. E a idéia colou – assim como a história do Roubo do Rim.

E sejamos honestos: os ventos sopravam contra o CSPI. A história "pipoca de cinema é gordurosa" não tem o mesmo apelo sombrio de uma gangue que rouba órgãos. Ninguém acordou dentro de uma banheira cheia de óleo. A história não

**Nota da Editora:* Jay Leno e David Leterman – dois apresentadores de *talk-show* nos Estados Unidos.

era sensacional nem especialmente divertida. Além disso, não havia um público natural para as notícias – poucos de nós buscamos "obter notícias atuais sobre pipocas". Não havia celebridades, modelos, nem animais adoráveis envolvidos.

Em suma, a idéia da pipoca tinha muito em comum com as idéias que a maioria de nós comunica todo dia – idéias que são interessantes mas não sensacionais, verídicas mas não psicodélicas, importantes mas não "de vida ou morte". A menos que você trabalhe com propaganda ou relações públicas, provavelmente não possui muitos recursos para sustentar suas idéias. Você não tem um orçamento de propaganda multimilionário, nem uma equipe de divulgadores profissionais. Suas idéias precisam perdurar por seus próprios méritos.

Escrevemos este livro para ajudá-lo a fazer com que suas idéias colem. Ao utilizarmos o termo "colar", queremos dizer que suas idéias são compreendidas e lembradas, e que possuem impacto duradouro – elas mudam as opiniões ou o comportamento de seu público.

Neste ponto, vale a pena perguntar por que você precisaria fazer com que suas idéias colassem. Afinal, a grande maioria de nossas comunicações diárias não precisa colar. *Pass the gravy** não precisa ser memorável. Quando contamos aos amigos nossos problemas de relacionamento, não estamos tentando causar um "impacto duradouro".

Então, nem toda idéia merece colar. Quando perguntamos às pessoas com que freqüência elas precisam fazer com que uma idéia cole, elas dizem que a necessidade surge uma vez por mês ou uma vez por semana, de 12 a 52 vezes por ano. Para gerentes, essas são "grandes idéias" sobre novas orientações estratégicas sobre comportamento. Professores tentam transmitir temas, conflitos e tendências para seus alunos – os tipos de temas e formas de pensar que perduram quando descobertas individuais desaparecem. Colunistas tentam guiar as opiniões de leitores. Líderes religiosos tentam compartilhar sabedoria espiritual com membros de sua congregação. ONGs (organizações não-governamentais) tentam persuadir voluntários a contribuir com tempo e doadores a contribuir com dinheiro para uma causa digna.

Dada a importância de fazer com que idéias colem, é surpreendente como o assunto é pouco debatido. Quando recebemos conselhos sobre comunica-

**Nota da Tradutora*: Comédia norte-americana de 1928, em que vizinhos discutem sobre suas galinhas e seus filhos. O filme foi considerado culturalmente significativo pela Library of Congress.

ção, quase sempre isso está relacionado à nossa forma de interagir: "Fique de pé, mantenha o contato visual, faça gestos manuais apropriados. Pratique, pratique, pratique (mas não soe ensaiado)." Às vezes, somos aconselhados quanto à estrutura: "Diga a eles o que você irá dizer a eles. Diga isso a eles e, depois, diga a eles o que você disse a eles." Ou "Comece atraindo a atenção deles – conte uma piada ou uma história".

Outro tipo de conselho se refere à necessidade de conhecer o público: "Saber o interesse de seus ouvintes para poder adaptar a sua comunicação a eles." E, finalmente, chegamos ao refrão mais comum na esfera de conselhos sobre comunicação: repetição, repetição, repetição.

Todos esses ensinamentos têm seu próprio mérito, exceto, talvez, a ênfase na repetição. (Se precisar dizer a alguém a mesma coisa dez vezes, é provável que a idéia não tenha sido bem projetada. Nenhuma lenda urbana precisa ser repetida dez vezes.) Mas esse conjunto de conselhos tem uma falha: ele não ajuda Art Silverman a descobrir a melhor forma de explicar que a pipoca de cinema *realmente* não é saudável.

É claro que Silverman sabe que precisa manter o contato visual e praticar. Mas que mensagem deve praticar? Ele conhece seu público – pessoas que gostam de pipoca e não percebem que ela faz mal à saúde. Então, que mensagem compartilhar com elas? Para piorar as coisas, Silverman sabe que não teria o luxo da repetição – ele precisaria convencer de cara a mídia a se importar com sua história.

Imagine uma professora do ensino fundamental. Ela sabe sua meta: ensinar o conteúdo determinado pela comissão de currículo estadual. Ela conhece seu público: alunos de terceira série, com amplo conhecimento e habilidades. Ela sabe *como* falar com eficácia – ela é mestre em postura, dicção e contato visual. Então, a meta está clara, o público está claro e o formato está claro. Mas o design da própria mensagem não está nada claro. Os alunos de Biologia precisam compreender mitose – tudo bem, e daí? Há infinitas maneiras de se ensinar mitose. Qual delas irá colar? E como saber isso *previamente*?

O que nos levou a escrever este livro?

A principal pergunta é: Como projetar uma idéia que cole?

Há alguns anos, nós dois (os irmãos Chip e Dan) percebemos que ambos já estudavam como as idéias colam há cerca de dez anos. Tínhamos expertise em diferentes áreas de estudo, mas ambos questionavam a mesma coisa: Por que algumas idéias colam e outras não?

Dan se apaixonou pela educação. Foi o co-fundador de uma editora start-up chamada Thinkwell, que levantou uma questão um tanto herética: Se você fosse criar um livro do zero, utilizando vídeo e tecnologia em vez de texto, como o faria? Como editor-chefe da Thinkwell, Dan precisava trabalhar com sua equipe para determinar as melhores formas de se ensinar matérias como Economia, Biologia, Cálculo e Física. Ele teve a oportunidade de trabalhar com alguns dos professores mais eficazes e queridos do país: um professor de Cálculo, que também era um excelente comediante; um professor de Biologia, que foi considerado Professor do Ano, nos Estados Unidos; um professor de Economia, que também era capelão e dramaturgo. Em essência, Dan dispunha de um curso de treinamento intensivo sobre o que leva um excelente professor a ser excelente. E ele descobriu que, apesar de cada professor ter seu próprio estilo, coletivamente, suas *metodologias* instrucionais eram quase idênticas.

Chip, professor da Stanford University, passou quase dez anos questionando por que idéias ruins às vezes dão certo no mercado social de idéias. Como uma idéia falsa pode substituir uma verdadeira? E o que torna algumas idéias mais "virais" do que outras? Ele mergulhou no reino das idéias que "naturalmente colam", como lendas urbanas e teorias de conspiração. Com o passar dos anos, ele foi se familiarizando, apesar do desconforto, com algumas das histórias mais absurdas e repugnantes que circulam nos anais de idéias. Ele escutou todas elas. Esta é uma pequena amostragem:

- O Kentucky Fried Rat.* Realmente, qualquer história que envolva ratos e fast-food é prato cheio para se gerar boatos.
- A Coca-Cola descalcifica os ossos. Isso gerou grande temor no Japão, mas até agora o país não enfrentou uma epidemia de adolescentes gelatinosos.
- Se você piscar os faróis para um carro cujos faróis estejam apagados, um membro de uma gangue atirará em você.
- A Grande Muralha da China é o único monumento criado pelo homem que é visível do espaço. (A Muralha é realmente extensa, mas não

***Nota da Tradutora*: Analogia à rede de fast-food norte-americana Kentucky Fried Chicken.

muito larga. Pense bem: se a Muralha fosse visível, qualquer ponte interestadual também seria visível, e talvez algumas megalojas do Wal-Mart também.)

- Você só utiliza 10% de seu cérebro. (Se isso fosse verdade, teríamos preocupação bem menor com os danos cerebrais.)

Chip, junto com seus alunos, passou centenas de horas reunindo, codificando e analisando idéias que naturalmente colam: lendas urbanas, boatos do tempo de guerra, provérbios, teorias de conspiração e piadas. Lendas urbanas são falsas, mas muitas idéias que naturalmente colam são verdadeiras. Na verdade, talvez a classe mais antiga de idéias que naturalmente colam seja o provérbio – palavras sábias que costumam ser transmitidas por vários séculos e entre diversas culturas. Por exemplo, versões do provérbio "Onde há fumaça, há fogo" já apareceram em mais de 55 idiomas diferentes.

Ao estudar idéias que naturalmente colam, e que são triviais e profundas, Chip fez mais de 40 experiências com mais de 1.700 participantes sobre tópicos como:

- Por que as profecias de Nostradamus ainda são lidas após 400 anos?
- Por que as histórias contidas no livro *Histórias para aquecer o coração* são inspiradoras?
- Por que remédios populares ineficazes ainda são utilizados?

Há alguns anos, ele começou a ministrar o curso "Como Fazer com que Idéias Colem", na Stanford. A premissa do curso era que, se compreendêssemos o que fazia com que idéias naturalmente colassem, seria mais fácil levar nossas próprias idéias a colar. Nos últimos anos, ele abordou esse tópico com centenas de alunos de diferentes carreiras, como gerentes, analistas de políticas públicas, jornalistas, designers e diretores de cinema.

Para concluir a história dos Irmãos Heath, em 2004 chegamos à conclusão de que estávamos abordando o mesmo problema sob diferentes ângulos. Chip pesquisou e ensinou o que fazia com que idéias colassem. Dan tentou descobrir formas pragmáticas de levar idéias a colar. Chip comparou o sucesso de diferentes lendas urbanas e histórias. Dan comparou o sucesso de diferentes aulas de matemática e política. Chip era o pesquisador e o professor. Dan era o profissional e o escritor. (E sabíamos que deixaríamos nossos pais felizes ao passarmos mais tempo juntos.)

Queríamos analisar idéias que colaram, tanto as espontâneas quanto as inventadas, e descobrir o que as levou a colar. O que torna lendas urbanas tão atraentes? Por que algumas aulas de Química dão mais certo do que outras? Por que praticamente toda sociedade tem uma série de provérbios? Por que algumas idéias políticas que circulam são difundidas enquanto outras somem?

Resumindo, estávamos buscando compreender o que cola. Adotamos a terminologia "o que cola" com base em um de nossos autores favoritos, Malcolm Gladwell. Em 2000, Gladwell escreveu o espetacular *O ponto de desequilíbrio*, no qual estuda as forças que provocam o salto de pequenos grupos para grandes grupos ou a forma como doenças contagiosas se espalham rapidamente após infectarem determinado grupo crítico de pessoas. Por que subitamente houve uma enorme procura por calçados Hush Puppies? Por que houve uma queda no índice de criminalidade na cidade de Nova York? Por que o livro *Divine Secrets of the Ya-Ya Sisterhood* se tornou tão popular?

O ponto de desequilíbrio possui três capítulos. O primeiro capítulo, "Regra dos Eleitos", aponta para a necessidade de se encontrar a pessoa certa; o terceiro, "O Poder do Contexto", aponta para a necessidade de se encontrar o contexto adequado. O segundo capítulo, "O Fator de Fixação", argumenta que as inovações têm maior chance de se destacar quando colam. Quando *O ponto de desequilíbrio* foi publicado, Chip percebeu que "fixação" era a palavra certa para o atributo que ele buscava em sua pesquisa no mercado de idéias.

Este livro é um complemento de *O ponto de desequilíbrio*, pois identificaremos *os traços* que fazem com que idéias colem, um assunto que estava além do escopo do livro de Gladwell. Gladwell estava interessado no que torna epidemias sociais epidêmicas. Nosso interesse é mostrar a eficácia na construção de idéias – o que faz com que algumas idéias colem e outras passem. Então, apesar de este livro enfocar aspectos diferentes de *O ponto de desequilíbrio*, queremos agradecer a Gladwell por ter cunhado o termo "fixação". Ele realmente pegou.

Quem estragou o Dia das Bruxas?

Nas décadas de 1960 e 1970, a tradição de "doce ou travessura" do Dia das Bruxas foi atacada. Surgiram boatos de que sádicos do Dia das Bruxas estavam colocando giletes em maçãs e armadilhas em doces. Os boatos afetaram a tradição do Dia das Bruxas no país inteiro. Pais examinavam com cuidado os sacos de doces dos filhos. As escolas abriram suas portas à noite para que crianças pudessem brincar de doce ou travessura em um ambiente seguro. Os hospitais se ofereceram para fazer raio X nos sacos de doces.

Em 1985, uma pesquisa da ABC News mostrou que 60% dos pais se preocupavam com a possibilidade de seus filhos serem vítimas. Até hoje, muitos pais alertam os filhos para que só comam o que estiver pré-embalado. É uma história triste: um feriado em família estragado por pessoas más que, inexplicavelmente, desejam fazer mal às crianças. Mas, em 1985, a história mudou um pouco. Pesquisadores descobriram algo chocante sobre a epidemia de adulteração de doces: não passava de mito.

Os pesquisadores, os sociólogos Joel Best e Gerald Horiuchi, estudaram todos os incidentes do Dia das Bruxas que ocorreram desde 1958 e não descobriram exemplos em que estranhos tivessem causado danos que ameaçassem a vida de crianças por meio da adulteração de balas.

Duas crianças realmente morreram na época do Dia das Bruxas, mas suas mortes não foram causadas por estranhos. Um garoto de 5 anos descobriu onde seu tio guardava heroína e tomou uma overdose. Os parentes inicialmente tentaram ocultar a verdade, colocando heroína em seus doces. Em outro caso, um pai, na esperança de receber dinheiro do seguro, causou a morte do próprio filho, contaminando seus doces com cianidina.

Em outras palavras, a melhor evidência revela que aceitar doces de estranhos é perfeitamente normal. O motivo de preocupação é a família.

A história da adulteração de doces mudou o comportamento de milhões de pais nos últimos 30 anos. Infelizmente, isso levou a suspeitas entre vizinhos e até mesmo a mudanças nas leis norte-americanas: os estados da Califórnia e de Nova Jersey aprovaram leis com penalidades especiais para pessoas que adulteram doces. Por que essa idéia foi tão bem-sucedida?

Os seis princípios das idéias que colam

A história dos doces do Dia das Bruxas é, de certa forma, o gêmeo mau da história do CSPI.

As duas histórias destacaram um perigo inesperado em uma atividade comum: comer doces no Dia das Bruxas e comer pipoca no cinema. As duas histórias exigiam uma ação simples: examinar os doces de seu filho e evitar pipoca de cinema. Ambas utilizaram imagens concretas e claras que são facilmente registradas na memória: uma maçã com uma gilete enterrada e uma mesa repleta de alimentos gordurosos. E as duas histórias mexem com a emoção: medo no caso do doce do Dia das Bruxas e nojo no caso da pipoca de cinema.

O Roubo do Rim também compartilha muitos desses traços. Um resultado altamente *inesperado*: um cara que vai a um bar tomar um drinque e acaba perdendo um dos rins. Vários detalhes *concretos*: uma banheira com vários cubos de gelo, um tubo estranho saindo da parte traseira inferior do corpo. *Emoção*: medo, nojo, suspeita.

Começamos a verificar os mesmos temas, os mesmos atributos, refletidos em uma grande gama de idéias bem-sucedidas. Com base na pesquisa de Chip, bem como na análise da pesquisa de vários folcloristas, psicólogos, pesquisadores educacionais, cientistas políticos e caçadores de provérbios, descobrimos que idéias que colam compartilham alguns traços essenciais. Não há uma "fórmula" para uma idéia que cola – não queremos exagerar o caso, mas idéias que colam realmente têm uma série de traços em comum, que aumentam sua probabilidade de dar certo.

É como discutir sobre os atributos de um grande jogador de basquete. Está certo que todos os grandes jogadores possuem um subconjunto de traços como altura, velocidade, agilidade, poder e percepção de quadra, mas isso não significa que você precisa ter todos esses traços para ser um ótimo profissional: alguns jogadores de defesa medem 1,78m e são esqueléticos. E, mesmo que você possua todos os traços, isso não será garantia de sucesso: com certeza há grandalhões de 2m de altura que são lentos e desajeitados. Mas, uma coisa é certa: se você estiver na quadra da redondeza, escolhendo entre pessoas estranhas para montar o seu time de basquete, talvez seja melhor apostar no cara de 2m.

As idéias funcionam de forma semelhante. Uma habilidade que podemos desenvolver é a capacidade de *detectar* idéias que têm um "talento natural", como o estranho de 1,78m. Posteriormente, discutiremos neste livro sobre a campanha da Subway, que se concentra em Jared, um aluno de faculdade obeso que perdeu mais de 90kg só comendo sanduíches da Subway diariamente. A campanha foi um tremendo sucesso. E ela não foi criada pela agência de propaganda Madison Avenue; ela foi idealizada pelo proprietário de uma loja que teve o bom senso de detectar uma história surpreendente.

Mas é aqui que nossa analogia com o basquete deixa de funcionar: no mundo de idéias, podemos orientar geneticamente nossos jogadores. Podemos *criar* idéias com o intuito de maximizar a fixação deles.

Ao analisarmos centenas de idéias que colaram, observamos, cada vez mais, a existência de seis princípios em comum.

PRINCÍPIO 1: SIMPLICIDADE

Como encontrar a parte essencial de nossas idéias? Um advogado de defesa bem-sucedido diz: "Se você discutir sobre dez pontos, mesmo que todos sejam bons pontos, quando eles retornarem ao tribunal, já terão sido esquecidos." Para chegarmos à essência de uma idéia, precisamos ser mestres da exclusão. Precisamos priorizar. Ser sucinto não é a missão – a utilização de *sound bites** não é o mais aconselhável. O ideal é utilizar provérbios. Precisamos criar idéias que sejam, *ao mesmo tempo*, simples e profundas. A Regra de Ouro é o modelo básico de simplicidade: uma declaração de uma única frase tão profunda que um indivíduo levaria uma vida inteira aprendendo a segui-la.

PRINCÍPIO 2: SURPRESA

Como fazer para que o público preste atenção em nossas idéias? Como mantemos o interesse quando precisamos de tempo para transmitir as idéias? Precisamos violar as expectativas das pessoas. Precisamos contrariar as expectativas. Um saco de pipocas é tão maléfico à saúde quanto um *dia inteiro de consumo de alimentos gordurosos*! Podemos utilizar a surpresa – uma emoção cuja função é aumentar a atenção e gerar foco – para prender a atenção das pessoas. Mas a surpresa não é eterna. Para que nossa idéia emplaque, precisamos despertar *interesse* e *curiosidade*. Como manter alunos envolvidos na aula de História? Para manter as pessoas curiosas por um longo período, podemos sistematicamente "abrir lacunas" em seu conhecimento – e depois preenchê-las.

PRINCÍPIO 3: CONCRETUDE

Como fazer para tornar nossas idéias claras? Devemos explicar nossas idéias em termos de ações humanas, em termos de informações sensoriais. É aí que

**Nota da Tradutora*: Frases curtas, utilizadas como recurso para apresentar o ponto mais importante de discursos e entrevistas. Por exemplo, elas sintetizam o pensamento e a proposta de políticos e outros oradores atuais.

grande parte da comunicação de negócios se mostra imprópria. Declarações, sinergias, estratégias e visões sobre a missão – tudo isso costuma ser tão ambíguo que se torna insignificante. Idéias naturalmente feitas para dar certo contêm diversas imagens concretas – banheiras com cubos de gelo, maçãs com giletes – pois nosso cérebro possui conexões que nos permitem lembrar de dados concretos. Em provérbios, verdades abstratas costumam ser codificadas em linguagem concreta: "Mais vale um pássaro na mão do que dois voando." Falar de maneira concreta é a única forma de garantir que nossa idéia tenha o mesmo significado para todas as pessoas que fazem parte do público.

PRINCÍPIO 4: CREDIBILIDADE

Como fazer para que as pessoas acreditem em nossas idéias? Quando o ex-cirurgião-geral C. Everett Koop fala sobre um problema de saúde pública, a maioria das pessoas aceita suas idéias sem ceticismo. Mas, na maioria das situações do dia-a-dia, não desfrutamos dessa autoridade. Idéias aderentes precisam conter suas próprias credenciais. Precisamos encontrar meios de ajudar as próprias pessoas a testar nossas idéias – uma filosofia "teste antes de comprar" para o mundo das idéias. Quando tentamos criar um caso para algo, instintivamente tendemos a escolher números difíceis, mas, em muitos casos, essa abordagem está totalmente errada. No único debate presidencial norte-americano, em 1980, entre Ronald Reagan e Jimmy Carter, Reagan poderia ter citado inúmeras estatísticas para demonstrar a morosidade da economia. Em vez disso, ele fez uma simples pergunta que permitiu aos eleitores comprovar aquilo por si próprios: "Antes de votar, perguntem a si mesmos se sua situação atual é melhor do que há quatro anos."

PRINCÍPIO 5: SENTIMENTOS

Como fazer com que as pessoas se importem com nossas idéias? Levando-os a *sentir* algo. No caso da pipoca de cinema, as pessoas sentem repugnância porque ela faz mal à saúde. A estatística "37g" não evoca emoções. A pesquisa mostra que pessoas estão mais propensas a fazer uma doação de caridade a uma única pessoa necessitada do que a uma região inteira onde haja pobreza. Nossas conexões internas nos levam a sentimentos por pessoas, e não por abstrações. Às vezes, o mais difícil é encontrar a emoção certa a ser associada. Por exemplo, é difícil convencer adolescentes a parar de fumar incutindo neles o medo das conseqüências, mas é mais fácil fazê-los abandonar o vício apelando para a indignação com a dissimulação dos Big Tobacco.*

PRINCÍPIO 6: RELATOS

Como fazer as pessoas agirem sobre nossas idéias? Contamos histórias. Bombeiros naturalmente compartilham histórias após cada incêndio e, ao fazer isso, eles multiplicam suas experiências; após anos escutando histórias, eles têm um catálogo mental mais enriquecido e completo de situações críticas que podem confrontar durante um incêndio e as respostas adequadas a essas situações. Pesquisas mostram que o ensaio mental de uma situação nos ajuda a ter uma melhor atuação quando encontramos aquela situação no ambiente físico. Da mesma forma, escutar histórias funciona como um tipo de simulador de vôo mental, que nos prepara para reagir com mais rapidez e eficácia.

Esses são os seis princípios de idéias de sucesso. Para resumir, apresentamos aqui uma lista de verificação para criar uma idéia de sucesso: *Simplicidade SUrpresa Concretude CrEdibilidade SentimentoS RelatOs*. Um observador perspicaz notará que destacamos algumas letras em negrito para formar ao acrônimo **SUCESSO**. (Admitimos que SUCESSO é um pouco piegas. Poderíamos ter utilizado "Candura" em vez de "Simplicidade", e "Emoções" em vez de "Sentimentos", ou talvez reordenado algumas outras letras. Mas, convenhamos que seria mais difícil conseguir se lembrar de CUCEESO.)

Qualquer um pode aplicar esses princípios. Não há uma licença para especialistas em fixação de idéias. Além disso, a maioria dos princípios tem uma marca de senso comum: a maioria de nós já não tinha a intuição de que devemos "ser simples" e "utilizar relatos"? Não existe um público ávido por histórias sem relação com a vida real, complicadas demais.

Mas, espere um pouco. Estamos dizendo que é fácil utilizar esses princípios. E a maioria deles parece encontrar respaldo em um senso comum. Então, por que não há uma abundância de idéias aderentes, criadas com talen-

Nota da Tradutora: Big Tobacco é o apelido que costuma ser utilizado em referência aos "três maiores" fabricantes de cigarros norte-americanos: R.J. Reynolds, Philip Morris e British American Tobacco. O termo é utilizado em muitas campanhas antitabagismo e também se refere a outros fabricantes, como Lorilard ou Brown & Williamson.

to? Por que nossa vida é preenchida com mais memorandos burocráticos do que com provérbios?

Infelizmente, há um vilão em nossa história. O vilão é uma tendência psicológica natural que continuamente frustra nossa capacidade de criar idéias com esses princípios. Ele se chama a Maldição do Conhecimento. (Retomaremos esse termo no livro inteiro, procurando conferir a ele a dramaticidade que acreditamos merecer.)

Ritmistas e ouvintes

Em 1990, Elizabeth Newton obteve um Ph.D. em Psicologia na Universidade de Stanford, onde estudou um jogo simples e que designava às pessoas uma destas duas funções: "ritmistas" ou "ouvintes". Os ritmistas recebiam uma lista de 25 canções conhecidas, como *Parabéns pra você* e *The Star-Spangled Banner.** Cada ritmista precisava escolher uma canção e batucar o ritmo para um ouvinte (batendo com as mãos sobre uma mesa). A tarefa do ouvinte era adivinhar a canção, com base no ritmo batucado. (A propósito, essa experiência pode ser divertida. Que tal experimentá-la em casa? Basta ter um candidato que seja um bom "ouvinte" por perto.)

A tarefa do ouvinte nesse jogo é bem difícil. Durante a experiência de Newton, 129 canções foram batucadas. Os ouvintes adivinharam apenas 2,5% das canções: 3 a cada 120 canções.

Mas vejamos por que o resultado acabou levando a uma dissertação em psicologia. Antes de os ouvintes adivinharem o nome da canção, Newton pediu aos ritmistas que previssem as probabilidades de adivinhações corretas pelos ouvintes. Eles fizeram uma previsão de 50% de acertos.

Os ritmistas conseguiram transmitir suas mensagens 1 vez a cada 40 tentativas, mas eles pensaram que estavam transmitindo as mensagens 1 vez a cada 2 tentativas. Por quê?

Quando um ritmista batuca, *ele está ouvindo a canção dentro da própria cabeça*. Experimente fazer isso – batuque *Parabéns pra você*. É impossível impedir que a melodia venha à sua mente. Contudo, os ouvintes não podem escutá-la – eles só conseguem ouvir uma série de batidas desconectadas, como se fosse um tipo estranho de Código Morse.

**Nota da Tradutora*: Hino nacional dos Estados Unidos.

Na experiência, ritmistas ficam surpresos com a dificuldade dos ouvintes em perceber a melodia. A *canção não é óbvia?* As expressões dos ritmistas, quando um ouvinte adivinha *Parabéns pra você* e *The Star-Spangled Banner*, são reveladoras: *Como uma pessoa pode ser tão estúpida?*

É difícil ser um ritmista. O problema é que os ritmistas receberam o conhecimento (o título da canção), o que torna impossível para eles imaginar o que é a *falta* desse conhecimento. Ao batucar, eles não conseguem imaginar o que significa para os ouvintes escutar batidas isoladas, e não uma canção. Isso é chamado de a Maldição do Conhecimento. Quando detemos um conhecimento, fica difícil imaginar como é não ter esse conhecimento. Nosso conhecimento nos "amaldiçoou". E fica difícil recriar prontamente o estado de espírito de nossos ouvintes.

A experiência do ritmista/ouvinte é repetida todos os dias no mundo inteiro. Os ritmistas e os ouvintes são CEOs e empregados da linha de frente, professores e alunos, políticos e eleitores, marqueteiros e clientes, escritores e leitores. Todos esses grupos contam com comunicação contínua, mas, assim como os ritmistas e ouvintes, eles são afetados pelo enorme desequilíbrio de informações. Quando um CEO discute sobre "o desbloqueio do valor do acionista", há uma melodia tocando em sua cabeça que não pode ser ouvida pelos empregados.

É difícil evitar esse problema – é provável que o CEO tenha trinta anos de imersão diária na lógica e nas convenções dos negócios. Inverter esse processo é tão impossível quanto cancelar a ação de ter tocado uma campainha. Não é possível desaprender o que você já sabe. Na verdade, há apenas duas maneiras de combater a Maldição do Conhecimento de forma confiável. A primeira é não aprender nada. A segunda é verificar suas idéias e transformá-las.

Este livro o ensinará a transformar suas idéias para combater a Maldição do Conhecimento. Os seis princípios, apresentados anteriormente, são suas melhores armas. Eles podem ser usados como um tipo de lista de verificação. Vejamos, por exemplo, o CEO que anuncia a seu staff que eles devem procurar "maximizar o valor do acionista".

Essa idéia é simples? Sim, pois ela é breve, mas falta-lhe a simplicidade útil de um provérbio. Essa idéia é inesperada? Não. É concreta? Nem um pouco. Possui credibilidade? Apenas no sentido de que foi proferida pelo CEO. Apela para os sentimentos? Não. É um relato? Não.

Compare a idéia "maximizar o valor do acionista" com o famoso discurso de John F. Kennedy, em 1961, quando lançou um desafio à nação: "antes do final da década, um homem irá à Lua e retornará com sucesso à Terra". Simples? Sim. Inesperado? Sim. Concreto? Por incrível que pareça, sim. Possui credibilidade? A meta parecia uma ficção científica, mas a fonte era confiável. Apela para os sentimentos? Sim. É um relato? Em miniatura.

Se John F. Kennedy fosse um CEO, ele diria: "Nossa missão é sermos o líder mundial na indústria espacial por meio do máximo de inovações centradas no esforço em equipe e de iniciativas aeroespaciais direcionadas estrategicamente." Felizmente, JFK era mais intuitivo do que um CEO atual; ele sabia que missões opacas e abstratas não conseguem cativar nem inspirar as pessoas. A missão da Lua era um caso típico de um comunicador que escapa da Maldição do Conhecimento. Ele teve uma idéia brilhante e fantástica – uma única idéia que motivou as ações de milhões de pessoas por uma década.

Criatividade sistemática

Procure se lembrar de uma pessoa que sempre tem boas idéias. Já tem uma imagem mental dessa pessoa? Muitas pessoas, quando solicitadas a fazer isso, descrevem um estereótipo familiar – o "gênio criativo", o tipo de pessoa que cria slogans em uma ótima agência de publicidade. Talvez, como nós, você imagine uma pessoa com gel no cabelo e roupas da moda, carregando um bloco com orelhas de cachorro, cheio de ironias e epifanias, pronto para interromper tudo e iniciar uma sessão de brainstorm de quatro horas em uma sala com muita cafeína e quadros-brancos. Ou talvez o seu estereótipo não seja tão elaborado.

Sem dúvida, algumas pessoas são mais criativas do que outras. Talvez elas já tenham nascido assim. Então, talvez você nunca consiga ser o Michael Jordan de idéias que colam. Mas este livro parte da premissa de que uma pessoa pode aprender a criar idéias que colam.

Em 1999, uma equipe de pesquisa israelense reuniu um grupo de 200 dos melhores anúncios – propagandas que foram finalistas e vencedoras nas maiores competições de propaganda. A equipe descobriu que 89% das propagandas vencedoras poderiam ser classificadas em seis categorias ou *modelos* básicos. Isso é incrível. Poderíamos esperar que conceitos muito criativos apresentassem um alto nível de idiossincrasia – como um capricho de tipos criativos natos. Parece que esses seis modelos simples têm um longo caminho a seguir.

A maioria desses modelos está relacionada ao princípio da surpresa ou imprevisibilidade. Por exemplo, o modelo *Conseqüências Extremas* aponta conseqüências inesperadas de um atributo de produto. Há uma propaganda que destaca o poder de um sistema estéreo de carro – quando o estéreo toca uma canção, uma ponte começa a balançar ao som da música; quando os alto-falantes oscilam, a ponte balança tanto que quase cai. Esse mesmo modelo também descreve o famoso slogan da Segunda Guerra Mundial, criado pelo Ad Council, uma ONG que cria campanhas de utilidade pública para outras agências governamentais e não-governamentais: "Línguas soltas podem afundar navios." E por falar em conseqüências extremas, não podemos esquecer dos ovos fritando num comercial da década de 1980: "Este é o seu cérebro sob o efeito das drogas" (também criado pela agência Ad Council). O modelo também aparece espontaneamente em idéias que colam naturalmente – por exemplo, a lenda de que Newton descobriu a gravidade quando uma maçã caiu sobre sua cabeça. (Para os demais modelos, consulte as notas finais.)

Os pesquisadores também tentaram utilizar seis modelos para classificar outros 200 anúncios (das mesmas publicações e para os mesmos tipos de produtos) que não receberam prêmios. Surpreendentemente, quando os pesquisadores tentaram classificar esses anúncios "de menor sucesso", só conseguiram fazer de 2% deles.

A lição surpreendente dessa história: propagandas altamente criativas são mais previsíveis do que as não-criativas. É como a citação de Tolstoy: "Todas as famílias felizes se parecem, mas as infelizes o são cada uma à sua maneira." Todos os anúncios criativos se parecem, mas cada perdedor tem sua própria maneira de ser não-criativo.

Mas, se propagandas criativas utilizam continuamente o mesmo grupo básico de modelos, talvez seja possível ensinar a "criatividade". Talvez até mesmo os novatos, sem experiência criativa, possam produzir idéias melhores se compreenderem os modelos. Os pesquisadores israelenses, curiosos sobre a capacidade de ensinar criatividade, decidiram verificar onde alguém poderia chegar por meio de um modelo.

Eles convidaram três grupos de novatos para fazer uma experiência. Deram a cada grupo algumas informações básicas sobre os três produtos: um xampu, um produto dietético e um par de tênis. Um grupo recebeu as informações básicas sobre os produtos e logo começou a criar propagandas, sem treinamento. Um diretor criativo e experiente, que não sabia como o grupo havia sido treinado, selecionou seus 15 melhores anúncios. Depois, esses anúncios foram testados por consumidores. Os anúncios desse grupo se destacaram: consumidores os classificaram como "irritantes". (Será que essa poderia ser a explicação tão esperada para os anúncios de agências de automóveis locais?)

Um segundo grupo foi treinado por duas horas por um instrutor de criatividade experiente, que mostrou aos participantes como utilizar um método de brainstorm de livre associação. Essa técnica é o método padrão para ensinar criatividade; pressupõe-se que ela amplie associações, faça conexões inesperadas e revele várias idéias criativas para que as pessoas possam selecionar as melhores. Se você já participou de uma aula sobre brainstorm de ótimas idéias, provavelmente ensinaram a você esse método.

Novamente, os 15 melhores anúncios foram selecionados pelo mesmo diretor criativo, que não sabia como o grupo havia sido treinado. Depois, os anúncios foram testados pelos consumidores. Os anúncios desse grupo foram classificados como menos irritantes do que os do grupo sem treinamento; porém, eles não foram considerados mais criativos.

O último grupo foi treinado por duas horas sobre como utilizar os seis modelos criativos. Novamente, os 15 melhores anúncios foram selecionados pelo diretor criativo e testados por consumidores. De repente, esses novatos desenvolveram criatividade. Seus anúncios foram classificados como 50% mais criativos e geraram uma atitude 55% mais positiva em relação aos produtos anunciados. Esse é um aperfeiçoamento surpreendente para um investimento de duas horas na aprendizagem de alguns modelos básicos! Parece que realmente existem maneiras sistemáticas de se produzir idéias criativas.

O que essa equipe de pesquisa israelense fez pelos anúncios é o que este livro pretende fazer por suas idéias. Aqui você encontra sugestões sobre como ajustar suas idéias para torná-las mais criativas e mais eficazes junto a seu público. Criamos nossa lista de verificação com seis princípios exatamente com esse objetivo.

Mas a utilização de um modelo ou de uma lista de verificação não é algo restritivo? Estamos sugerindo que uma abordagem "colorida por números" resultará em um trabalho mais criativo do que uma abordagem de tela em branco?

Na verdade, sim, é isso que estamos dizendo. Se você quiser espalhar suas idéias para outras pessoas, trabalhe dentro das regras que já permitiram o sucesso de outras idéias. O seu objetivo é inventar novas idéias, e não novas regras.

Este livro não se propõe a oferecer uma receita infalível. Deixamos isso claro logo no início: não espere uma demonstração de como levar um menino de 12 anos a conversar sobre mitose em uma reunião de escoteiros. E tudo leva a crer que seu memorando sobre aperfeiçoamento de processos não estará circulando por aí daqui a algumas décadas, como ocorre como um provérbio em diversas culturas.

Mas podemos prometer uma coisa a você: independentemente de seu nível de "criatividade natural", mostraremos como qualquer esforço com um mínimo de foco pode tornar uma idéia mais aderente; uma idéia que cola é uma idéia que tem mais chances de fazer diferença. Você só precisa compreender os seis princípios de idéias poderosas.

CAPÍTULO 1

SIMPLICIDADE

Cada passo de um soldado do exército norte-americano é precedido de enorme planejamento, que pode ser remontado a uma ordem original do presidente dos Estados Unidos. O presidente ordena que o Comitê dos Chefes do Estado-Maior cumpra um objetivo; então, esse Comitê define os parâmetros da operação. Assim, as ordens e os planos começam a surgir em cascata – de generais para coronéis, de coronéis para capitães.

Os planos são bem abrangentes, especificando o "esquema de manobras" e o "conceito de disparos" – o que cada unidade fará, que equipamentos utilizará, como ela substituirá munições e assim por diante. As ordens são como bolas de neve acumuladas até apresentarem especificidade suficiente para orientar as ações de cada soldado em momentos específicos.

O exército investe muita energia em seu planejamento e seus processos vêm sendo aperfeiçoados há muitos anos. O sistema é uma maravilha em termos de comunicação. Há apenas um inconveniente: os planos costumam se mostrar inúteis.

Segundo o Coronel Tom Kolditz, chefe da divisão de ciências comportamentais de West Point: "A expressão trivial que sempre utilizamos é: *Nenhum plano sobrevive ao contato com o inimigo*. Você pode começar tentando combater seu plano, mas o inimigo recebe um voto. Coisas imprevisíveis acontecem – o tempo muda, o principal patrimônio é destruído, o inimigo responde de forma inesperada. Muitos exércitos fracassam porque só se concentram na criação de um plano que se torna inútil dez minutos após iniciada a batalha."

O desafio do exército é escrever instruções para um amigo jogar xadrez em seu nome. Você conhece bem as regras do jogo, e talvez saiba muito sobre seu amigo e o adversário. Mas, se tentar escrever as instruções passo a passo, não conseguirá. Você só consegue prever alguns movimentos sobre o tabuleiro. A primeira vez que o adversário fizer um movimento inesperado, seu amigo esquecerá os planos cuidadosamente traçados por você e confiará em seus instintos.

O Coronel Kolditz diz: "Com o tempo, passamos a compreender cada vez melhor o que leva as pessoas ao sucesso em operações complexas." Ele acredita que planos são úteis, no sentido de que são a prova de que houve *planejamento*. O processo de planejamento força as pessoas a pensar nas questões certas, mas, em relação aos planos em si, Kolditz diz: "Eles simplesmente não funcionam no campo de batalha." Então, na década de 1980, o exército adaptou seu processo de planejamento, inventando um conceito denominado Intenção do Comando (IC).

A IC é uma declaração aberta e clara que aparece no início de cada ordem, especificando o propósito (a intenção) do plano e o estado final desejado para uma operação. Em níveis superiores do exército, a IC pode ser relativamente abstrata: "Acabe com a vontade do inimigo na região Sudeste." Em nível tático, para coronéis e capitães, ela é bem mais concreta: "Minha intenção é que o Terceiro Batalhão vá para a Montanha 4305; assim, varreremos os inimigos daquela área, restando apenas alguns ineficazes. Então, poderemos proteger o flanco da Terceira Brigada quando eles atravessarem as fronteiras."

A IC é cautelosa ao especificar detalhes para não correr o risco de ser considerada obsoleta em caso de eventos imprevisíveis. Kolditz afirma: "Você pode perder a capacidade de executar o plano original, mas nunca perder a responsabilidade pela execução da intenção." Ou seja, se houver apenas um soldado no Terceiro Batalhão da Montanha 4305, é aconselhável que ele faça alguma coisa para proteger o flanco da Terceira Brigada.

A Intenção do Comando consegue alinhar o comportamento de soldados em todos os níveis, sem exigir instruções de seus líderes a cada jogada. Quando as pessoas conhecem o destino desejado, elas estão livres para improvisar, conforme necessário, ao chegar lá. O Coronel Kolditz fornece um exemplo: "Digamos que eu esteja comandando um batalhão de artilharia e diga: 'Iremos ultrapassar os limites desta unidade de infantaria.' Isso tem significado diferente para grupos diferentes. Os mecânicos sabem que precisarão de muito apoio para reparos nas estradas. Se, por exemplo, um tanque quebrar em uma ponte, a operação inteira precisará ser interrompida. A artilharia sabe que será necessário fazer uma fogueira para gerar fumaça ou ter engenheiros para gerar fumaça na área onde o tanque quebrou, onde a unidade de infantaria avança; assim, ela não será atingida ao se deslocar. Como comandante, eu poderia passar muito tempo enumerando cada tarefa específica, mas assim que as pessoas descobrem a *intenção*, elas começam a gerar suas próprias soluções."

O Combat Maneuver Training Center, a unidade responsável pelas simulações militares, recomenda que oficiais busquem atingir a Intenção do Comando, por meio destes dois questionamentos:

> Se não fizermos mais nada na missão de amanhã, deveremos
>
> ____________________ .
>
> A coisa mais importante a fazer amanhã é
>
> ____________________ .

Nenhum plano sobrevive ao contato com o inimigo. Sem dúvida, esse princípio tem ressonância para pessoas sem experiência militar. *Nenhum plano de vendas sobrevive ao contato com o cliente. Nenhum plano de aula sobrevive ao contato com adolescentes*.

É difícil fazer com que idéias colem em um ambiente caótico, imprevisível e barulhento. Para ser bem-sucedido, o primeiro passo é: Seja simples. Mas, ser simples, aqui, não significa "vulgarizar" ou utilizar *sound bites*. Você não precisa ser monossilábico para ser simples. O que queremos dizer com ser "simples"? *Encontrar a essência da idéia*.

"Encontrar a essência" significa esmiuçar uma idéia até encontrar sua essência. Para chegar a ela, precisamos eliminar elementos supérfluos e superficiais. Mas essa é a parte fácil. A parte difícil é eliminar idéias que talvez sejam realmente importantes, mas não *as mais importantes*. A Intenção do Comando do exército força seus oficiais a destacarem a meta mais importante de uma operação. O valor da Intenção provém de sua singularidade. Você não pode ter cinco Estrelas do Norte, não pode ter cinco "metas mais importantes" e não pode ter cinco Intenções do Comando. Encontrar a essência é análogo a escrever as Intenções do Comando, já que você precisa descartar vários insights ótimos para permitir que o insight mais importante brilhe. O aviador francês e autor Antoine de Saint-Exupéry certa vez criou uma definição de elegância da engenharia: "Um designer sabe que atingiu a perfeição não quando não há nada a acrescentar, mas quando não há nada a retirar." Um designer de idéias simples deve ter a mesma meta: saber o quanto pode ser exigido de uma idéia antes que ela comece a perder sua essência.

Na verdade, seguiremos nosso próprio conselho e revelaremos a essência deste livro. Como faremos isso? Há duas etapas para fazer com que suas idéias colem – a Etapa 1 é encontrar a essência; a Etapa 2 é converter a essência utilizando a lista de verificação de SUCESSOs. Isso é tudo. Este capítulo se concentra na Etapa 1 e o restante do livro aborda a Etapa 2. O primeiro passo é revelar essas idéias a fim de explorar por que a Southwest Airlines ignora deliberadamente as preferências de refeições apontadas pelos passageiros.

Encontrando a essência na Southwest Airlines

Sabe-se que a Southwest é uma empresa bem-sucedida, mas há uma lacuna de desempenho surpreendente entre a Southwest e seus concorrentes. Embora a indústria de aviação como um todo não tenha um histórico de rentabilidade contínua, a Southwest tem se mantido rentável há mais de trinta anos.

Há vários livros que falam sobre os motivos que levaram ao sucesso da Southwest, mas talvez o fator mais importante para o sucesso da empresa seja seu foco obstinado na redução de custos. Toda companhia aérea gostaria de reduzir custos, mas a Southwest já faz isso há décadas. Para esse esforço dar certo, a empresa precisa coordenar o quadro inteiro de empregados, desde os representantes comerciais até os maleiros.

A Southwest possui uma Intenção do Comando, uma essência, que ajuda a orientar essa coordenação. Conforme relatado por James Carville e Paul Begala:

> Herb Kelleher [o veterano CEO da Southwest] disse certa vez: "Posso ensiná-los o segredo para comandar esta companhia aérea em trinta segundos: Somos a companhia aérea com tarifas MAIS baratas. Ao compreender esse fato, você poderá tomar qualquer decisão sobre o futuro da empresa tão bem quanto eu."
>
> Ele disse: "Vejamos um exemplo. Tracy, da área de marketing, vem procurá-lo. Ela diz que suas pesquisas indicam que os passageiros gosta-

> riam que fossem incluídas entradas leves no vôo de Houston para Las Vegas. No momento, só servimos amendoim. Ela acredita que uma boa salada Caesar com frango seria uma boa pedida. O que você acha?"
>
> A princípio, a pessoa não sabia o que dizer. Então Kelleher respondeu: "Você diz 'Tracy, o acréscimo dessa salada Caesar com frango nos transformará na companhia aérea com tarifas MAIS baratas, no trecho Houston-Las Vegas? Pois, se isso não contribuir para nos tornar a companhia aérea com tarifas MAIS baratas, não serviremos essa maldita salada com frango.'"

A Intenção do Comando de Kelleher é "Somos a companhia aérea com tarifas MAIS baratas". É uma idéia simples, mas útil o suficiente para orientar as ações dos empregados da Southwest por mais de trinta anos.

Mas, é claro que a idéia essencial – "A companhia aérea com tarifas MAIS baratas" – é apenas parte da história. Por exemplo, em 1996, a Southwest recebeu 124 mil candidatos a 5.444 vagas. Ela é conhecida como uma ótima empregadora, o que é surpreendente. É difícil imaginar empregados do Wal-Mart felizes da vida durante um dia de trabalho.

Mas, de alguma forma, a Southwest conseguiu isso. Vamos imaginar as idéias que orientam a Southwest Airlines como círculos concêntricos. O círculo central, a essência, é "a companhia aérea com tarifas MAIS baratas". Mas o círculo seguinte deve ser "Divirta-se no trabalho". Os empregados da Southwest sabem que podem se divertir, contanto que isso não comprometa o status da empresa de companhia aérea com tarifas MAIS baratas. Um novo empregado pode facilmente associar essas idéias para saber como agir em situações inesperadas. Por exemplo, há algum problema em fazer uma piada sobre o aniversário de um comissário de bordo em pleno vôo? É claro que não. Há problema em jogar confete em sua homenagem? Provavelmente sim – o confete pode gerar trabalho adicional para o pessoal da limpeza e tempo adicional de limpeza significa tarifas mais altas. É o negócio prazeroso equivalente ao do soldado de infantaria que improvisa com base na Intenção do Comando. Uma idéia simples e bem idealizada pode ser surpreendentemente poderosa para moldar o comportamento das pessoas.

Uma advertência: no futuro, meses após ter lido este livro, você se lembrará da palavra "simples" como um elemento da lista de verificação de SUCESSOs. Seu léxico mental começará a procurar o significado de "simples", retornando com associações, procurando reduzir o grau de dificuldade, buscando o menor denominador comum, facilitando as coisas, e assim por diante. Naquele momento, você precisará lembrar a seu léxico dos exemplos que exploramos. A "companhia aérea com tarifas MAIS baratas" e outras histórias deste capítulo não são simples porque contêm muitas palavras fáceis. Elas são simples porque refletem a Intenção do Comando. É uma questão de elegância e prioridade, e não de redução no nível de dificuldade.

Antecipando informações

Jornalistas aprendem que devem iniciar o noticiário com as informações mais importantes. A primeira frase, chamada de lead ou lide,* contém os elementos essenciais da história. Um lead bem elaborado pode conter várias informações, como, por exemplo, nestes dois leads de artigos que foram premiados pela American Society of Newspaper Editors:

> Um coração saudável de 17 anos pulsava, cheio de vida, no corpo de Bruce Murray Friday, de 34 anos, após uma operação de transplante que durou quatro horas e que, segundo os médicos, foi um sucesso.

> JERUSALÉM, 4 de novembro – um judeu radical ortodoxo atirou e matou o Primeiro-ministro Yitzhak Rabin, que liderava uma grande manifestação pela paz, em Telaviv, onde estavam concentradas mais de 100 mil pessoas. Isso prejudicou ainda mais os avanços do governo de Israel e o processo de paz no Oriente Médio.

Após o lead, as informações são apresentadas em ordem decrescente de importância. Jornalistas chamam isso de estrutura da "pirâmide invertida" – as informações mais importantes (a base da pirâmide) são apresentadas primeiro.

A pirâmide invertida é ótima para os leitores. Independentemente do que a atenção do leitor consegue absorver (ou seja, se você lê apenas o lead ou

*_Nota da Tradutora: Lead_ ou lide, em jornalismo, é a abertura de uma notícia, que geralmente aparece em destaque, fornecendo ao leitor as informações básicas sobre o tema. Na teoria do jornalismo, seis perguntas básicas do lead devem ser respondidas na elaboração de uma matéria: O quê? Quem? Quando? Onde? Como? Por quê?. O lead, portanto, deve informar qual é o fato jornalístico noticiado e as principais circunstâncias em que ele ocorre.

a história inteira), a pirâmide invertida maximiza as informações colhidas. Pense na alternativa: se notícias fossem escritas como histórias de mistério, com uma recompensa dramática no final, os leitores que interrompessem a história no meio ficariam perdidos. Imagine se você precisasse esperar até a última frase da história para descobrir quem ganhou as eleições presidenciais ou o Super Bowl.

A pirâmide invertida também permite que jornais cheguem à sua casa na hora certa. Digamos que uma história de última hora force editores a roubar o espaço de outras matérias. Sem a pirâmide invertida, eles seriam forçados a fazer um trabalho minucioso de edição em todos os demais artigos, cortando uma palavra aqui ou uma frase ali. Com a estrutura da pirâmide invertida, eles simplesmente cortam parágrafos do final de outros artigos, pois sabem que esses parágrafos são (devido à construção) os menos importantes.

Segundo um relato, talvez apócrifo, a pirâmide invertida surgiu durante a Guerra Civil. Todos os jornalistas queriam utilizar telégrafos militares para transmitir seus relatos a seus países de origem, mas a transmissão poderia ser cortada a qualquer momento; eles poderiam ser atingidos por militares ou perder totalmente a linha de comunicação – situação comum durante batalhas. Os jornalistas nunca sabiam quanto tempo teriam disponível para enviar uma história; então, eles precisavam enviar primeiro as informações mais importantes.

Jornalistas ficam obcecados com os leads. Don Wycliff, ganhador de prêmios por colunas editoriais, diz: “Sempre acreditei que, se disponho de duas horas para escrever uma história, o melhor investimento que posso fazer é dedicar a primeira 1 hora e 45 minutos a criar um bom lead; depois disso, tudo virá naturalmente.”

Então, se a escolha de um bom lead facilita o resto, por que alguns jornalistas não conseguem criá-lo? Um erro comum cometido por jornalistas é ficarem tão absorvidos pelos detalhes que se esquecem da essência da mensagem – o que é importante e interessante para os leitores. O conhecido redator de jornal Ed Cray, professor de comunicação na University of Southern California, passou quase trinta anos ensinando jornalismo. Ele diz: “Quanto mais tempo você demora para escrever uma história, maiores são as chances de perder a direção. Nenhum detalhe é insignificante. Você passa a não saber mais do que a história trata.”

Esse problema de perder a direção, de perder a história central, é tão comum que jornalistas deram um nome a isso: antecipar as informações. A “antecipação de informações" ocorre quando o jornalista deixa o elemento mais importante da história escapar na estrutura da história.

O processo de escrever um lead – e evitar a tentação de antecipar informações – é uma *metáfora* útil no processo de descoberta da essência. Encontrar a essência e escrever o lead envolvem *prioridade forçada*. Digamos que você seja um repórter de guerra e só possa telegrafar uma notícia antes de a linha ser cortada. O que você telegrafaria? Há apenas um lead e uma essência. Você precisa escolher.

A prioridade forçada é realmente dolorosa. Pessoas inteligentes reconhecem o valor do material inteiro. Elas conseguem perceber variações, múltiplas perspectivas – e como percebem todas as complexidades de uma situação, costumam ficar tentadas a permanecer nesse ponto. Essa tendência a gravitar em direção à complexidade está sempre lutando contra a necessidade de priorizar. Essa difícil busca – a necessidade de defender prioridades em meio à complexidade – foi a situação que James Carville precisou enfrentar na campanha de Clinton de 1992.

"Quando você diz três coisas, não diz nada."

Uma campanha política é um terreno fértil para apreensões na tomada de decisões. Se você acha que sua empresa tem problemas, imagine este desafio: você precisa criar uma empresa do zero, utilizando basicamente trabalhadores sem salário e não-especializados. Você tem cerca de um ano para reunir a equipe e criar uma rede contínua para fornecimento de doughnuts. Todos na empresa precisam cantar no mesmo ritmo, mas você não dispõe de muito tempo para ensaiar o coral. E a mídia o pressiona a cantar uma nova canção a cada dia. Para piorar as coisas, você precisa sempre argumentar com os adversários, que se aproveitarão de cada palavra desafinada.

A campanha de 1992 de Bill Clinton era um exemplo clássico de idéias que colam no trabalho em um ambiente difícil. Além de a campanha ter um conjunto normal de complexidades, o próprio Clinton acrescentou mais alguns inovações. Primeiro, havia as "erupções bimbo", que não serão retomadas aqui. Segundo, Clinton era, por natureza, uma pessoa que se preocupava demais com detalhes da política, o que significa que estava inclinado a destacar praticamente todas as questões solicitadas, em vez de se concentrar em alguns princípios fundamentais.

Seu principal conselheiro político, James Carville, precisava lidar com essa complexidade. Um dia, em sua luta para manter o foco, ele escreveu três frases em um quadro-branco a serem lidas por todas as pessoas envolvidas na campanha. Uma das frases na lista de improvisos era: "É a economia, idiota!" Essa mensagem se tornou a essência da campanha bem-sucedida de Clinton.

A palavra "idiota" foi acrescentada como uma ironia para as próprias pessoas envolvidas na campanha, como lembrete de que elas não deveriam perder o foco do que era mais importante. Carville explicou: "Era simples e sutil. Eu estava tentando dizer: 'Não sejamos tão astutos aqui. É sempre bom lembrar que não somos os mais inteligentes. Vamos nos restringir aos fundamentos.'"

A necessidade de foco se estendeu ao próprio Bill Clinton, talvez especialmente a Clinton. Em determinado momento, Clinton se sentiu frustrado, pois ele havia sido aconselhado a parar de falar sobre orçamentos equilibrados, apesar do fato de Ross Perot, de outro partido, candidato à presidência em 1992, ter obtido atenção positiva por apresentar sua posição sobre o orçamento equilibrado. Clinton disse: "Tenho falado sobre essas coisas por dois anos. Por que deveria deixar de falar sobre isso agora só porque Perot entrou no jogo?" Os conselheiros de Clinton precisaram adverti-lo: "É necessário fazer uma triagem das mensagens. Quando você diz três coisas, não diz nada."

"É a economia, idiota!" era o lead da história de Clinton. E esse foi um bom lead pois, em 1992, a economia norte-americana estava entrando em um período de recessão. Mas se "É a economia, idiota!" é o lead, a necessidade de um orçamento equilibrado não pode também sê-lo. Carville precisava convencer Clinton a parar de antecipar informações.

Paralisia na decisão

Por que é tão difícil priorizar? No resumo, não parece algo tão difícil. Você prioriza metas importantes em detrimento de metas menos importantes. Você prioriza metas que são "críticas", deixando em segundo plano metas que são "benéficas".

Mas, e se não conseguimos distinguir entre o que é "crítico" e o que é "benéfico"? Às vezes, isso não é tão óbvio! Em geral, precisamos decidir entre duas coisas "desconhecidas". Esse tipo de complexidade pode ser paralisante. Na verdade, psicólogos descobriram que pessoas podem ser levadas a tomar decisões irracionais devido ao excesso de complexidade e incerteza.

Em 1954, o economista L.J. Savage descreveu o que percebeu como uma regra básica na tomada de decisões por seres humanos. Ele chamou isso de "princípio da coisa certa". Ele o ilustrou com um exemplo: um homem de negócios está pensando em adquirir uma pequena propriedade. As eleições estão próximas e, inicialmente, ele acredita que o resultado das eleições pode ser relevante para a atratividade da compra. Então, para esclarecer sua decisão, ele pensa em duas possibilidades: se o partido republicano vencer, ele optará pela compra. Se o partido democrata vencer, ele fará o mesmo. Ao verificar que efetuará a compra nas duas situações, ele decide prosseguir com a compra, apesar de ainda não saber o resultado das eleições. Essa decisão parece sensata – poucas pessoas contestariam a lógica de Savage.

Dois psicólogos a contestaram. Amos Tversky e Eldar Shafir posteriormente publicaram um trabalho provando que o "princípio da coisa certa" nem sempre dava certo. Eles revelaram situações em que a simples existência da incerteza parecia alterar a forma como as pessoas tomavam decisões – mesmo quando a incerteza era irrelevante para o resultado, como foi o caso da compra feita pelo homem de negócios. Por exemplo, imagine que você está na faculdade e acabou de concluir um teste final importante, algumas semanas antes do feriado de Natal. Você passou semanas estudando para o teste, pois esse é um assunto importante para sua futura carreira.

Você precisa esperar dois dias para obter os resultados. Nesse período, você tem a oportunidade de comprar um pacote de viagem de feriado para o Havaí por um ótimo preço. Você tem três opções: comprar o pacote de viagem hoje, desistir do pacote hoje ou pagar uma taxa de $5 para fazer uma reserva pelo mesmo preço por dois dias, o que permitirá que você tome sua decisão *após* saber sua pontuação. O que você faz?

Você deve estar curioso para saber o resultado do teste antes de tomar a decisão, como ocorreu com os alunos que enfrentaram essa escolha na experiência original. Então, Tversky e Shafir simplesmente eliminaram essa incerteza para dois grupos de participantes. Esses grupos souberam logo o resultado do teste. Alguns alunos souberam que foram aprovados no teste e 57% optaram por viajar (afinal, isso merece uma boa comemoração). Outros alunos souberam que foram reprovados no teste e 54% deles optou por viajar (afinal, isso merece uma compensação). Tanto os aprovados quanto os reprovados queriam ir para o Havaí, e pronto.

Eis o inesperado: o grupo de alunos que, como você, não sabia o resultado final do teste, se comportou de forma completamente diferente. A maioria deles (61%) pagou $5 para aguardar dois dias. Pense nisso! Se você passar, desejará ir para o Havaí. Se você não passar, também desejará ir para o Havaí. Se você não sabe se foi aprovado ou reprovado, você... aguarda para obter o resultado? Não é assim que o "princípio da coisa certa" deve supostamente funcionar. É como se o nosso homem de negócios decidisse aguardar até o final das eleições para comprar a propriedade, apesar de desejar fazer a compra, independentemente do resultado.

O estudo de Tversky e Shafir mostra que a incerteza, mesmo a incerteza irrelevante, pode nos paralisar. Outro estudo, conduzido por Shafir e um colega, Donald Redelmeier, demonstra que a paralisia também pode ser causada pela *escolha*. Imagine, por exemplo, que você está na faculdade e, certa tarde, precisa fazer a escolha a seguir. O que você faria?

1. Participar de uma palestra com um autor que você admira e que fará uma única apresentação, esta tarde, ou
2. Ir para a biblioteca e estudar.

Estudar não parece tão atraente comparado a uma palestra imperdível. Quando esta escolha é oferecida a alunos de faculdade reais, apenas 21% opta por estudar.

Digamos que, em vez disso, você tenha três opções:

1. Participar da palestra.
2. Ir para a biblioteca e estudar.
3. Assistir a um filme estrangeiro que você estava querendo ver.

Sua resposta muda? Notadamente, quando foram oferecidas as três opções a um grupo diferente de alunos, 40% decidiu estudar – o dobro do número anterior. Quando os alunos tiveram duas boas alternativas em vez de estudar, e não apenas uma, paradoxalmente, isso diminuiu a probabilidade de eles escolherem uma dessas alternativas. Esse comportamento não é "racional", mas é humano.

Priorizar ajuda a livrar as pessoas da areia movediça representada pela insegurança na decisão. É por isso que a descoberta da essência é tão importante. As pessoas que nos escutam estarão sempre tomando decisões em um ambiente de incertezas. Elas ficarão ansiosas diante da necessidade de escolha – mesmo quando essa escolha for entre duas boas opções, como a palestra e o filme estrangeiro.

Mensagens essenciais ajudam as pessoas a evitar escolhas ruins, pois são um lembrete do que é importante. No exemplo fornecido por Herb Kelleher, por exemplo, alguém precisou escolher entre incluir salada com frango ou não incluir salada com frango – e a mensagem "companhia aérea com tarifas MAIS baratas" levou a pessoa a desistir da salada com frango.

Clínicas de idéias

A meta deste livro é ajudá-lo a fazer com que suas idéias colem. Então, no livro inteiro, apresentamos "Clínicas de idéias", que ilustram, em termos práticos, como fixar melhor uma idéia. Para criarmos o conceito de Clínicas, buscamos inspiração nas fotos "antes e depois" que costumam ser usadas por centros de emagrecimento – evidência visível de que a dieta funciona. Assim como os pacientes que experimentam uma nova dieta, as idéias iniciais nas Clínicas variam em função de sua necessidade de mudança. Em alguns casos, a pessoa precisa de uma ajuda drástica, como cirurgia para redução do estômago e lipoaspiração. Em outros casos, a pessoa só precisa perder alguns quilos na região da cintura.

O objetivo das Clínicas não é levá-lo a acreditar que somos dotados de algum tipo de genialidade criativa. Leitores e autores só têm a ganhar com isso, pois não somos gênios criativos. O objetivo é simplesmente criar um modelo para *o processo* de tornar idéias mais aderentes. Contrariando os termos de responsabilidade tradicionais, isso é algo que você deve tentar fazer em casa. Pense em como pode aperfeiçoar cada mensagem utilizando os princípios apresentados no livro.

Você pode perfeitamente pular as Clínicas. Elas são informações adicionais ao texto principal, e não blocos constituintes, mas esperamos que sejam úteis.

CLÍNICA

Advertência: A exposição ao sol é perigosa

A SITUAÇÃO: Educadores da área de saúde da Ohio State University desejam informar a comunidade acadêmica sobre os riscos da exposição ao sol.

• • •

MENSAGEM 1: Esta é uma página da Web que contém fatos sobre a exposição ao sol, divulgados pela Ohio State University. Numeramos os parágrafos para que possamos analisar a mensagem posteriormente:

Exposição ao sol: prevenções e proteção

(1) O corpo dourado, bronzeado pelo sol costuma ser considerado um símbolo de status. Talvez isso sustente a idéia de que as pessoas que têm tempo para ficar expostas ao sol o suficiente para adquirir um bonito bronzeado, ou que podem viajar para climas quentes durante o inverno, têm mais dinheiro ou mais tempo de lazer do que "pessoas comuns". Contudo, a meta de muitas pessoas é ficar bem bronzeadas logo no início da primavera ou voltar das férias com aquela aparência saudável e vigorosa. Independentemente de um bronzeado sugerir status ou não, a exposição ao sol sem os cuidados necessários pode ser prejudicial. Os raios ultravioleta do Sol não apenas estragam a pele, mas também podem ocasionar problemas de visão, reações alérgicas e danos nos sistemas imunológicos.

(2) O bronzeamento e a queimadura são causados pelos raios ultravioleta do Sol. Não podemos ver nem sentir esses raios, mas eles penetram na pele e estimulam células que contêm um pigmento de cor amarronzada chamado melanina. A melanina protege a pele, absorvendo e espalhando os raios ultravioleta. Pessoas de pele escura possuem alta concentração de melanina, maior proteção natural contra os raios ultravioleta e ficam bronzeadas com mais facilidade. Pessoas loiras, ruivas e com peles sensíveis possuem menos melanina e, portanto, queimam mais rápido.

(3) Como a melanina é estimulada por raios ultravioleta, ela aparece na superfície da pele em forma de bronzeado e oferece proteção contra futuras exposições ao sol. Pessoas com pele escura, como cor-de-oliva, morena ou negra, não estão imunes a queimaduras e danos à pele causados por exposição ao sol sem proteção.

(4) Há dois tipos de raios ultravioleta (UV) do Sol: UVA e UVB. O UVB provoca queimaduras na pele ou a vermelhidão associada à queimadura de sol, câncer de pele e envelhecimento precoce da pele. Os raios UVA estimulam o bronzeamento,

mas também estão associados a outros problemas, como comprometimento visual, erupções cutâneas e reações alérgicas a medicamentos.

(5) Os danos à pele causados pela exposição excessiva ao sol são cumulativos com o passar dos anos e são irreversíveis. Uma vez iniciado o processo, não é possível desfazê-lo. Os danos mais graves e duradouros ocorrem antes de o indivíduo completar 18 anos. Deve-se começar a proteger a pele desde cedo, especialmente em crianças que adoram atividades ao ar livre em dias ensolarados.

Antes de ler os comentários a seguir, volte à Mensagem 1. Leia novamente e responda: O que você pode fazer como forma de prevenção?

COMENTÁRIOS SOBRE A MENSAGEM 1: Qual é o lead aqui? Qual é a essência? O primeiro parágrafo apresenta a pele bronzeada como um símbolo de status, que é simplesmente uma mentira interessante. (Na verdade, o próprio texto atesta isso, quando diz: "Independentemente de um bronzeado sugerir status ou não,...") A nosso ver, o Parágrafo 5 traduz a essência: *Os danos à pele... são cumulativos com o passar dos anos e são irreversíveis*. Essa não é a mensagem mais importante que desejamos transmitir àqueles que idolatram o Sol? Em contraste, os parágrafos 2-4 apresentam mecanismos supérfluos. Como analogia, os fumantes realmente precisam compreender o funcionamento dos pulmões para se dar conta dos perigos do fumo?

• • •

MENSAGEM 2: No texto a seguir, reordenamos os pontos abordados e mexemos um pouco no texto, procurando não antecipar informações.

Exposição ao sol: como envelhecer prematuramente

(5) Os danos à pele causados pela exposição excessiva ao sol são cumulativos com o passar dos anos e são irreversíveis. Uma vez iniciado o processo, não é possível desfazê-lo. Os danos mais graves e duradouros ocorrem antes de o indivíduo completar 18 anos. Felizmente, de modo diferente do envelhecimento, pode-se prevenir os danos à pele. Deve-se começar a protegê-la desde cedo, especialmente em crianças que adoram atividades ao ar livre em dias ensolarados.

(2, 3, 4) O bronzeamento e a queimadura são causados pelos raios ultravioleta do Sol. Estes causam queimadura de sol, que é um sinal temporário de danos às camadas mais profundas da pele. Queimaduras de sol acabam desaparecendo, mas os danos subjacentes persistem e podem acabar levando a um envelhecimento precoce ou ao câncer de pele.

(1) Ironicamente, o corpo dourado, bronzeado pelo sol, costuma ser considerado sinal de saúde. Mas os raios ultravioleta do Sol não apenas estragam a pele,

mas também podem ocasionar problemas de visão, reações alérgicas e danos nos sistemas imunológicos. Então, em vez de um "bronzeado saudável", talvez devêssemos chamar isso de um "bronzeado doentio".

COMENTÁRIOS SOBRE A MENSAGEM 2: A essência dessa mensagem é que os danos à pele são cumulativos e irreversíveis. Então, reescrevemos a mensagem para salientar esse ponto e eliminar informações não-essenciais. Fizemos isso para ilustrar o processo de prioridade forçada; precisamos eliminar algumas informações interessantes (como as referências à melanina) para permitir que a essência fosse destacada.

Procuramos destacar a essência de diversas formas. Primeiro, não antecipamos as informações – priorizando a essência. Segundo, acrescentamos a analogia ao envelhecimento para repetir a idéia de que os danos são irreversíveis. Terceiro, acrescentamos uma imagem concreta e talvez inesperada: as queimaduras de sol são um sinal de dano; elas podem desaparecer, mas o dano subjacente permanece.

SCORECARD

Lista de verificação	*Mensagem 1*	*Mensagem*
Simplicidade	–	✓
Surpresa	–	✓
Concretude	–	✓
Credibilidade	–	–
Sentimentos	–	–
Relatos	–	–

CLÍMAX: Evite antecipar as informações. Não comece revelando algo interessante mas irrelevante na tentativa de agradar o público. Em vez disso, trabalhe para tornar a mensagem essencial mais interessante.

Nomes, nomes e nomes

Dunn, Carolina do Norte, é uma pequena cidade a cerca de 64km ao sul de Raleigh. Possui 14 mil habitantes e sua força de trabalho é composta basicamente por operários. O almoço local é pela manhã, quando as pessoas tomam um café-da-manhã reforçado. As garçonetes chamam você de "querido". Recentemente, foi aberto um Wal-Mart na cidade.

De maneira geral, podemos dizer que Dunn é um lugar comum, exceto por um fato: quase todos na cidade lêem o jornal local, o *Daily Record*. Na verdade, *não apenas a população inteira* de Dunn lê o jornal.

O *Daily Record* tem um alcance de 112% na comunidade de Dunn, que corresponde ao maior alcance já visto em um jornal nos Estados Unidos. Para que o alcance em uma comunidade exceda 100%, um destes dois fatores é verdadeiro: (1) pessoas de fora de Dunn (talvez pessoas que vêm todo dia a Dunn para trabalhar) estão comprando o jornal; ou (2) em algumas residências, as pessoas compram mais de um exemplar do jornal. Talvez seja difícil para alguns casais de Dunn compartilharem o jornal.

Qual é a explicação para esse notável sucesso? A população de Dunn certamente tem diversas opções de jornais de notícias: *USA Today*, o *News & Observer* (de Raleigh), a CNN, a Internet e centenas de outros meios de divulgação de notícias. Então, por que as pessoas preferem o *Daily Record*?

O *Daily Record* de Dunn foi fundado em 1950, por Hoover Adams. Adams parece já ter nascido com tinta no sangue. Seu nome foi citado pela primeira vez nas mensagens que enviava do campo de escoteiros. Na época, ele cursava o ensino médio e fazia um bico como correspondente (jornalista autônomo) para o jornal de Raleigh. Após a Segunda Guerra Mundial, Adams se tornou editor do *Dispatch*, de Dunn. Ele acabou ficando cansado do *Dispatch* e decidiu começar seu próprio jornal, o *Daily Record*. Em 1978, após 28 anos de concorrência, o *Dispatch* finalmente se rendeu e foi vendido para Adams.

Nos 55 anos de seu mandato como editor, Adams manteve uma filosofia editorial incrivelmente consistente. Ele acredita que os jornais devem ser inexoravelmente locais em sua cobertura. Na realidade, ele é fanático pela cobertura da comunidade.

Em 1978, frustrado com o que considerava ser um destaque insuficiente às questões locais no jornal, ele escreveu um memorando para seu staff, explicando suas visões:

"Todos sabemos que o principal motivo para qualquer pessoa ler um jornal local é a presença de nomes e fotografias locais. É isso que sabemos fazer melhor do que ninguém. Nunca se esqueçam de que o prefeito de Angier e o prefeito de Lillington têm tanta importância para essas cidades quanto o prefeito de Nova York tem para sua população."

É preciso esclarecer uma coisa: o foco de Adams na cobertura local não é um sentimento revolucionário. Na verdade, entre os editores de pequenos jornais, isso não seria controverso. E é bem fácil notar que a idéia não se tornou realidade na maioria dos jornais. A maior parte dos jornais locais está repleta de *wire stories*,* análises de equipes pró-esporte e fotografias em que mal se consegue distinguir uma pessoa.

Em outras palavras, encontrar a essência não é sinônimo de transmitir a essência. Talvez a alta gerência *saiba* quais são as prioridades, mas se mostra totalmente ineficaz quando se trata de *compartilhar* e *atingir* essas prioridades. Adams conseguiu encontrar *e* compartilhar a essência. Como ele fez isso?

Compartilhando a essência

Adams encontrou a essência das operações de seu jornal: foco local. Depois, ele voltou sua atenção para o compartilhamento de sua mensagem essencial – fazer a mensagem colar junto ao staff. No restante do capítulo (na verdade, no restante do livro), discutiremos formas de fazer com que mensagens essenciais colem. Iniciaremos com um estudo sobre a forma como Adams conseguiu que sua mensagem "foco local" colasse.

Apesar de muitos editores só falarem da boca para fora sobre o valor do foco local, Adams é um entusiasta no assunto. Ele é capaz de ignorar o resultado contábil para manter o foco local:

> O fato é que um jornal local nunca consegue obter quantidade suficiente de nomes locais. Eu teria imenso prazer em contratar mais dois compositores e adicionar mais duas páginas em todas as edições de jornal se tivéssemos os nomes para preencher essas páginas.

Ele pretende chegar ao extremo em nome do foco local:

> Aposto que, se o *Daily Record* resolvesse reimprimir o catálogo telefônico inteiro de Dunn esta noite, metade da população se daria ao trabalho de ler tudo para verificar se seu nome foi incluído na lista... Quando alguém diz "Não acredito que você queira ler todos esses nomes", por favor confirme que é exatamente isso que queremos, *acima de tudo*!

**Nota da Tradutora*: *Wire stories* ou *wired news* são as notícias do mundo tecnológico. Existe até um website chamado *Wired News*.

Ele exagera com prazer a fim de destacar o valor do foco local, citando as palavras de um amigo, Ralph Delano, proprietário do jornal local de Benson:

> Se uma bomba atômica caísse sobre Raleigh, isso só seria notícia em Benson se escombros e fuligem caíssem sobre Benson.

Na verdade, quando perguntaram a Adams o motivo de tamanho sucesso do *Daily Record*, ele respondeu: "Só há três motivos: Nomes, nomes e nomes."

O que está acontecendo aqui? Adams encontrou a idéia essencial que deseja transmitir – que o foco local é o segredo do sucesso de seu jornal. Essa é a etapa 1. A etapa 2 é transmitir a essência a outras pessoas. E ele sabe fazer isso como ninguém.

Vejamos as técnicas utilizadas por Adams para transmitir a seriedade com que trata do assunto do foco local. Ele utiliza uma analogia: compara o prefeito de Angier ao prefeito de Nova York. (Falaremos mais sobre analogia mais adiante, ainda neste capítulo.) Ele diz que contrataria mais compositores se os jornalistas conseguissem obter um número suficiente de nomes. Isso é uma forma de prioridade forçada: o foco local é mais importante do que a redução de custos! (Um sentimento incomum entre jornais de cidades pequenas. Consulte o capítulo "Surpresa".)

Ele também utiliza uma linguagem clara e tangível. O que ele deseja? Nomes. Ele deseja obter nomes de vários indivíduos para incluir no jornal todos os dias. (Consulte o capítulo "Concretude".) Essa idéia é concreta o suficiente para que todas as pessoas da empresa possam compreendê-la e utilizá-la. Há alguma chance de interpretações erradas? Há possibilidade de algum membro do staff não compreender o que Adams quer dizer com "nomes"?

"Nomes, nomes e nomes" é uma declaração simples que simboliza uma verdade essencial. Nomes não são apenas úteis. Na opinião de Adams, nomes superam custos. Nomes superam a narrativa bem escrita. Nomes superam explosões nucleares em comunidades vizinhas.

Por 55 anos, desde que Adams fundou o jornal, seu valor essencial de foco na comunidade tem ajudado centenas de pessoas no jornal, em diversas circunstâncias, a tomarem boas decisões. Como editor, Adams presidiu cerca de 20 mil edições. E cada uma dessas edições envolvia inúmeras decisões: Que histórias incluiremos? O que é importante nas histórias? Que fotos incluiremos? Que fotos devemos retirar para liberar espaço?

Não dá para Adams estar envolvido pessoalmente com a grande maioria dessas centenas de pequenas decisões. Mas seus empregados não sofrem desse tipo de paralisia na decisão, pois a Intenção do Comando de Adams é clara: "Nomes, nomes e nomes." Adams não pode estar em todos os lugares, mas, se ele conseguir encontrar a essência e transmiti-la claramente, *ele se fará presente em todos os lugares*. Esse é o poder de uma idéia que cola.

Simples = essencial + compacto

Adams sabe utilizar as palavras como ninguém, mas seu trocadilho mais útil talvez seja o menos perspicaz: "Nomes, nomes e nomes." Essa frase é útil e memorável porque é muito concreta, mas também porque é extremamente sucinta. Esse exemplo ilustra um segundo aspecto da simplicidade: mensagens simples são essenciais e *compactas*.

Por um lado, a idéia de compactação não gera controvérsias. Raramente você receberá algum tipo de conselho para tornar suas comunicações mais longas e detalhadas, a menos que esteja publicando informações sobre taxa de juros para uma operadora de cartão de crédito. Sabemos que é melhor utilizar frases do que parágrafos. É melhor enumerar dois pontos do que cinco. É melhor utilizar palavras fáceis do que palavras difíceis. É questão de largura de banda: quanto mais diminuímos a quantidade de informações em uma idéia, mais ela cola.

Mas precisamos ser claros: a compactação sozinha não é suficiente. Poderíamos nos prender a uma mensagem compacta que não é essencial; em outras palavras, um slogan conciso que não reflete a Intenção do Comando. Mensagens compactas podem ser aderentes, mas isso não revela o seu *valor*. Podemos imaginar mensagens compactas que são mentiras ("A terra é plana"), mensagens compactas que são irrelevantes ("Cabras gostam de brotos") e mensagens compactas que são imprudentes ("Nunca deixe passar um dia sem que tenha comprado um par de sapatos").

Em outros casos, a própria compactação pode parecer uma meta que não vale a pena. Muitos de nós têm expertise em determinadas áreas. Tornar-se um especialista em algo significa que ficamos cada vez mais fascinados com a variedade e a complexidade. É aí que a Maldição do Conhecimento entra em cena. Começamos a nos esquecer da sensação de *desconhecer* algo, já que agora o conhecemos. Nesse momento, tornar algo simples pode parecer uma "vulgarização". Como um especialista, não queremos ser acusados de estar propagando *sound bites* ou favorecendo o menor denominador comum. Tememos que a simplificação possa se transformar em excesso de simplificação.

Portanto, se definimos "simples" como essencial *e* compacto, precisamos nos certificar de que vale a pena compactar. Já encontramos o essencial. Então, por que precisamos ser compactos? Idéias "essenciais" não são inerentemente menos úteis do que idéias totalmente elaboradas? Digamos que levamos a compactação a seu extremo. É possível dizer algo significativo diante de um *sound bite*?

"Um pássaro na mão"

Por milhares de anos, as pessoas têm trocado *sound bites* que chamamos de provérbios. Os provérbios são simples, mas profundos. Cervantes definia provérbios como "frases curtas retiradas de longa experiência". Vejamos o provérbio: "Mais vale um pássaro na mão do que dois voando." Qual é a essência? A essência é alertar contra desistir de algo certo por algo especulativo. O provérbio é curto e simples, mas contém um grande toque de sabedoria que é útil em várias situações.

Ao que tudo indica, não estamos falando apenas de um provérbio local. Na Suécia, o ditado é "Mais vale um pássaro na mão do que dez na floresta". Na Espanha: "Mais vale um pássaro na mão do que cem voando". Na Polônia: "Mais vale um pardal na mão do que um pombo no telhado". Na Rússia: "Mais vale um canário na mão do que uma garça no céu".

Outras variações podem ser encontradas em romeno, italiano, alemão, islandês e até mesmo em latim medieval. O primeiro caso documentado em inglês foi em *O peregrino*, de John Bunyan, em 1678. Mas talvez o provérbio seja ainda mais antigo. Em uma das fábulas de Esopo, um falcão agarra um rouxinol, que implora por sua vida, alegando que ele é pequeno demais para satisfazer o falcão. O falcão responde: "Eu seria tolo se soltasse o pássaro que tenho na mão para caçar outro pássaro que nem está à vista." Essa história data de 570 a.C.

O provérbio "um pássaro na mão", então, é uma idéia que realmente colou. Ela sobrevive por mais de 2.500 anos. E foi espalhada por diferentes continentes, culturas e idiomas. Lembre-se de que ninguém iniciou uma campanha de propaganda "um pássaro na mão". Ela se espalhou por si só. Muitos outros provérbios compartilham essa longevidade. Na verdade, há uma série de provérbios em quase todas as culturas documentadas. Por quê? Qual é o propósito?

Provérbios são úteis para orientar decisões individuais em ambientes com padrões compartilhados. Esses padrões compartilhados costumam ser normas éticas ou morais. Provérbios oferecem a regra básica para o comportamento de indivíduos. A Regra de Ouro: "Faça aos outros o mesmo que gostaria que fizessem a você" é tão profunda que pode influenciar uma vida inteira de comportamento. A Regra de Ouro representa muito bem o que estamos buscando neste capítulo: idéias que são compactas o suficiente para colar e significativas o suficiente para fazer diferença.

Idéias geniais e simples possuem elegância e utilidade que as assemelham aos provérbios. A definição de Cervantes sobre "provérbios" lembra nossa definição de idéias Simples: *frases curtas* (compactas) *retiradas de longa experiência* (essência). É natural que sejamos céticos em relação a *sound bites*, pois muitos destes são vazios e enganosos – eles são compactos, mas não essenciais. Mas a Simplicidade que buscamos não é um *sound bite*, mas, sim, um provérbio: compacto *e* essencial.

Adams conseguiu transformar sua idéia essencial – a necessidade de focar incessantemente questões locais – em um provérbio jornalístico. "Nomes, nomes e nomes" é uma idéia que ajuda a orientar a tomada de decisão de indivíduos em uma comunidade de padrões compartilhados. Se você for um fotógrafo, o provérbio não terá valor no sentido literal, a menos que você pretenda tirar fotos de placas com nomes. Mas quando você sabe que sua empresa está voltada para nomes, ou seja, as ações específicas tomadas por membros específicos da comunidade local, o conhecimento informa os tipos de opções fotográficas que você procura. Você fotografa as deliberações cansativas de um comitê ou o maravilhoso pôr-do-sol no parque? Resposta: as deliberações cansativas do comitê.

O Palm Pilot e o provérbio visual

Idéias compactas ajudam as pessoas a aprender e reter uma mensagem essencial, mas talvez elas sejam ainda mais importantes quando se trata de ajudar as pessoas a agir de maneira adequada, especialmente em um ambiente onde é necessário fazer várias escolhas.

Por que controles remotos têm mais botões do que precisamos utilizar? A resposta começa com as nobres intenções dos engenheiros. A maior parte dos projetos tecnológicos e design de produtos devem combater o "excesso de funções", a tendência de as coisas de se tornarem cada vez mais complexas, chegando ao ponto de não desempenharem mais suas funções originais tão bem. O videocassete é um exemplo disso.

O excesso de funções é um processo ingênuo. Ao observar um protótipo de controle remoto, um engenheiro deve pensar: "Há um bem imóvel adicional na frente do controle. E há uma capacidade de processamento adicional no chip. Em vez de desperdiçar isso, que tal permitir que as pessoas optem entre os calendários juliano e gregoriano?"

O engenheiro está apenas tentando ajudar – acrescentar outro recurso surpreendente que aperfeiçoará o controle remoto. Mas os outros engenheiros da equipe não se importam muito com a troca de calendários. Mesmo que considerem isso pouco convincente, provavelmente não se importam o suficiente para fazer um protesto: "Se o botão para troca de calendário não for incluído, eu pedirei demissão!" Dessa forma, aos poucos, os controles remotos (e, por extensão, outros tipos de tecnologias) passam a incluir uma enorme quantidade de recursos.

A equipe do Palm Pilot, ciente do perigo, se mostrou contra o excesso de funções. Quando a equipe começou esse trabalho, no início da década de 1990, os PDAs (*personal digital assistants* – assistentes pessoais digitais) tinham um histórico impecável em relação a falhas. O famoso vexame da Apple com seu Newton PDA havia deixado os demais concorrentes temerosos.

Em 1994, um dos concorrentes no mercado de PDA parecia um computador desnutrido. Ele era um dispositivo pesado, com um teclado e várias portas para periféricos. Jeff Hawkins, líder da equipe do Palm Pilot, estava convencido de que esse produto não teria o mesmo destino. Ele queria que o Palm Pilot fosse simples. Ele incluiria quatro itens: calendários, contatos, memorandos e listas de tarefas. O Palm Pilot só desempenharia quatro tarefas, mas faria isso muito bem.

Hawkins combateu o excesso de funções carregando um bloco de madeira do tamanho do Palm. Trae Vassallo, integrante da equipe do projeto Palm V, diz: "O bloco era extremamente simples, o que estava em sintonia com as metas tecnológicas simples do produto, mas ele também era pequeno, o que tornava o produto elegante e diferente." Hawkins pegava o bloco de madeira para "fazer anotações" durante uma reunião ou para "verificar o calendário" no corredor. Sempre que alguém sugeria um outro recurso, Hawkins mostrava o bloco de madeira e onde ele se encaixaria.

Vassallo disse que parte do sucesso do Palm Pilot "pode ser atribuída à sua definição em termos do que não era, e não em termos do que era". Tom Kelley, da IDEO, uma empresa promissora do Vale do Silício, fez comentário semelhante: "O real obstáculo aos primeiros PDAs... era a idéia de que a máquina precisava fazer quase tudo."

Hawkins sabia que a idéia essencial de seu projeto precisava ser elegância e simplicidade (e a evitação obstinada do excesso de funções). Ao compartilhar essa idéia essencial, Hawkins e sua equipe utilizaram algo que, em essência, era um provérbio visual. O bloco de madeira se tornou um lembrete visual de que havia algumas coisas a fazer e que estas precisavam ser bem-feitas.

Há um paralelo surpreendente entre o desenvolvimento do Palm Pilot e a campanha de Clinton conduzida por James Carville. Em ambos os casos, as equipes eram compostas por pessoas preparadas e apaixonadas pelo trabalho. As duas equipes se orgulhavam de ter muitos membros com a *capacidade* e o *desejo* de realizar uma série de coisas diferentes – discutir cada questão e organizar cada recurso. Ainda assim, nos dois casos, a equipe precisava de um lembrete simples de que era necessário resistir à tentação de fazer coisas demais. Quando você diz três coisas, não diz nada. Quando seu controle remoto possui cinqüenta botões, não é mais possível mudar de canal.

Utilizando o que há disponível

Nossas mensagens precisam ser compactas; assim, podemos aprender e reter apenas as informações essenciais de uma só vez. Mas digamos que tivéssemos avaliado a essência de nossa mensagem e descobríssemos que temos informações demais para compactar em um provérbio. Como transmitir tanta informação quando necessário? O exercício a seguir se destina a reforçar a necessidade da compactação e fornecer uma dica sobre como condensar mais informações em uma mensagem compacta.

Estas são as regras deste exercício: passe 10 a 15 segundos analisando as letras a seguir. Depois, feche o livro, pegue uma folha de papel e escreva o máximo de letras das quais conseguir se lembrar. Alerta de blefe: só vire a página quando terminar o exercício.

J FKFB INAT OUP SNA SAI RS

Se você for como a maioria das pessoas, provavelmente se lembrará de sete a dez letras. Não há tanta informação aqui. A compactação é essencial, pois há um limite para a quantidade de informações que podemos absorver de uma só vez.

Agora, vire a página e repita o exercício.

Há uma pequena alteração desta vez. Não mudamos as letras nem a seqüência. Só modificamos a forma de agrupamento das letras. Novamente, verifique as letras por 10 a 15 segundos. Depois, feche o livro e verifique de que consegue se lembrar.

JFK FBI NATO UPS NASA IRS

É provável que você tenha se saído bem melhor na segunda tentativa. De repente, as letras significam alguma coisa, o que torna mais fácil a memorização. No Teste 1, estávamos tentando memorizar dados brutos. No Teste 2, você estava memorizando conceitos: John F. Kennedy, o FBI, a NATO (Organização do Tratado do Atlântico Norte – OTAN), o UPS, a NASA e o IRS (Internal Revenue Service).

Mas, como assim? Por que é mais fácil se lembrar de "John F. Kennedy" do que das letras aleatórias F, J, K? Certamente John F. Kennedy contém mais informações do que as três letras aleatórias! Pense em todas as associações que fazemos com JFK – política, relacionamentos, seu assassinato e a família famosa. Se lembrar-se de algo fosse como levantar peso, seria ridículo pensar que "levantar" JFK seria mais fácil do que levantar três pequenas letras!

O segredo, obviamente, é que *não* estamos "levantando" JFK. Todo o trabalho de recordação relativo a JFK já foi feito. Já construímos esses números, ou seja, o conceito de JFK e todas as suas associações já estão incorporados em nossas memórias. Só estamos nos lembrando de um indicador para essas informações – estamos colocando uma pequena bandeira no terreno de nossa memória. No caso das letras brutas, estamos colocando três bandeiras separadas. No final, trata-se de uma pequena informação (ou uma bandeira) *versus* três; assim, é natural que seja mais fácil se lembrar de apenas uma informação.

E daí? Isso é apenas uma banalidade do cérebro? Veja aonde queremos chegar: já vimos que idéias compactas colam melhor, mas essas idéias compactas sozinhas não têm valor – apenas idéias com compactação *profunda* adquirem valor. Então, para tornar uma idéia compacta profunda, você precisa conferir muito significado a uma pequena mensagem. E como fazer isso? Utilize bandeiras. Explore o terreno de memória existente de seu público. Utilize o que há disponível.

O esquema pomelo

Até aqui, apresentamos situações em que uma idéia simples, ou uma porção de idéias simples, foram úteis para orientar o comportamento. Mas, convenhamos que a maioria das pessoas no mundo inteiro realiza coisas complexas. Não é nossa intenção argumentar sobre a possibilidade de reduzir áreas complexas (como direito, medicina, construção, programação, ensino) a duas ou três mensagens compactas. Obviamente, não podemos substituir uma faculdade de arquitetura por uma única idéia compacta ("Não deixe a construção cair").

Isso nos leva a uma questão importante que ainda não abordamos: *Como transformar um calouro em um arquiteto?* Como a complexidade surge da simplicidade? Ainda argumentamos que é possível criar complexidade utilizando, de forma engenhosa, a simplicidade. Se idéias simples forem organizadas e dispostas corretamente, logo poderão se tornar complexas.

Vejamos agora o que é um "pomelo". (Se você já sabe o que é um pomelo, finja que não sabe para cooperar conosco.) Essa é uma das maneiras de explicar o que é um pomelo:

> EXPLICAÇÃO 1: O pomelo é a maior fruta cítrica. A casca é muito espessa, mas macia e fácil de descascar. A cor da fruta varia do amarelo-claro ao coral, podendo ser mais suculenta ou seca, com sabor mais amargo, azedo e ácido.

Pergunta rápida: Com base nessa explicação, se você misturar metade de suco de pomelo com metade de suco de laranja, o sabor resultante será bom? Você pode tentar adivinhar, mas a resposta provavelmente é um pouco ambígua. Vamos tentar uma outra explicação:

> EXPLICAÇÃO 2: Pomelo é basicamente um grapefruit gigante, com uma casca muito espessa e macia.

A Explicação 2 cola uma bandeira em um conceito que você já conhece: um grapefruit. Quando dizemos que um pomelo é *semelhante a* um grapefruit, você forma uma imagem mental de um grapefruit. Depois, dizemos qual é a diferença: é uma fruta "gigante". O grapefruit que você visualizou também aumenta de tamanho.

Facilitamos o seu aprendizado de um novo conceito, associando-o a um conceito já conhecido. Nesse caso, o conceito é o "grapefruit". O "grapefruit" é um *esquema* que você já tem. ("Esquema" é um jargão um pouco técnico da Psicologia, mas é tão útil que achamos que vale a pena aproveitá-lo neste livro.)

Psicólogos definem esquema como um conjunto de propriedades genéricas de um conceito ou categoria. Esquemas consistem em várias informações pré-registradas que são armazenadas em nossas memórias. Se alguém diz a você que viu um novo modelo de carro esportivo maravilhoso, uma imagem vem logo à sua mente, cheia de propriedades genéricas. Você sabe como são os "carros esportivos". Você imagina um carro pequeno, de duas portas e, talvez, com teto conversível. Se o carro de sua imagem estiver em movimento, ele estará se movendo rápido. É quase certo que a cor seja vermelha. Da mesma forma, o seu esquema do "grapefruit" também contém uma série de propriedades genéricas: cor amarelo-rosada, sabor ácido, tamanho de uma bola macia e assim por diante.

Ao ativar o esquema de seu grapefruit, conseguimos ensinar a você o conceito de pomelo bem mais rápido do que se tivéssemos listado mecanicamente todos os atributos de um pomelo. Observe, também, que é mais fácil responder à pergunta sobre a mistura dos sucos de pomelo e laranja. Sabemos que suco de grapefuit combina com suco de laranja; então, o esquema pomelo *herda* essa propriedade do esquema grapefruit. (A propósito, para ser mais preciso, a própria Explicação 1 está cheia de esquemas. "Fruta cítrica" é um esquema, "casca" é um esquema e "azedo" é um esquema. Fica mais fácil analisar a Explicação 2 somente porque "grapefruit" é um esquema de nível superior – um esquema que inclui outros esquemas.)

Ao utilizar esquemas, a Explicação 2 melhora nossa compreensão e nossa memória. Que tal pensarmos nas duas definições de "pomelo" em termos da estrutura da pirâmide invertida? Qual é o lead? Vejamos. Na Explicação 1, o lead é: fruta cítrica. Após o lead, não há uma hierarquia clara; dependendo do que atrai a atenção das pessoas, elas podem se lembrar das informações sobre a casca ("muito espessa, mas macia e fácil de descascar"), das informações sobre a variação de cor ("do amarelo-claro ao coral") ou das informações sobre sumo ou sabor.

Na Explicação 2, o lead é: semelhante a um grapefruit. O segundo parágrafo é: gigante. O terceiro parágrafo é: casca muito espessa e macia.

Daqui a seis meses, as pessoas se lembrarão (na melhor das hipóteses!) do lead de nossa história. Isso significa que, em uma história, elas se lembrariam de "fruta" ou "fruta cítrica". Na outra história, elas se lembrariam de "grapefruit". A segunda história é bem melhor – ela não é um julgamento de valor.

E assim concluímos o que provavelmente será a última discussão psicológica sobre fruta cítrica de sua vida. Mas, apesar de o conceito de "pomelo" talvez não ser merecedor dos neurônios que você acaba de queimar, o conceito subjacente é fundamental: esses esquemas *permitem* profunda simplicidade.

Bons professores utilizam, intuitivamente, vários esquemas. Professores de Economia, por exemplo, começam apresentando exemplos compactos, resumidos, de fácil compreensão pelos alunos, que não possuem esquemas preexistentes sobre Economia. "Digamos que você planta maçãs e eu planto laranjas. Somos as únicas duas pessoas presentes. Digamos também que nós dois prefiramos comer um pouco de cada fruta, em vez de todas as unidades de apenas uma fruta. Devemos negociar? Nesse caso, como fazer isso?"

Os alunos primeiro aprendem como funcionam os negócios nesse contexto simplificado. Esse conhecimento, por sua vez, se torna um esquema de comércio básico para eles. Após aprender esse esquema, eles poderão ativá-lo e ampliá-lo como desejarem. Por exemplo, o que acontece se você, de repente, se torna um melhor produtor de maçãs? Continuamos a negociar da mesma forma? Para resolver esse problema, ativamos um esquema e procuramos adaptá-lo, da mesma forma que fizemos com o pomelo em relação ao nosso esquema do grapefruit.

Complexidade a partir da simplicidade

Esquemas nos ajudam a criar mensagens complexas a partir de material simples. Na escola, várias matérias de ciências são ensinadas com o auxílio inteligente de esquemas. A física introdutória aborda situações simples e idealizadas: roldanas, inclinações, objetos em movimento em ritmos constantes, em percursos sem fricção. Um aluno se familiariza com o esquema da "roldana", que pode ser ampliado de alguma forma ou associado a outros esquemas para resolver problemas mais complexos.

Outra utilização interessante de um esquema é o modelo de sistema solar do átomo, que muitos de nós aprendemos quando crianças. Esse modelo sugere que os elétrons estão em órbita ao redor do núcleo, assim como os planetas estão em órbita ao redor do Sol. Essa analogia oferece aos alunos um insight rápido e compacto sobre o funcionamento do átomo.

A analogia planetária também oferece um insight sobre o motivo para tantas pessoas evitarem esquemas compactos ("um grapefruit gigante"), privilegiando descrições detalhadas ("uma fruta cítrica com casca espessa e macia e assim por diante..."). A utilização de esquemas às vezes pode envolver uma rota um pouco mais lenta para se chegar à "real verdade". Por exemplo, físicos agora sabem que os elétrons não estão em órbita ao redor do núcleo, da mesma forma que os planetas. Na realidade, os elétrons se movem em "nuvens de probabilidade". Então, o que dizer a um aluno da sexta série do ensino fundamental? Você deve falar sobre o movimento dos planetas, que é de fácil compreensão e se aproxima da verdade? Ou você deve falar sobre "nuvens de probabilidade", de difícil compreensão, mas precisas?

A escolha pode parecer difícil: (1) primeiro, a precisão, em detrimento da acessibilidade; ou (2) primeiro, a acessibilidade, em detrimento da precisão. Mas, em muitos casos, esta é uma escolha falsa por um motivo plausível: se uma mensagem não pode ser usada para fazer previsões ou tomar decisões, ela não tem valor, independentemente de sua precisão ou abrangência.

Herb Kelleher poderia dizer a um comissário de bordo que sua meta é "maximizar o valor do acionista". De certa forma, essa declaração é mais precisa e completa do que a meta de ser a "companhia aérea com tarifas MAIS baratas". Afinal, o provérbio "companhia aérea com tarifas MAIS baratas" está claramente incompleto – a Southwest poderia oferecer tarifas mais baratas eliminando a manutenção das aeronaves ou solicitando aos passageiros que compartilhassem guardanapos. Obviamente, há valores adicionais (conforto do cliente, índices de segurança) que refinam o valor essencial de economia da Southwest. O problema de "maximizar o valor do acionista", apesar de sua precisão, é que isso não ajuda o comissário de bordo a decidir se deve ou não servir salada com frango. Portanto, uma idéia precisa, mas inútil, continua sendo inútil.

Falamos sobre a Maldição do Conhecimento na introdução deste capítulo – a dificuldade de se lembrar da sensação de desconhecer algo. A precisão que chega ao ponto de ser inútil é um sintoma da Maldição do Conhecimento. Para um CEO, "maximizar o valor do acionista" pode ser uma regra de comportamento extremamente útil. Para um comissário de bordo, não. Para um físico, nuvens de probabilidade são fenômenos fascinantes. Para uma criança, são incompreensíveis.

As pessoas ficam tentadas a contar tudo, com extrema precisão, logo no início, quando, na verdade, deveriam fornecer apenas uma quantidade suficiente de informações para tornar a mensagem útil. E, depois, aos poucos, acrescentar cada vez mais informações.

Esquemas em Hollywood: roteiros de conceito elevado

Uma maneira eficaz de evitar a precisão inútil, além de escapar da Maldição do Conhecimento, é por meio de analogias. As analogias derivam do poder de esquemas: um pomelo é como um grapefruit. Uma boa notícia é estruturada como uma pirâmide invertida. Os danos à pele são como o envelhecimento. As analogias permitem compreender uma mensagem compacta, pois elas ativam conceitos que você já adquiriu.

Uma boa analogia pode exercer muito poder. Na realidade, em Hollywood, filmes de $100 milhões podem ser aprovados em função do poder da analogia de apenas uma frase.

A maioria dos estúdios de Hollywood analisa centenas de roteiros para cada filme produzido. Talvez seja difícil se colocar na posição de executivos de estúdio, mas convido o leitor a refletir um pouco sobre isso. Imagine as decisões difíceis que eles precisam tomar. Quando investem em um filme, eles estão basicamente apostando milhões de dólares – e a própria reputação.

Compare um roteiro de cinema com a planta de uma casa. Se um arquiteto cria um ótimo projeto para uma casa e alguém paga pela construção, você tem tudo para acreditar que, nove meses depois, terá uma casa que representa a visão original do arquiteto.

Um roteiro de cinema, por outro lado, está destinado a sofrer alterações. Quando um roteirista é contratado, a história muda. Quando um diretor é contratado, o toque artístico do filme muda. Quando astros são contratados para desempenhar papéis, suas personalidades mudam nossa percepção dos personagens na história. Quando produtores são contratados, a história a ser contada fica sujeita a restrições financeiras e logísticas. E, quando o filme é concluído, meses ou anos depois, a equipe de marketing precisa encontrar uma forma de explicar o enredo ao público em cerca de trinta segundos – sem revelar demais.

Imagine o que significa investir milhões em uma idéia que muda à medida que é filtrada pela consciência de uma sucessão de indivíduos extremamente vaidosos: diretores, astros, produtores, marqueteiros. Essa idéia precisa ser boa.

Em Hollywood, as pessoas utilizam idéias essenciais denominadas "roteiros de conceito elevado". *Velocidade Máxima* era "*Duro de Matar* em um ônibus". *De Repente 30* era "*Quero Ser Grande* para meninas". *Alien* era "*Tubarão* em uma nave espacial".

Os roteiros de conceito elevado nem sempre fazem referência a outros filmes. *E.T.*, por exemplo, foi roteirizado como "Alienígena perdido fica amigo de um garoto para conseguir voltar para casa". Mas muitos roteiros nos remetem a filmes anteriores. Por quê? Será que Hollywood está cheia de executivos cínicos que, descaradamente, reciclam idéias já existentes?

Digamos que sim. Mas esse é apenas um dos motivos. O conceito do filme *Velocidade Máxima*, antes de ser roteirizado, obviamente não existia nas mentes dos executivos. Era como se fosse a palavra "pomelo", antes de sabermos o seu significado. A frase compacta, com seis palavras, "*Duro de Matar* em um ônibus" confere um grande significado ao conceito antes inexistente em *Velocidade Máxima*. Para verificar isso, pense em todas as decisões importantes que você pode tomar. Pense só no poder dessas seis palavras. Você contrata um diretor de ação ou um diretor independente? Um diretor de ação. Você faz um orçamento de $10 milhões ou de $100 milhões para o filme? De $100 milhões. Prefere grandes estrelas ou um elenco de atores? Grandes estrelas. Prefere que o filme seja um lançamento de verão ou um lançamento de Natal? Lançamento de verão.

Agora vejamos outro exemplo. Imagine que você acaba de ser contratado para ser o designer de produção do novo filme *Alien*. Você será responsável pelo projeto da nave espacial onde é rodada a maior parte do filme. Qual será a aparência da nave espacial? Se você não soubesse nada a respeito do filme, seria mais sensato começar pesquisando projetos anteriores de naves espaciais. Por exemplo, pense no interior impecável e deslumbrante da nave *Enterprise*, do filme *Jornada nas Estrelas*.

Depois, seu chefe diz que a visão do filme é "*Tubarão* em uma nave espacial". Isso muda o conceito inteiro. *Tubarão* não era impecável nem deslumbrante. Richard Dreyfus navegava em torno de um barco velho. As decisões eram tomadas às pressas, precipitadamente, de forma claustrofóbica, movidas pela ansiedade. O ambiente era penoso. À medida que você começa a pensar no que fez *Tubarão* colar, suas idéias começam a tomar forma: a nave será subdesenvolvida, sombria e opressora. Os membros da tripulação não vestirão uniformes de lycra em cores vibrantes. As salas não serão bem iluminadas e com estofados luxuosos.

Roteiros de conceito elevado são a versão de Hollywood para os provérbios essenciais. Como a maioria dos provérbios, eles aproveitam o potencial da analogia. Ao ativarem esquemas já existentes (por exemplo, como é o filme *Tubarão*), os provérbios aceleram muito o processo de aprendizagem para pessoas que trabalham em um novo filme.

Obviamente, um bom roteiro não é sinônimo de um bom filme. "*Tubarão* em uma nave espacial" poderia ter se tornado um filme horrível se não fossem as contribuições de centenas de pessoas talentosas durante muitos anos. Por outro lado, um roteiro ruim (um provérbio ruim) é o suficiente para arruinar um filme. Nenhum diretor poderia salvar "*Laços de Ternura* em uma nave espacial".

Se roteiros de conceito elevado podem ter esse poder no mundo cinematográfico – um ambiente com quarenta vezes mais a densidade normal de egos – devemos acreditar que podemos aproveitar o mesmo poder em nossos próprios ambientes.

Analogias generativas

Algumas analogias são tão úteis que não apenas destacam um conceito, mas realmente se tornam plataformas para pensamento inovador. Por exemplo, a metáfora do cérebro como um computador tem sido central para os insights gerados por psicólogos cognitivos nos últimos cinqüenta anos. É mais fácil definir como um computador funciona do que definir como o cérebro funciona. Por esse motivo, pode ser proveitoso para psicólogos utilizar vários aspectos de um computador que as pessoas já compreendem (como memória, buffers ou processadores) como inspiração para localizar funções similares no cérebro.

Boas metáforas são "generativas". O psicólogo Donald Schon apresentou esse termo para descrever metáforas que geram "novas percepções, explicações e invenções". Muitas idéias simples que colam são, na verdade, metáforas generativas disfarçadas. Por exemplo, Disney chama seus empregados de "membros de um elenco". Essa metáfora de empregados como membros de um elenco na produção teatral é transmitida com consistência para a organização inteira:

- Membros de um elenco não fazem *entrevista* para um emprego; eles fazem uma *audição* para conseguir um *papel*.
- Quando estão passeando no parque, eles estão *no palco*.

- Pessoas em visita à Disney são *convidados*, e não clientes.
- Cargos são *desempenhos*; uniformes são *figurinos*.

A metáfora do teatro é extremamente *útil* para empregados da Disney. Ela é tão útil que basta ler os últimos parágrafos para, provavelmente, prever como membros do elenco devem se comportar em situações ainda não abordadas. Por exemplo, é provável que você suponha que empregados não têm permissão para interromper o serviço e ir aos locais públicos trajando os figurinos da Disney. (Um ator não deve conversar ou fumar nos intervalos das gravações.) É provável que você suponha que os critérios de avaliação de varredores de rua não se restrinjam à limpeza das calçadas. De fato, varredores de rua são alguns dos membros do elenco com treinamento mais especializado, pois sua presença muito visível (aliada ao fato de que não resta dúvida de que eles sejam empregados da Disney) transforma-os em alvo certo de perguntas de clientes sobre passeios, paradas e locais de banheiros. Parte essencial do sucesso do parque é a conscientização deles de que têm um papel importante a desempenhar e que, portanto, não são responsáveis apenas pela manutenção do parque. "Empregados como membros de um elenco" é uma metáfora generativa que tem funcionado para a Disney por mais de cinqüenta anos.

Compare a Disney à Subway. Como a Disney, a Subway criou uma metáfora para seus empregados da linha de frente. Eles são "artistas do sanduíche". Essa metáfora é o gêmeo endiabrado de "membros de um elenco" da Disney. É realmente inútil como uma orientação sobre como o empregado deve agir. A Disney espera que os membros de seu elenco se comportem como artistas. O traço que define um "artista" é a expressão individual. Quanto tempo uma funcionária permaneceria na Subway se exibisse muita expressão individual (no vestuário, na interação, na apresentação de sanduíches)? Sem dúvida, os artistas do sanduíche na Subway devem incluir bastante cebola em um sanduíche de 30cm de altura. E, certamente, podemos dizer que eles têm um certo tipo de liberdade. Mas suspeita-se de que a "capacidade artística" do atendente não pode passar do acréscimo de uma fatia adicional de peito de peru.

O poder da simplicidade

A origem do poder de metáforas generativas e provérbios está em uma substituição inteligente: eles trocam algo difícil por algo fácil de se pensar. O provérbio "Mais vale um pássaro na mão do que dois voando" nos oferece uma declaração tangível, facilmente processada, que podemos utilizar para orientar situações complexas e com carga emocional. Metáforas generativas têm função semelhante. Os "membros do elenco" da Disney devem achar mais fácil lidar com uma nova situação do ponto de vista de um ator contratado do que a partir de sua própria perspectiva individual exclusiva.

Provérbios são o Santo Graal da simplicidade. É fácil criar uma frase compacta e curta. Qualquer um pode fazer isso. Por outro lado, é muito difícil criar uma frase compacta e profunda. Neste capítulo, tentamos mostrar que vale a pena o esforço – "encontrar a essência" e expressá-la como uma idéia compacta pode ser continuamente poderoso.

CAPÍTULO 2

SURPRESA

Segundo as normas da FAA (Federal Administration Aviation), um comissário de vôo deve fazer uma comunicação de segurança antes da decolagem de um avião de passageiros. Qualquer passageiro de avião já escutou estes avisos: onde ficam as saídas, o que fazer em caso de "súbita mudança de pressurização na aeronave", como utilizar seu assento como dispositivo flutuante e por que não fumar nos lavatórios (ou tentar driblar o alarme de fumaça).

As comunicações sobre segurança de vôo não encontram um ambiente propício à sua divulgação. Afinal, quem se importa com o que está sendo comunicado? O comissário de vôo não se importa. Os passageiros muito menos. Seria bem mais interessante escutar alguma história sobre piratas ou aventureiros.

E se pedissem a você para fazer a comunicação sobre segurança? Pior do que isso, e se você realmente precisasse atrair a atenção das pessoas para sua comunicação? Como você lidaria com a situação?

Uma comissária de bordo chamada Karen Wood enfrentou situação semelhante e conseguiu solucioná-la com criatividade. Em um vôo de Dallas para San Diego, ela fez a seguinte comunicação:

> Poderíamos contar com alguns momentos de sua atenção, por favor? Gostaríamos de mostrar estes itens de segurança. Se você nunca mais entrou

em um automóvel desde 1965, esta é a maneira correta de usar o seu cinto de segurança: Para prendê-lo, encaixe uma extremidade na outra, ajustando conforme necessário, puxando ou afrouxando a tira. Para retirá-lo, basta levantar a presilha.

Como diz a canção, deve haver cinqüenta modos para deixar seu amante,* mas só há seis maneiras de deixar esta aeronave: duas portas na parte traseira, duas saídas nas janelas de emergência laterais removíveis, que estão sobre as asas, e duas portas na parte dianteira. A localização de cada saída está claramente indicada nos avisos no teto. Em caso de emergência, luzes guias vermelhas e brancas se acenderão automaticamente no chão do corredor.

Isso fez você olhar!

Não demorou muito para que os passageiros se ligassem no discurso cômico de Wood. Ao terminar seu comunicado, ela foi muito aplaudida. (Se uma mensagem bem pensada pode levar as pessoas a aplaudir um comunicado sobre segurança, isso significa que ainda há esperança para todos nós.)

O primeiro problema na comunicação é atrair a atenção das pessoas. Alguns comunicadores têm autoridade para exigir atenção. Os pais sabem fazer isso muito bem: "Bobby, olhe para mim!" Na maior parte do tempo, contudo, não podemos exigir atenção; é necessário atraí-la. Esse é um desafio mais difícil. É comum ouvirmos a frase: "Não é possível fazer com que as pessoas prestem atenção." Isso faz um certo sentido. Mas, espere um momento: foi exatamente isso que Karen Wood fez. Ela fez com que as pessoas prestassem atenção e nem precisou levantar a voz.

Vejamos a forma mais básica de atrair a atenção de alguém: quebrar um padrão. Os seres humanos têm uma rápida capacidade de adaptação a padrões consistentes. Passamos a ignorar o estímulo sensorial consistente. Pense no barulho de um ar-condicionado, no barulho do trânsito, no odor de uma vela ou na visão de uma prateleira de livros. Talvez só tenhamos total consciência dessas coisas quando algo muda: o ar-condicionado é desligado. Alguém reorganiza os livros na prateleira.

Wood conseguiu atrair a atenção das pessoas em um ambiente hostil a mensagens, evitando o mesmo discurso sobre segurança genérica que seus pas-

*_Nota da Tradutora_: Referência à letra da música _50 Ways to Leave Your Lover_, de Paul Simon.

sageiros já tinham escutado tantas vezes. Por intermédio de piadas, ela conseguiu atrair e manter a atenção das pessoas. Mas se Wood estivesse preocupada apenas em *atrair* atenção, ela não precisaria ter buscado formas de diverti-los. Ela poderia ter facilmente atraído a atenção dos passageiros utilizando a técnica de iniciar a comunicação e, de repente, interrompê-la no meio da frase. Ou falar em russo por alguns segundos.

Nosso cérebro está preparado para perceber claramente as mudanças. Designers de produtos inteligentes têm plena consciência dessa tendência. Quando um produto exige que os usuários fiquem ligados, os designers *mudam* alguma coisa para chamar a atenção. Luzes de aviso piscam, alternando entre acesas e apagadas. Se a luz permanecesse o tempo todo acesa, nossa tendência seria ignorá-la. Antigas sirenes de emergência soavam no padrão de dois toques, mas as sirenes modernas soam em um padrão mais complexo, que prende ainda mais a atenção. Alarmes de carro usam e abusam de nossa sensibilidade à mudança.

Este capítulo se concentra em duas perguntas essenciais: *Como atrair a atenção das pessoas?* E, igualmente importante, *Como mantê-la?* Só podemos ser bem-sucedidos quando nossas mensagens ignoram as interferências para *atrair* a atenção das pessoas. Além disso, nossas mensagens costumam ser tão complexas que fica difícil conseguir alguma coisa sem *manter* a atenção das pessoas.

Para compreender as respostas a essas duas perguntas, precisamos compreender dois sentimentos cruciais – a surpresa e o interesse. Eles costumam ser provocados por idéias que colam naturalmente.

- A *surpresa* atrai nossa atenção. Algumas idéias que colam naturalmente propõem "fatos" surpreendentes: A Grande Muralha da China é a única estrutura criada pelo homem que é visível do espaço! Você só utiliza 10% de seu cérebro! Você deve beber 8 copos de água por dia! Lendas urbanas costumam conter mudanças inesperadas de enredo!
- O *interesse* mantém nossa atenção. Há classes de idéias que colam e que mantêm nosso interesse com o tempo. Teorias de conspiração mantêm as pessoas avidamente coletando novas informações. A fofoca nos mantém interessados em procurar nossos amigos para saber das últimas novidades.

Idéias que colam naturalmente costumam ser inesperadas. Quanto mais inesperadas forem nossas idéias, maior será sua fixação. Mas é possível gerar "imprevisibilidade" ou "surpresa"? Não seria um paradoxo falar em "surpresa planejada"?

COMO ATRAIR A ATENÇÃO DAS PESSOAS

As pessoas sempre dizem que não viram nada.

No início do comercial de televisão da nova minivan Enclave, vemos o veículo parado na frente de um parque. Um menino segurando um capacete de futebol pula dentro da minivan, seguido por suas duas irmãs mais novas. Ouve-se a voz de uma mulher em *off*: "Apresentando o novo Enclave." O pai está no assento do motorista e a mãe está no banco de passageiro. Há suportes para copos por todos os lados. O pai liga o carro e sai. "É o melhor que você já viu em termos de minivan."

A minivan percorre lentamente várias ruas do subúrbio. "Com recursos como portas traseiras corrediças, com controle remoto, 150 canais de TV a cabo, um teto com ampla visão do céu, suportes para copos com controle de temperatura e um sistema de navegação em seis pontos... Essa é a minivan ideal para famílias em viagem."

A Enclave pára no cruzamento. A câmera se aproxima de um garoto, mostrando uma janela lateral que reflete árvores gigantescas, cheias de folhas. O pai avança no cruzamento.

É nesse momento que tudo acontece.

Um carro em alta velocidade invade o cruzamento e atinge transversalmente a minivan. Há uma terrível colisão, resultando em metais retorcidos e uma explosão de vidros quebrados.

A tela fica preta e aparece uma mensagem: "Não reparou que outro veículo se aproximava?"

A pergunta some da tela e é substituída pela declaração: "As pessoas sempre dizem que não viram nada."

Ao som de uma buzina em segundo plano, algumas palavras finais aparecem na tela: "Utilize o cinto de segurança... Sempre."

Não existe uma minivan Enclave. Esse comercial foi criado pela Ad Council. (A cena da Enclave foi patrocinada pelo Departamento de Transportes dos Estados Unidos – DOT.) A Ad Council, fundada em 1942, lançou várias campanhas de sucesso, desde a campanha: "Línguas soltas podem afundar navios", no período da Segunda Guerra Mundial, até a mais recente: "Amigos impedem que seus amigos dirijam bêbados". O comercial da Enclave, como muitos outros comerciais da Ad Council, aproveita a segunda característica de idéias que colam: a Surpresa.

O comercial da Enclave é inesperado, pois ele viola nosso esquema de propaganda de carros. Sabemos o perfil dessas propagandas. Em geral, pickups percorrem estradas de terra batida ou montanhas. Carros esportivos disparam em ruas vazias e cheias de curvas. Veículos utilitários (SVUs) transportam yuppies, atravessam florestas e chegam a cachoeiras. E minivans transportam crianças para escolas. Ninguém morre, jamais.

O comercial é inesperado por um segundo motivo: ele viola nosso esquema de trajetos curtos percorridos de carro na vida real. Fazemos milhares de viagens curtas no dia-a-dia e chegamos à maioria de nossos destinos em segurança. O comercial nos alerta para o fato de que acidentes são, por natureza, inesperados – devemos utilizar sempre o cinto de segurança, por precaução.

Nossos esquemas são como máquinas de adivinhação. Os esquemas nos ajudam a prever o que acontecerá e, conseqüentemente, como devemos tomar decisões. O comercial da Enclave pergunta: "Não reparou que outro veículo se aproximava?" Não, não reparamos. Nossas máquinas de adivinhação falharam; por isso, ficamos surpresos.

Nossas emoções são elegantemente sintonizadas para nos ajudar a lidar com situações difíceis. Elas nos preparam para diferentes formas de agir e pensar. Todos já ouvimos falar que a raiva nos prepara para brigar e o medo nos prepara para fugir. Entretanto, as ligações entre emoção e comportamento podem ser ainda mais sutis. Por exemplo, o estado de raiva possui efeito secundário, recém-descoberto por pesquisadores: temos maior convicção de nossas opiniões. Quando estamos com raiva, *sabemos* que estamos certos, fato que pode ser comprovado por qualquer pessoa que esteja envolvida no relacionamento em questão.

Então, se as emoções têm finalidades biológicas, qual é a finalidade biológica da surpresa? A surpresa tem efeito desconcertante, que atrai nossa atenção. A surpresa é disparada quando nossos esquemas falham e nos prepara para compreender o motivo da falha. Quando nossas máquinas de adivinhação falham, a surpresa prende nossa atenção, nos permitindo consertá-las para o futuro.

Sobrancelhas de surpresa

A surpresa está associada a uma expressão facial que é a mesma em diferentes culturas. Em um livro chamado *Unmasking the Face*, Paul Ekman e Walace

Friesen cunharam um termo – "sobrancelhas de surpresa" – para descrever a expressão facial que a caracteriza: "As sobrancelhas parecem curvadas e altas... A pele abaixo da sobrancelha se estica quando a sobrancelha se levanta, e fica mais visível do que o normal."

Quando nossas sobrancelhas sobem, nossos olhos ficam mais arregalados e, assim, aumenta nosso campo de visão – as sobrancelhas de surpresa são a forma que nosso corpo encontrou para nos forçar a enxergar mais. Também fechar e abrir os olhos em seguida para confirmar se vimos o que pensamos ter visto. Em contraste, quando estamos com raiva, nossos olhos ficam mais estreitos para que nos concentremos em um problema conhecido. Além de fazer com que nossas sobrancelhas subam, a surpresa faz nosso queixo cair e nossa boca se abrir. Ficamos momentaneamente sem palavras. Nossos corpos ficam temporariamente estáticos e nossos músculos não se mexem. É como se nossos corpos tivessem encontrado uma forma de garantir que fiquemos calados e imóveis para receber novas informações.

Então, a surpresa age como um tipo de sobreposição de emergência quando confrontamos algo inesperado e nossas máquinas de adivinhação falham. Tudo pára, atividades em andamento são interrompidas e nossa atenção involuntariamente busca o evento que nos surpreendeu. Quando o comercial da minivan termina com uma batida grave, paramos e nos perguntamos: *O que está acontecendo?*

Idéias inesperadas têm mais probabilidade de colar, pois a surpresa nos leva a prestar atenção e a pensar. A atenção extra e o pensamento intensificam eventos inesperados em nossas memórias. A surpresa atrai nossa atenção. Às vezes, a atenção tenta escapar, mas, em outros casos, a surpresa pode levar a uma atenção contínua. A surpresa pode nos convidar a sair em busca de causas subjacentes, a imaginar outras possibilidades, a descobrir como evitar surpresas no futuro.

Pesquisadores que estudam teorias de conspiração, por exemplo, observaram que muitas delas surgem quando as pessoas estão lidando com eventos inesperados. Isso ocorre, por exemplo, quando pessoas jovens e atraentes morrem subitamente. Há teorias de conspiração sobre as mortes súbitas de JFK, Marilyn Monroe, Elvis e Kurt Cobain. Em geral, há menos interesse conspiratório em relação a mortes inesperadas de pessoas na faixa dos 90 anos.

A surpresa nos leva a encontrar uma resposta (para resolver a questão do motivo de nossa surpresa) e grandes surpresas exigem grandes respostas. Se quisermos motivar pessoas a prestar atenção, devemos aproveitar o poder de grandes surpresas.

Evitando ardis

As grandes surpresas podem representar um grande problema. É fácil avançar a linha e penetrar em terreno ardiloso.

No final da década de 1990, acompanhamos o auge da era pontocom. Várias start-ups, apoiadas por venture capitalists, investiam milhões de dólares em propaganda para estabelecer suas marcas. Com um investimento cada vez maior na caça à atenção de um pequeno número de clientes, as propagandas precisaram se esforçar muito para provocar surpresa e interesse.

Durante o Super Bowl de 2000, havia um comercial de televisão que iniciava com uma banda escolar em treinamento em um campo de futebol. Mostramos closes dos membros da banda à medida que executavam seus movimentos. Depois, movemos a câmera para o túnel do estádio, que leva ao campo. De repente, uma dúzia de lobos entrou correndo no campo. Os membros da banda se espalharam, assustados, pois os lobos vinham em sua direção para atacar.

Para que servia esse comercial? Não temos a menor idéia. Mas, sem dúvida, foi surpreendente e memorável. Nunca mais nos esquecemos da imagem cômica e de mau gosto dos lobos caçando os membros da banda aterrorizados. Mas, como a surpresa não tinha a menor relação com a mensagem a ser transmitida, ela não tinha valor. Por outro lado, se os produtos divulgados na propaganda fossem "uniformes de banda à prova de pancadas", a propaganda poderia ter ganhado um prêmio.

Nesse sentido, a propaganda dos lobos é o oposto do comercial da Enclave. Os dois comerciais contêm surpresas poderosas, mas apenas o da Enclave utiliza essa surpresa para reforçar sua mensagem essencial. No Capítulo 1, discutimos sobre a importância de localizar a essência de suas idéias. A utilização da surpresa a serviço de uma mensagem essencial pode ser extremamente poderosa.

Hension e Phraug

A seguir, você encontra uma lista de quatro palavras. Leia cada palavra e pense um pouco antes de responder se elas existem.

HENSION
BARDLE
PHRAUG
TAYBL

De acordo com Bruce Whittlesea e Lisa Williams, os pesquisadores que desenvolveram essa tarefa, "as pessoas costumavam levantar as sobrancelhas ao ler PHRAUG e TAYBL, além de ter uma reação de surpresa ('Oh!'). Ao ler HENSION e BARDLE, as pessoas costumavam franzir a testa."

As palavras PHRAUG e TAYBL causam a sobrancelha de surpresa pois *parecem* estranhas, mas *soam* familiares. A reação de surpresa ("Oh!") ocorre quando percebemos que dizer PHRAUG é tão engraçado quanto dizer FROG.

HENSION e BARDLE são mais problemáticas. Elas parecem estranhamente familiares, pois empregam combinações de letras de palavras comuns. Elas lembram palavras SAT – vocabulário extravagante que deveríamos conhecer, mas não conhecemos. Mas HENSION e BARDLE são palavras inventadas. Quando percebemos que estamos nos esforçando para encontrar uma solução que não existe, ficamos frustrados.

HENSION e BARDLE fornecem um exemplo de surpresa sem insight. Até aqui, falamos muito sobre o poder da surpresa e sobre como ela pode tornar nossas idéias mais aderentes. Mas, embora HENSION e BARDLE sejam surpreendentes, elas não colam; elas são apenas frustrantes. Agora, percebemos que a surpresa não é suficiente. Também precisamos de insight.

Para ser surpreendente, um evento não pode ser previsível. Surpresa é o oposto de previsibilidade. Mas, para ser satisfatória, a surpresa precisa ser "pós-visível". Se você pensar bem, isso faz sentido. Mas não é algo fácil de ser observado. PHRAUG é pós-visível, mas HENSION não. Compare o sentimento despertado em você ao assistir a um show na televisão ou a filmes, como *O Sexto Sentido*, que têm finais surpreendentes (finais que interligam pistas às quais você esteve exposto o tempo todo), com o sentimento que você tem ao ver finais ardilosos e imprevisíveis ("Tudo não passou de um sonho").

Iniciamos o capítulo destacando que a surpresa ocorre quando nossas máquinas de adivinhação falham. A emoção da surpresa foi feita para voltar nossa atenção para a falha, para que possamos aperfeiçoar nossas máquinas de adivinhação para o futuro. Então, estabelecemos uma distinção entre a surpresa ardilosa, como os anúncios das pontocom, e a surpresa pós-visível significativa.

Eis o fundamento de nossos objetivos habituais: se você deseja que suas idéias sejam mais aderentes, é necessário interromper a máquina de adivinhação das pessoas e, depois, consertá-la. Mas, ao surpreender as pessoas, ao interromper suas máquinas de adivinhação, como evitar a surpresa ardilosa, como a dos lobos? A maneira mais fácil de evitar surpresas ardilosas e garantir que suas idéias inesperadas gerem insight é verificar se o seu alvo é um aspecto das máquinas de adivinhação de seu público que está relacionado à sua mensagem essencial. Já vimos alguns exemplos dessa estratégia.

No Capítulo 1, discutimos sobre Hoover Adams, o editor de jornal cujo mantra é "Nomes, nomes e nomes". Para a maioria dos repórteres de jornais locais, esse mantra parecerá senso comum. Certamente, seus esquemas de "boas notícias locais" envolvem histórias centradas na comunidade.

Mas esse não era o intuito de Adams. Ele tinha algo bem mais radical em mente. Então, ele quebrou o esquema dizendo, essencialmente, "Se eu pudesse, publicaria páginas da lista telefônica para obter nomes. Na verdade, se conseguisse reunir um número suficiente de nomes, contrataria mais compositores para criar mais páginas nas quais esses nomes poderiam constar." De repente, os repórteres perceberam que "Nomes, nomes e nomes" *não* era consistente com seus esquemas. Enquanto seu esquema anterior deve ter sido "Procure destacar ao máximo os ângulos locais", Adams havia substituído isso por "Nomes vêm antes de tudo, até mesmo de minha própria lucratividade". O poder dessa mensagem está em sua imprevisibilidade.

Outro exemplo discutido no Capítulo 1 foi o provérbio da Southwest Airlines "companhia aérea com tarifas MAIS baratas". Novamente, a maioria dos membros do staff e dos clientes da Southwest sabe que ela é uma companhia aérea que oferece descontos. Nesse contexto, o provérbio parece intuitivo. Somente quando Kelleher aplicou o provérbio na prática (recusando-se a oferecer salada com frango aos clientes, mesmo que tivessem solicitado isso) é que seu significado foi internalizado. Antes de Kelleher, uma máquina de adivinhação de um membro do staff, em geral, faria a seguinte previsão: "Queremos agradar os clientes oferecendo tarifas mais baratas." Após Kelleher, a máquina de adivinhação foi aperfeiçoada para "Seremos a companhia aérea com tarifas MAIS baixas, mesmo que isso signifique deliberadamente ignorar as preferências de alguns de nossos clientes".

Então, um bom processo para tornar suas idéias mais aderentes é: (1) identifique a mensagem central a ser transmitida – encontrar a essência; (2) descubra o que é contra-intuitivo na mensagem (ou seja: Quais são as implicações inesperadas de sua mensagem essencial? Por que isso ainda não está acontecendo naturalmente?) e (3) transmita a sua mensagem de uma forma que interrompa as máquinas de adivinhação do público na dimensão contra-intuitiva crítica. Depois, após a falha nas máquinas de adivinhação, ajude-os a aperfeiçoar suas máquinas.

O senso comum é o inimigo de mensagens que colam. Quando as mensagens soam como senso comum, elas flutuam suavemente de um ouvido para o outro. E, por que não deveriam? Se, de forma intuitiva, eu já "compreendo" o que você está tentando me dizer, por que devo ficar obcecado em me lembrar disso? O perigo, é claro, é que o que *parece ser* senso comum muitas vezes *não é*, como ocorreu nos exemplos de Hoover Adams e da Southwest. É sua função, como comunicador, expor as partes da mensagem que são senso incomum.

Correntes de pneus na Nordstrom

A Nordstrom é uma loja de departamentos conhecida pelos serviços excelentes oferecidos aos clientes. Essa qualidade nos serviços tem seu preço: talvez os produtos encontrados na Nordstrom sejam mais caros. Mas muitas pessoas estão dispostas a pagar mais caro exatamente porque a Nordstrom torna as compras mais agradáveis.

Para que a estratégia da Nordstrom funcione, ela precisa transformar seus empregados da linha de frente em entusiastas do atendimento ao cliente. E eles não costumam abordar os clientes dessa forma. A maioria das pessoas com experiência em atendimento vem de ambientes onde gerentes desperdiçam muita energia tentando minimizar custos de trabalho. O esquema predominante no atendimento ao cliente deve ser, a grosso modo: "Faça com que os clientes entrem e saiam da loja o mais rápido possível, e procure sorrir sempre."

É provável que muitas pessoas que se candidatam a trabalhar na Nordstrom tenham anos de experiência nesse perfil de esquema de trabalho. Mas a Nordstrom possui uma filosofia diferente: agrade os clientes, mesmo que seja em prejuízo da eficácia. Como a Nordstrom consegue interromper um esquema e substituí-lo por outro?

A empresa resolve esse problema, em parte, por meio de histórias inesperadas. Jim Collins e Jerry Porras, no livro *Feitas para durar*, descrevem histórias contadas na Nordstrom sobre serviços inesperados realizados por empregados, que são conhecidos na empresa como "Nordies".

> O Nordie que passou uma camisa nova para um cliente que precisava dela para uma reunião naquela tarde;
>
> O Nordie que não se importa em embalar para presente pacotes comprados na Macy's;
>
> O Nordie que aqueceu carros de clientes no inverno, enquanto eles terminavam as compras;
>
> O Nordie que fez uma entrega de última hora de roupas para festa a uma comissária de bordo apressada;
>
> E até mesmo o Nordie que devolveu o dinheiro da compra de um par de correntes de pneus, embora a Nordstrom não venda correntes de pneus.

Você pode imaginar a surpresa, senão o choque, que essas histórias provocam em novos empregados da Nordstrom. "Embrulhar para presente um item comprado na Macy's! Não compreendo. Qual é a importância disso para nós?" Essas histórias atacam os pressupostos indescritíveis de atendimento ao cliente, como: o atendimento acaba na porta da loja. Não perca tempo com alguém que não está comprando. Assim que fechar uma venda, passe para o próximo cliente em potencial.

Para novos empregados, a idéia de embrulhar para presente um item comprado em uma loja de um concorrente é tão absurda, tão distante dos limites de sua noção atual de "atendimento", que a história os paralisa. Suas máquinas de adivinhação são interrompidas. Sua máquina de adivinhação da idéia antiga de "bom atendimento" nunca teria gerado a idéia altruísta de embrulhar presentes. As histórias oferecem o primeiro passo para a substituição do esquema de "bom atendimento" de um novo empregado pelo esquema de atendimento da Nordstrom.

Dessa forma, a Nordstrom quebra a complacência do senso comum. Em vez de espalhar histórias sobre "Nordies", a Nordstrom poderia simplesmente dizer aos empregados que sua missão é oferecer "o melhor atendimento do setor aos clientes". Essa declaração, embora verdadeira, infelizmente soa como algo que a JCPenney ou a Sears também diz a seus empregados. Para que a idéia cole, você precisa transferi-la do senso comum para o senso incomum. Aquecer os carros de clientes no inverno é um exemplo de senso incomum.

Observe que essas histórias seriam ainda mais inesperadas (e ainda menos ligadas ao senso comum) se fossem contadas em relação a um empregado da 7-Eleven. "Isso mesmo. Entrei para comprar um pacote de cigarros e a atendente *passou minha camisa*!" O valor das histórias não está propriamente em sua imprevisibilidade. O valor nasce do perfeito alinhamento entre as metas da Nordstrom e o conteúdo das histórias. Essas histórias poderiam perfeitamente ser destrutivas em outro contexto. A gerência da 7-Eleven não deseja enfrentar uma epidemia de atendentes embrulhando para presente produtos de outras lojas.

As histórias da Nordstrom são um exemplo típico do poder da imprevisibilidade. Não há perigo de que essas histórias sejam ardilosas, pois a surpresa é acompanhada de insight – as histórias nos revelam o que significa ser um bom empregado da Nordstrom. É o senso incomum a serviço de uma mensagem essencial.

Jornalismo básico

Nora Ephron é uma roteirista cujos trabalhos foram indicados ao Oscar na categoria "Melhor Roteiro Original": *Silkwood – O Retrato de uma Coragem*; *Feitos um para o Outro* e *Sintonia de Amor*. Ephron começou sua carreira como jornalista do *New York Post* e do *Esquire*. Ela se tornou jornalista influenciada por seu professor de Jornalismo na faculdade.

Ephron ainda se lembra do primeiro dia de aula na faculdade. Embora os alunos não tivessem experiência em jornalismo, eles foram para sua primeira aula com uma noção do que um jornalista faz: um jornalista reúne fatos e os transforma em notícias. Para obter os fatos, ele precisa descobrir cinco coisas – quem, o quê, onde, quando e por quê.

Os alunos estavam sentados de frente para suas máquinas de escrever manuais. O professor de Ephron designou a primeira tarefa. Eles deveriam escrever o lead de uma matéria de jornal. O professor expôs os fatos: "Kenneth L. Peters, o diretor da Beverly Hills High School, anunciou hoje que todas as turmas viajarão para Sacramento na próxima quinta-feira para assistir a uma palestra sobre novos métodos de ensino. Entre os palestrantes estará a antropóloga Margaret Mead, o presidente da faculdade, Dr. Robert Maynard Hutchins e o governador da Califórnia, Edmund 'Pat' Brown."

Os aspirantes a jornalistas começaram a datilografar, em suas máquinas de escrever, o primeiro lead de suas carreiras. Segundo Ephron, ela e a maioria dos outros alunos, produziram leads que reordenaram os fatos e compactaram isso em uma única frase: "O Governador Pat Brown, Margaret Mead e Robert Maynard Hutchins darão palestras para a Beverly Hills High School na quinta-feira, em Sacramento... blablablá."

O professor recolheu os leads e deu uma olhada rápida neles. Depois, ele colocou os papéis sobre a mesa e fez uma breve pausa.

Finalmente, ele disse: "O lead da história é '*Não haverá aula na próxima quinta-feira*'."

Ephron se recorda: "Ficamos paralisados. Naquele instante, percebi que o jornalismo não era uma mera regurgitação de fatos, mas, sim, a descoberta do ponto principal. Não bastava saber quem, o quê, quando e onde. Era preciso compreender o que isso significava. E por que isso era importante." Segundo ela, no restante daquele ano, cada tarefa tinha um segredo – um ponto oculto que os alunos precisavam descobrir para produzir uma boa matéria.

Essa idéia deveria constar da Parede Aderente da Fama. Esse professor exerceu um grande impacto não apenas por ser um orador dinâmico ou um mentor que tinha apreço por seus alunos (embora ele tenha essas duas qualidades), mas também porque ele teve uma idéia brilhante. Foi uma idéia que, em questão de segundos, reescreveu o esquema do jornalismo nas mentes de seus alunos. Uma idéia que mudou os planos de carreira de uma aluna e que continua colada nela, trinta anos depois.

Por que essa idéia funcionou? Primeiro, o professor sabia que os alunos conheciam um esquema deficiente do jornalismo e também sabia *onde* estava a deficiência. Segundo, ele levou os alunos a se comprometerem publicamente com seus modelos deficientes quando designou a tarefa "escreva o lead". Depois, ele tirou o tapete deles ao apresentar uma surpresa bem-estruturada. Ao revelar o lead correto – "Não haverá aula na próxima quinta-feira" – ele desmontou os modelos mentais deles, deu um chute de mudança e permitiu que trabalhassem melhor.

CLÍNICA

Os Estados Unidos gastam demais com ajuda externa?

A SITUAÇÃO: *Com o passar dos anos, pesquisas têm mostrado que a maioria dos norte-americanos acha que o governo federal gasta demais com ajuda externa. O índice caiu para 50%/50% desde os atentados terroristas de 11 de setembro, mas metade dos norte-americanos ainda acha que há um gasto excessivo. Vejamos os dois argumentos que tentam convencer as pessoas de que o governo gasta pouco, e não muito.*

• • •

MENSAGEM 1: Esta é uma mensagem do Intercommunity Peace and Justice Center, um grupo de advogados católicos:

Os norte-americanos insistem em acreditar que gastamos demais com ajuda externa, apesar dos incansáveis esforços de manter a população informada por meio do Departamento de Estado e de outras instituições públicas. Até mesmo as propostas de aumento feitas pelo Presidente Bush, embora bem-vindas, não levarão os Estados Unidos a maior generosidade em sua ajuda externa. No ano fiscal de 2003, a administração Bush gastará cerca de $15 bilhões em ajuda externa; porém, mais de $7 bilhões desse orçamento (quase a metade) serão investidos em ajuda militar, e não econômica. De acordo com o Congressional Budget Office, os $8 bilhões destinados à ajuda econômica externa correspondem a menos do que o custo de um mês de guerra com o Iraque. Dentre todas as nações industrializadas, os Estados Unidos gastam proporcionalmente a menor quantia em ajuda externa, e tem sido assim por vários anos. Toda a região africana do sub-Saara recebe apenas um pouco mais de $1 bilhão de ajuda econômica, valor equivalente ao custo de um bombardeiro B-2. Nossos programas de ajuda externa não sustentam nossa crença de que somos uma nação conhecida por suas benfeitorias no mundo inteiro.

COMENTÁRIOS SOBRE A MENSAGEM 1: Primeiro, observe que o lead foi antecipado. A última frase é o argumento mais eficaz. O esquema dos norte-americanos sobre os Estados Unidos é que ele é um país generoso, prestativo – "conhecido por suas benfeitorias no mundo inteiro". A forma de interromper esse esquema é expor o fato de que os Estados Unidos "gastam proporcionalmente a menor quantia em ajuda externa, e tem sido assim por vários anos".

Os números em bilhões têm pouca chance de colar – é difícil gravar números grandes e depois se lembrar deles. Uma parte eficaz da mensagem, no combate ao "problema do número grande", é a analogia, que compara nossa ajuda à África sub-Saara ao custo de um único bombardeiro B-2. Gostamos dessa comparação, pois ela coloca o leitor em um modo de tomada de decisão: "Eu comercializaria um bombardeiro B-2 para ter a chance de oferecer o *dobro* da ajuda à África sub-Saara?"

Para tornar essa mensagem mais aderente, experimentaremos duas coisas. Primeiro, vamos redistribuir as grandes matérias-primas já existentes e diminuir a importância dos números na casa dos bilhões. Segundo, vamos escolher uma comparação concreta com uma melhor ressonância emocional. Algumas pessoas devem pensar que bombardeiros B-2 são bem caros. Vamos criar uma comparação que seria mais inesperada, pois é claramente frívola.

• • •

MENSAGEM 2: Nossos programas de ajuda externa não sustentam nossa crença de que somos uma nação conhecida por suas boas ações no mundo inteiro. O público acredita que gastamos muito mais dinheiro ajudando outros países do que realmente ocorre. Pesquisas sugerem que a maioria dos norte-americanos pensa que o governo federal gasta cerca de 10% a 15% de seu orçamento com ajuda externa. A verdade é que gastamos menos de 1%, a menor quantia entre todas as nações industrializadas.

Toda a África sub-Saara recebe um pouco mais de $1 bilhão em ajuda econômica. Se cada cidadão norte-americano doasse uma lata de refrigerante por mês, poderíamos dobrar nossa ajuda atual à África. Se todos doassem uma entrada de cinema por ano, poderíamos dobrar nossa ajuda atual à África e à Ásia.

COMENTÁRIOS SOBRE A MENSAGEM 2: O que tentamos fazer para tornar a idéia mais aderente? Primeiro, despertamos o interesse, interrompendo rápida e diretamente nosso esquema de uma "nação norte-americana generosa". Também passamos a falar em percentuais, que são mais fáceis de se compreender do que bilhões. Segundo, tentamos tornar a analogia do B-2 mais concreta, substituindo-a por refrigerantes e filmes. Refrigerantes e filmes são mais tangíveis – alguém realmente tem um "grande interesse" em saber o real custo de um bombardeiro B-2, ou o seu valor? Refrigerantes e filmes, por serem despesas frívolas, também oferecem um contraste emocional às necessidades humanas essenciais, presentes na África.

SCORECARD

Lista de verificação	*Mensagem 1*	*Mensagem*
Simplicidade	–	✓
Surpresa	✓ (comparação com B-2)	✓✓ (introdução e comparação)
Concretude	✓	✓
Credibilidade	✓	✓
Sentimentos	–	✓
Relatos	–	–

CLÍMAX: A melhor forma de atrair a atenção das pessoas é interromper diretamente os esquemas existentes.

MANTENDO A ATENÇÃO DAS PESSOAS

O mistério dos anéis

Abrimos este capítulo com duas perguntas: Como atrair a atenção das pessoas? E como mantê-la? Até aqui, a maioria de nossas idéias inesperadas representam ajustes relativamente simples e rápidos em um modelo. Eles podem ser profundos (como no caso do professor de jornalismo de Nora Ephron), mas ocorrem rapidamente; então, eles só precisam atrair a atenção das pessoas por pouco tempo. Às vezes, contudo, nossas mensagens são mais complexas. Como fazer com que as pessoas fiquem coladas em nós quando a mensagem é mais complexa? Como *manter* a atenção das pessoas?

Há alguns anos, Robert Cialdini, um psicólogo social da Arizona State University, decidiu aperfeiçoar a maneira como abordava a ciência em seus trabalhos e em suas aulas. Para obter inspiração, ele foi à biblioteca. Ele pegou todos os livros que encontrou em que cientistas escreviam para um público de não-cientistas. Ele tirou uma cópia das seções de narrativa que o agradaram. Posteriormente, ao remexer sua pilha de cópias de textos, ele buscou consistências.

Nas passagens que não eram interessantes, ele encontrou o que esperava. O objetivo não era claro e a narrativa era formal demais, cheia de jargões. Ele também encontrou várias virtudes previsíveis nas passagens boas: a estrutura era clara, os exemplos eram marcantes e a linguagem era fluida. Cialdini diz: "Mas também encontrei algo inesperado – o texto mais bem-sucedido de todos começava com uma história de mistério. Os autores descreviam uma situação que parecia não fazer sentido e, depois, convidavam o leitor a continuar a leitura para descobrir o mistério."

Um exemplo de idéia que colou em sua mente foi escrito por um astrônomo, que começou apresentando um enigma:

> Como podemos explicar o que talvez seja o recurso planetário mais fantástico de nosso sistema solar, os anéis de Saturno? Nada se compara a eles. De que *são* constituídos os anéis de Saturno?
>
> E, depois, ele aprofundou ainda mais o mistério, perguntando: "Como três grupos de cientistas reconhecidos internacionalmente chegaram a conclusões tão diferentes na resposta?" Um deles, da Cambridge University, disse que eles eram constituídos de gás; outro grupo, do MIT, estava convencido de que eles eram constituídos de partículas de poeira;

enquanto um terceiro, da Cal Tech, insistia que eles eram constituídos de cristais de gelo. Como isso poderia estar acontecendo? Afinal, todos os grupos buscavam a mesma coisa, certo? Então, qual *era* a resposta?

A resposta foi revelada como o enredo de um mistério. As equipes de cientistas buscavam leads promissores, chegavam a um impasse, perseguiam pistas. No final, após muitos meses de esforço, ocorreu a revelação. Cialdini diz: "Você sabe qual foi a resposta ao final de vinte páginas? Poeira. Poeira. Realmente, poeira coberta de gelo. Isso explica parte da confusão. Mas, devo confessar que não me interesso por poeira, nem pela constituição dos anéis de Saturno. Isso é totalmente irrelevante para minha vida. Mas aquele autor me levou a virar páginas como um leitor voraz."

Mistérios são poderosos, segundo Cialdini, porque geram uma necessidade de fechamento. Ele diz: "Provavelmente você já ouviu falar na experiência *Aha!*, não é mesmo? A experiência *Aha!* é muito mais satisfatória quando é precedida da experiência *Huh?*."

Ao criar um mistério, o escritor-astrônomo tornou a poeira interessante. Ele manteve a atenção, e não apenas no clímax, mas também nas vinte páginas no artigo denso com informações sobre teorias e experiências científicas.

Cialdini começou a criar mistérios em suas aulas, e o poder da abordagem ficou logo evidente. Ele apresentava o mistério no início da aula, retomava-o durante a palestra e revelava a resposta no final. Em uma palestra, contudo, a campainha de final de aula tocou antes de ele ter revelado a solução. Ele diz: "Normalmente, cinco a dez minutos antes do término da aula, alguns alunos começam a se preparar para sair. Você já sabe os sinais – eles guardam o lápis, fecham os notebooks, abrem as mochilas." Dessa vez, contudo, a turma ficou em silêncio. "Após o toque da campainha, ninguém se mexeu. Na realidade, quando tentei encerrar a palestra sem revelar o mistério, houve protestos." Ele disse que se sentiu como o descobridor da dinamite.

Cialdini acredita que uma grande vantagem do ensino por meio de mistérios é que "o processo de resolver mistérios é notadamente semelhante ao processo da ciência". Então, ao utilizá-los, os professores não apenas aumentam o interesse dos alunos pela matéria do dia, mas também treinam seus alunos para pensar como cientistas.

A ciência não possui um monopólio sobre mistérios. Mistérios existem desde que haja perguntas sem respostas óbvias. Por que é tão difícil encontrar ursos pandas no zoológico para reprodução? Por que os clientes não gostam de nosso novo produto? Qual é a melhor forma de ensinar frações às crianças?

Observe o que está acontecendo aqui: passamos para um nível superior de imprevisibilidade. No exemplo da Nordstrom, as histórias de Nordies tinham uma imediação direta: *Nordies aquecem os carros de clientes!* Quando você escuta isso, seu esquema anterior de atendimento ao cliente é ativado, contradito e refinado, tudo isso em pouco tempo. Os mistérios agem de forma diferente. O que gera um mistério não é um momento inesperado, mas, sim, uma *viagem* inesperada. Sabemos para onde estamos indo (ou seja, queremos solucionar o mistério), mas não sabemos ao certo como chegar lá.

A violação de um esquema é uma transação feita de uma só vez. É como se escutássemos um barulho repentino, após o qual verificamos que algo mudou. Se alguém nos dissesse que os anéis de Saturno são constituídos de fiapos de secador, um esquema seria violado. Poderíamos chamá-lo de imprevisibilidade "de nível primário". Mas o real "mistério dos anéis de Saturno" é mais estendido e sutil. Somos informados de que os cientistas não sabem de que são constituídos os anéis de Saturno, e somos solicitados a seguir em uma viagem cujo final é imprevisível. Essa é uma imprevisibilidade de nível secundário. Dessa forma, passamos da surpresa transitória para o interesse contínuo.

Curiosidade em roteiros de Hollywood

Logo no início do filme *Trocando as Bolas*, Billy Ray Valentine (interpretado por Eddie Murphy), que aparenta ser um mendigo sem pernas, está usando os braços para se movimentar sobre um dispositivo que parece uma tábua de skate, em um parque público. Ele pede dinheiro aos transeuntes e convida uma mulher atraente para um encontro. Policiais se aproximam. Ao intimidá-lo, suas pernas aparecem (a propósito, pernas perfeitamente normais). Valentine é um farsante.

Mais tarde no filme, os irmãos Duke (dois homens de negócios mais velhos) intervêm para tirar Valentine da cadeia, convencendo os policiais a soltá-lo sob sua custódia. Algumas cenas depois, Valentine aparece, trajando um terno de três peças, em um escritório com revestimento de madeira. Os irmãos Duke transformaram Valentine em um comerciante de commodities.

Robert McKee, o guru da criação de roteiros, utiliza esse exemplo para ilustrar o conceito de "Ponto Decisivo". McKee sabe alguma coisa sobre como manter a atenção do público. Seus seminários sobre a criação de roteiros ocorrem em auditórios repletos de aspirantes a roteiristas, que pagam $500 por pessoa para ouvir seus pensamentos. O jornal *The Village Voice* descreveu seu curso como "realmente indispensável não apenas para escritores, mas também para atores, diretores, críticos e cinéfilos comuns". Seus alunos já escreveram, dirigiram ou produziram seriados de TV como *Plantão Médico*, *Chumbo Grosso* e *Arquivo X*, e filmes desde *A Cor Púrpura* até *Forrest Gump* e *Sexta-feira 13*.

McKee diz: "A *curiosidade* é a necessidade intelectual de responder perguntas e fechar padrões abertos. A *história* participa desse desejo universal, fazendo o oposto, fazendo perguntas e colocando situações." Em *Trocando as Bolas*, o Ponto Decisivo com Billy Ray e os irmãos Duke deixa o público curioso. Como Valentine, o farsante inteligente das ruas, conseguirá se passar por comerciante?

Na visão de McKee, um bom roteiro é criado de uma forma tal que toda cena é um Ponto Decisivo. "Cada Ponto Decisivo gera curiosidade. O público se pergunta *O que acontecerá em seguida?* e *Qual será o resultado?* A resposta não chegará até o Clímax da cena final. Então, o público, preso pela curiosidade, aguarda." McKee observa que a pergunta *Qual será o resultado?* é poderosa o bastante para nos manter ligados no filme, mesmo quando já imaginamos o final. "Pense em todos os filmes ruins que você assistiu até o final apenas para responder a essa pergunta inquietante."

O que acontecerá em seguida? Qual será o resultado? Queremos responder essas perguntas, e o desejo nos mantém interessados. Ele nos mantém assistindo a filmes ruins, mas também pode nos manter lendo artigos científicos extensos. McKee e Cialdini chegaram a soluções semelhantes para problemas bem diferentes.

Mas há outros domínios em que as pessoas podem estar fanaticamente interessadas em algo desprovido desse senso de mistério. Crianças que obsessivamente decoram os personagens de Pokémon e suas características são motivadas por algo, mas não é a pergunta *O que acontecerá em seguida?*. Não é um senso de mistério não revelado que leva fanáticos por carros a comprarem todas as edições da revista *Car & Driver*. Mas, conforme veremos mais adiante, os fãs de Pokémon e os fanáticos por carros têm algo em comum com espectadores de cinema e alunos em uma palestra intrigante.

Psicólogos estudam a pergunta *O que mantém as pessoas interessadas?* há décadas. O santo graal da pesquisa sobre interesse é descobrir uma forma de descrever o interesse situacional. Em outras palavras, que aspectos de uma situação despertam e aumentam o interesse? O que torna as situações interessantes? Ao que tudo indica, Cialdini e McKee estavam bem perto da resposta.

A "teoria da lacuna" de curiosidade

Em 1994, George Loewenstein, um economista comportamental da Carnegie Mellon University, forneceu o relato mais abrangente sobre o interesse situacional. Ele é surpreendentemente simples. Segundo ele, a curiosidade ocorre quando percebemos uma lacuna em nosso conhecimento.

Loewenstein alega que lacunas causam dor. Quando queremos saber algo e não conseguimos, é como ter uma coceira que precisamos coçar. Para aliviar a dor, precisamos preencher a lacuna do conhecimento. Ficamos assistindo pacientemente a filmes ruins, apesar de ser doloroso fazer isso, pois é doloroso demais não saber como o filme termina.

Essa "teoria da lacuna" de interesse parece explicar por que alguns domínios geram um interesse fanático: naturalmente, eles criam lacunas de conhecimento. Veja o exemplo dos filmes. A linguagem de McKee é semelhante à de Loewenstein. McKee diz: "A *história* funciona por meio da colocação de perguntas e novas situações." Filmes nos levam a perguntar *O que acontecerá?* Romances de mistério nos levam a perguntar *Quem fez isto?* Competições esportivas nos levam a perguntar *Quem vencerá?* Palavras cruzadas nos levam a perguntar Qual *é a palavra de seis letras que significa "psiquiatra"?* Cartões de Pokémon levam crianças a se perguntar *Que personagens estão faltando?*

Uma implicação importante da teoria da lacuna é que precisamos *abrir* lacunas antes de *fechá-las*. Nossa tendência é contar os fatos às pessoas. Primeiro, contudo, precisamos perceber que elas precisam desses fatos. Segundo Loewenstein, o truque para convencer as pessoas de que elas precisam de nossa mensagem é primeiro destacar um conhecimento específico que elas não têm. Podemos apresentar uma pergunta ou um enigma que leve as pessoas a se confrontar com uma lacuna em seu conhecimento. Podemos apontar que uma outra pessoa conhece algo que elas desconhecem. Podemos apresentar situações com soluções desconhecidas, como eleições, eventos esportivos ou mistérios. Podemos desafiá-las a prever um resultado (que cria duas lacunas de conhecimento – *O que acontecerá?* e *Eu estava certo?*).

Por exemplo, a maioria dos noticiários locais inclui *teasers** para transmissões futuras. Os *teasers* são como um pré-lançamento de uma história a ser apresentada posteriormente e geralmente é exagerado e engraçado: "Há uma nova droga varrendo a comunidade de adolescentes. Cuidado! Ela pode estar dentro do armário onde você guarda seus remédios!" "Que restaurante local famoso foi denunciado por conter *limo na máquina de gelo*?" "Há uma substância química invisível em sua casa... E ela pode estar matando você neste exato momento!"

Esses são exemplos sensacionalistas da teoria da lacuna. Eles funcionam, pois o provocam com algo que você desconhece – na realidade, algo que não despertava seu interesse até você descobrir que não sabia disso. "Será que minha filha está intoxicada com um de meus antigos remédios? Será que comi no restaurante com o limo?"

Uma pequena dose da abordagem do *teaser* em noticiários pode tornar nossas comunicações bem mais interessantes, como veremos na Clínica.

CLÍNICA

Uma apresentação interna sobre captação de recursos

A SITUAÇÃO: *Imagine que você é o gerente de captação de recursos de uma companhia de teatro local. Sua função é ajudar a arrecadar doações para apoiar o teatro. Estamos no final do ano e você está preparando uma apresentação resumida para o Conselho de administração do teatro.*

• • •

MENSAGEM 1: (As duas mensagens desta Clínica foram inventadas.)

Este ano, nosso objetivo é conseguir o apoio de freqüentadores de teatro com menos de 35 anos. Nossa meta é aumentar as doações de patrocinadores mais jovens, que tradicionalmente constituíam um percentual bem maior de nosso público do que de nossa base de doadores. Para atraí-los, implementamos um programa de captação de recursos por telefone. O programa foi implementado há seis meses e o índice de resposta tem sido de quase 20%, o que consideramos um sucesso.

**Nota da Tradutora*: Mensagem publicitária curta destinada a despertar a atenção e a curiosidade do público para anúncio a ser lançado posteriormente.

COMENTÁRIOS SOBRE A MENSAGEM 1: Esta mensagem é uma abordagem resumida clássica. Conheço os fatos. Organizei os fatos em uma ordem lógica e irei expô-los para você da forma mais completa possível. Como formato de apresentação, ele é seguro, normal e totalmente não-aderente.

Ao aperfeiçoar essa mensagem, precisamos pensar sobre como despertar o interesse, em vez de forçar a aceitação dos fatos. Tentaremos incluir um pouco da abordagem do *teaser* de noticiários.

• • •

MENSAGEM 2: Este ano, decidimos responder à pergunta: Por que pessoas com menos de 35 anos, que correspondem a 40% de nosso público, respondem por apenas 10% de nossas doações? Nossa teoria era a de que elas não percebiam o quanto precisamos de doações de caridade para desenvolver nosso trabalho. Então, decidimos tentar atraí-las, por meio de uma visão geral de nosso negócio e da divulgação de nossos próximos eventos. Ao realizar o teste de seis meses, pensamos que uma taxa de resposta de 10% representaria um sucesso. Antes de contar o que aconteceu, irei lembrá-los de como definimos o programa.

COMENTÁRIOS SOBRE A MENSAGEM 2 : Esta abordagem foi inspirada pela teoria da lacuna. A meta não é resumir, e sim, levá-lo a se importar em conhecer algo e, depois, contar o que você deseja saber. Como o mistério dos anéis de Saturno, ela começa com um enigma: Por que pessoas jovens não doam mais? Depois, apresentamos uma teoria e uma forma de testá-la. O mistério envolve os membros de nosso público, levando-os a se perguntarem o que aconteceu e se nossa teoria estava certa.

O aperfeiçoamento aqui é orientado pela estrutura, e não pelo conteúdo. Sejamos sinceros: este não é um mistério muito interessante. Ele nunca faria parte de um episódio do seriado *Law and Order*. Mas nossas mentes são extremamente generosas quando se trata de mistérios, ou seja, o formato é inerentemente apelativo.

SCORECARD

Lista de verificação	*Mensagem 1*	*Mensagem*
Simplicidade	–	–
Surpresa	–	✓
Concretude	–	–
Credibilidade	✓	✓
Sentimentos	–	–
Relatos	–	–

CLÍMAX: Para manter o interesse das pessoas, podemos utilizar a teoria da lacuna de curiosidade a nosso favor. Um pouco de mistério tem um grande efeito.

A abordagem do *teaser* de noticiários pode ser utilizada com todo tipo de idéia, nos mais variados contextos. Para tornar nossas comunicações mais eficazes, precisamos mudar nosso pensamento de "Que informações preciso transmitir?" para "Que perguntas desejo que meu público faça?"

Combatendo o excesso de confiança

A teoria da lacuna se baseia em nossa capacidade de indicar as coisas que outras pessoas não sabem. Um fator complicador é que as pessoas tendem a pensar que sabem muito. Pesquisas mostram que, em geral, confiamos demais em nosso conhecimento.

Em um estudo, pesquisadores pediram às pessoas para considerar o problema sério de estacionamento enfrentado pela universidade onde estudavam. Os participantes tinham um tempo para gerar o número máximo de soluções. No total, eles geraram cerca de 300 soluções, que foram classificadas em 7 categorias principais. Uma categoria sugeria formas de reduzir a exigência do estacionamento (por exemplo, aumentando o valor cobrado para estacionar). Outra sugeria formas de utilizar a vaga de estacionamento com mais eficácia (por exemplo, criando vagas para "apenas carros pequenos").

O participante médio não conseguiu identificar mais de 70% das melhores soluções identificadas por um especialista. Essa falha é compreensível; não esperamos que uma pessoa seja capaz de gerar um banco de dados cheio de soluções. Contudo, quando foi solicitado que as pessoas avaliassem seu próprio desempenho, elas acharam que tinham identificado 75%. Pensaram que haviam acertado a maioria, mas, na verdade, erraram.

Quando as pessoas acham que sabem tudo, é difícil conseguir fazer a teoria da lacuna funcionar. Felizmente, há estratégias para combater a confiança excessiva. Por exemplo, o professor de Jornalismo de Nora Ephron impediu o excesso de confiança ao provocar a falha nos esquemas de jornalismo dos alunos. Ele os levou a se comprometerem com suas idéias preconcebidas e, depois, tirou o tapete deles.

Quando levamos as pessoas a se comprometerem com uma previsão, podemos ajudar a evitar o excesso de confiança. Eric Mazur, um professor de Física de Harvard, apresentou uma inovação pedagógica conhecida como "teste de conceito". Em suas aulas, muitas vezes Mazur fazia uma pergunta conceitual e, depois, pedia aos alunos para votarem em uma resposta. O simples ato de comprometer-se com a resposta leva os alunos a se envolverem mais e a ficarem mais curiosos em relação ao resultado.

Pessoas confiantes demais estão mais propensas a reconhecer uma lacuna do conhecimento quando percebem que os outros discordam delas. Nancy Lowry e David Johnson estudaram um ambiente de ensino onde a quinta e a sexta séries receberam a tarefa de interagir sobre um tópico. Em um grupo, a discussão foi conduzida de forma a levar a um consenso. No segundo grupo, a discussão visava gerar discordâncias em relação à resposta certa.

Os alunos que chegaram facilmente a um consenso estavam menos interessados no tópico, estudaram menos e tinham menos probabilidade de visitar a biblioteca para obter informações adicionais. A diferença mais reveladora, contudo, surgiu quando os professores mostraram um filme especial sobre o tópico de discussão – durante o recreio! Apenas 18% dos alunos do consenso perderam o recreio para assistir ao filme, mas 45% dos alunos do grupo da discordância ficaram para ver o filme. A sede para preencher a lacuna do conhecimento (ou seja, descobrir quem estava certo) pode ser mais poderosa do que a sede por escorregas e brincadeiras no pátio da escola.

Lacunas começam com conhecimento

Se a curiosidade é despertada por lacunas de conhecimento, podemos presumir que, quando sabemos mais, ficamos menos curiosos, pois há menos lacunas em nosso conhecimento. Mas Loewenstein alega que o inverso é verdadeiro. Ele diz que, à medida que obtemos mais informações, ficamos cada vez mais propensos a focar no que não sabemos. Alguém que sabe as capitais de 17 dos 50 estados dos Estados Unidos pode ficar orgulhoso de seu conhecimento. Mas, alguém que sabe 47 capitais está mais propenso a pensar que *não sabe* 3 capitais.

Alguns tópicos naturalmente destacam lacunas em nosso conhecimento. Histórias de interesse humano são fascinantes, pois sabemos o que significa ser humano – mas não sabemos o que é ter algumas experiências dramáticas. Como a pessoa se sente ao ganhar uma medalha olímpica? Como a pessoa se sente ao ganhar na loteria? Como se sentiram os irmãos siameses Chang e Eng Bunker (cada um deles não apenas se casou, mas também teve dez filhos... o que leva a outros questionamentos)?

As pessoas gostam de fofocas porque sabem muito sobre algumas pessoas, mas desejam saber mais. Não fofocamos sobre conhecimentos passados. A fofoca sobre celebridades desperta especial interesse. Sabemos quem são Tiger Woods e Julia Roberts, mas queremos saber mais detalhes – seus cacoetes, seus problemas amorosos, seus vícios secretos.

A curiosidade é gerada por lacunas em nosso conhecimento. Mas e se não existir muito conhecimento? Na década de 1960, uma rede de televisão que começava a fazer sucesso, a American Broadcasting Corporation (ABC), assinou um contrato para transmitir os jogos de futebol da NCAA. Esportes universitários costuma ser um tópico que cada faculdade gosta de discutir internamente. Com a exceção de alguns fanáticos por esportes, a maioria dos fãs costuma se preocupar apenas com os times de sua própria escola. Mas a ABC só podia mostrar alguns jogos a cada semana, em cada região. Para que a ABC fizesse sucesso, ela precisava despertar o interesse dos telespectadores por jogos que não envolviam os times da casa.

Como convencer telespectadores do College Station, no Texas, a assistir ao jogo Michigan *versus* Ohio State? Um cara de 29 anos, chamado Roone Arledge, cujas responsabilidades anteriores envolviam basicamente a designação de pessoal para cobrir jogos de basquetebol, boxe e futebol, escreveu um memorando sugerindo formas de melhorar a cobertura de jogos de futebol universitário.

Arledge notou que havia muito espaço para aperfeiçoamento. Locutores esportivos costumavam colocar suas câmeras a postos, focar o campo e aguardar que algo acontecesse bem na frente deles. Eles ignoravam todo o resto – os fãs, a cor, o cerimonial. Arledge disse: "Era como olhar para o Grand Canyon pela fechadura de uma porta."

Numa tarde de sábado, após uma manhã de ócio, ele decidiu digitar uma proposta para seus chefes:

> Até agora, a televisão fez um notável trabalho ao trazer o jogo para o telespectador. Agora levaremos o telespectador até o jogo!...
>
> Após o nosso comercial de abertura, em vez de mostrar logo o campo ao vivo, mostraremos sempre cenas pré-gravadas do campo e do estádio para que possamos orientar o telespectador. Ele precisa saber que está em Columbus, Ohio, onde a cidade inteira é louca por futebol; ou que ele faz parte de uma pequena multidão entusiasmada de Corvallis, Oregon. Ele precisa saber como é a região em torno do campus e como é o próprio campus, quantas pessoas estão assistindo ao jogo com ele, como as pessoas

se vestem para os jogos de futebol nessa parte do país e o significado do jogo para as duas universidades envolvidas.

O memorando tinha três páginas. Discutia sobre ângulos de câmera, fotos de impacto e gráficos de abertura. A parte central do memorando, contudo, era uma nova forma de incentivar telespectadores que, a princípio, não se importariam com um jogo universitário em Corvallis, no Oregon. Arledge disse que o truque era fornecer às pessoas contexto suficiente sobre o jogo para despertar o seu interesse.

Outras pessoas da ABC estavam empolgadas com o que Arledge havia escrito. Dois dias depois, solicitaram que ele (na época, com 29 anos e um currículo que comprovava sua pouca experiência) produzisse um jogo de futebol universitário utilizando as orientações de seu memorando.

Arledge intuitivamente utilizou a teoria da lacuna, de Loewenstein. Como despertar o interesse das pessoas por um tópico? Indique uma lacuna em seu conhecimento. Mas e se elas souberem tão pouco sobre, digamos, os Bullgods da Geórgia, que terão mais um abismo do que uma lacuna? Nesse caso, você precisa preencher com conhecimento suficiente para transformar o abismo em lacuna. Arledge descreveu a situação, mostrou os fãs locais, percorreu o campus. Ele falou sobre as emoções, as rivalidades, as histórias. Quando o jogo começou, alguns telespectadores já queriam saber quem ganharia. Outros estavam totalmente concentrados no jogo.

A próxima tarefa de Arledge era analisar uma série que acabou sendo renomeada como *Wide World of Sports*. O show apresentava aos norte-americanos uma variedade de eventos esportivos talvez nunca vistos antes: o Tour de France, as corridas automobilísticas Le Mans, campeonatos de rodeio, campeonatos de esqui e jogos de futebol. Ao cobrir esses eventos, Arledge utilizou a mesma filosofia que havia preparado para a NCAA: definir o contexto e oferecer às pessoas informações suficientes para despertar o seu interesse pelas lacunas no conhecimento. Quem irá falhar durante a corrida Les Mans, de 24 horas? Será que o professor que virou corredor de cilindradas vencerá o campeonato? Afinal, o que significam esses cartões amarelos?

Arledge faleceu em 2002. Durante sua carreira, ele se tornou o coração da ABC Sports e, depois, da ABC News. Ele fundou *Wide World of Sports*, *Monday Night Football*, *20/20* e *Nightline*. Ela ganhou 36 Emmys. O kit de ferramentas que desenvolveu para o futebol da NCAA resistiu ao tempo. Para despertar o interesse nas pessoas, é necessário fornecer contexto. Hoje isso parece óbvio, pois essas técnicas se tornaram ubíquas. Mas essa avalanche de contexto começou porque um cara de 29 anos escreveu um memorando sobre como tornar os jogos de futebol universitário mais interessantes.

Muitos professores utilizam uma versão do kit de ferramentas de Arledge para atrair o interesse dos alunos. Alguns chamam a estratégia de "organizadores avançados". A idéia é que, para envolver alunos em um novo tópico, você deva começar destacando algumas coisas que eles já sabem. Uma professora de Geologia deve pedir a seus alunos que tragam fotos de uma devastação provocada por um terremoto, como forma de conduzir a uma discussão sobre placa tectônica. Outra alternativa é a professora definir o contexto, ao estilo de Arledge, a fim de que os alunos comecem a ficar interessados. Um professor de Química pode abordar a tabela periódica de elementos discutindo Mendeleyev e sua longa e apaixonante busca de organização dos elementos. Dessa forma, a tabela periódica surge a partir do contexto de um tipo de história de detetive.

Lacunas do conhecimento despertam interesse. Mas, para provar que essas lacunas de conhecimento existem, talvez seja necessário destacar algum conhecimento primeiro. "Aqui está o que você sabe. Aqui está o que você não sabe." Também pode-se definir o contexto para que as pessoas se interessem pelo que vem em seguida. Não é por acaso que romancistas de mistério e autores de palavras cruzadas/enigmas nos fornecem pistas. Quando sentimos que estamos perto da solução de uma palavra cruzada, a curiosidade nos impulsiona a concluir.

Mapas do tesouro são vagos, conforme podemos ver nos filmes. Eles mostram algumas marcas-chave e um grande X indicando onde o tesouro se encontra. Em geral, o aventureiro sabe apenas o suficiente para localizar a primeira marca, que se torna o primeiro passo na longa viagem até o tesouro. Se mapas do tesouro fossem criados no MapQuest.com, com orientações sobre cada porta, isso seria o fim dos filmes de aventura. Há um valor na *seqüenciação* de informações, ou seja, a pessoa não recebe várias informações de uma só vez, mas uma seqüência de pistas. Esse método de comunicação lembra mais uma paquera do que uma palestra.

Idéias inesperadas, ao abrirem uma lacuna de conhecimento, provocam e atraem você. Elas marcam um grande X vermelho sobre algo que precisa ser descoberto, mas não necessariamente indicam como chegar lá. E, conforme veremos mais adiante, um X vermelho enorme pode acabar orientando as ações de milhares de pessoas por vários anos.

Andando na Lua e rádios que cabem no bolso

Na cidade de Tóquio pós-Segunda Guerra Mundial, uma empresa jovem, posteriormente chamada de Sony, lutava para permanecer nos negócios. Ela conseguiu atrair vários cientistas e engenheiros inteligentes, mas sua primeira inovação, uma panela elétrica de arroz, foi um fracasso. Inicialmente, a Sony sobreviveu do conserto de rádios de ondas curtas.

Nessa época, Masaru Ibuka, o principal tecnólogo da Sony, ficou intrigado com transistores, que tinham acabado de ser inventados por uma equipe do Bell Laboratories. Ibuka criou um projeto "importante" para motivar sua equipe de cinqüenta cientistas e engenheiros, e via um grande futuro nos transistores. Mas, quando ele fez uma oferta para licenciar a tecnologia do Bell Labs, o Ministério da Indústria e do Comércio japonês recusou a licença. Eles não acreditavam na capacidade de a jovem empresa gerenciar uma tecnologia tão avançada.

Em 1953, Ibuka obteve permissão para licenciar transistores. Ele teve uma visão para um rádio que se basearia em transistores. A vantagem de um rádio transistor era óbvia para os engenheiros; ela livraria os rádios dos grandes tubos vácuos que os tornavam tão pesados e pouco confiáveis. O Bell Labs disse a Ibuka que nunca pensou que seria possível criar um "rádio transistor", mas seus engenheiros começaram a buscar essa visão.

Vamos fazer uma pausa para nos colocarmos na posição de Ibuka. Sua empresa está se esforçando e você conta com uma equipe de pessoas brilhantes que precisam de inspiração. Você tem o potencial para orientá-los a cem direções diferentes – panelas de arroz, rádios, telefones, enfim, tudo que a P&D sonhar em fazer. Mas você está convencido de que a idéia de um rádio baseado em transistor é o caminho mais promissor.

Sua mensagem essencial, portanto, é o sonho de ter um rádio transistor. Como tornar essa mensagem inesperada? Como despertar a curiosidade e o interesse de sua equipe? O conceito de "rádio transistor" provavelmente não basta para motivá-la. Ele está mais concentrado em tecnologia do que em valor. Um rádio transistor. E daí?

Que tal ativar alguns dos temas gerenciais clássicos? Concorrência: "A Sony irá superar o Bell Labs ao colocar um rádio transistor em funcionamento." Qualidade: "A Sony será o fabricante de rádios mais respeitado do mundo." Inovação: "A Sony criará os rádios mais avançados do mundo."

Esta é a idéia que Ibuka propôs para sua equipe: um "rádio que cabe no bolso".

Em retrospectiva, é difícil compreender o nível de fascinação que essa idéia provocava. Afinal, na primeira vez em que um engenheiro da Sony ouviu falar disso, é provável que tenha soado como totalmente inesperado e absurdo. Rádios não eram objetos feitos para serem colocados no bolso; eles eram peças do mobiliário. Na época, fábricas de rádios empregavam carpinteiros em tempo integral.

Além disso, a idéia de que uma start-up japonesa seria capaz de tamanha inovação parecia inacreditável, já que as mentes brilhantes do Bell Labs achavam que isso era impossível. Afinal, na década de 1950, a expressão "Made in Japan" era sinônimo de produtos inferiores.

Mas os engenheiros da Sony eram talentosos e famintos. A idéia de Ibuka de um rádio que cabia no bolso pegou dentro da empresa e levou a Sony a um período de enorme crescimento. Em 1957, a Sony já tinha 1.200 empregados. Em março de 1957, apenas quatro anos após a Sony ter recebido permissão para manipular transistores, a empresa lançou o TR-55, o primeiro rádio transistor do mundo que cabia no bolso. Foram vendidas 1,5 milhão de unidades do TR-55 e isso colocou a Sony no mapa do mundo.

Um "rádio que cabe no bolso" – essa é simplesmente uma idéia de produto brilhante ou uma "idéia que cola" brilhante? Não, ela é as duas coisas, e os dois elementos são indispensáveis. Sem dúvida, alguém no mundo teria inventado um rádio transistor, mesmo que Ibuka tivesse decidido criar a panela de arroz mais fantástica do mundo. Mas os primeiros rádios transistores estavam longe de caber no bolso. Sem a idéia inesperada de Ibuka, seus engenheiros teriam parado de buscar a tecnologia muito antes de ela se tornar pequena o suficiente para ser útil. Ibuka inspirou anos de esforço, pois descobriu uma idéia inesperada que desafiou centenas de engenheiros a darem o melhor de si.

Em maio de 1961, John F. Kennedy fez um pronunciamento para uma sessão especial do Congresso. Nessa época, a política mundial estava dominada pela Guerra Fria. A Guerra Fria permitia algumas poucas formas de se medir o sucesso, para registrar ganhos e perdas, mas, em um campo altamente visível, os Estados Unidos estavam bem atrás. Esse campo era o espaço.

Muitos anos antes, os Estados Unidos, que se orgulhava de ser a nação mais avançada em termos tecnológicos, ficaram espantados quando a União Soviética lançou o Sputnik, o primeiro satélite. Os Estados Unidos acabaram respondendo com seus próprios lançamentos de satélites, mas a União Soviética manteve sua liderança, sempre saindo na frente. Em abril de 1961, o cosmonauta soviético Yuri Gagarin se tornou o primeiro ser humano a chegar ao espaço. Um mês depois, foi a vez do astronauta norte-americano Alan Shepard.

Ao se dirigir ao Congresso, Kennedy destacou uma série de pedidos para ajudar os Estados Unidos a manter sua liderança durante a Guerra Fria. Ele solicitou ajuda financeira para alcançar várias metas estratégicas: definir o programa AID para desenvolvimento internacional, expandir a aliança NATO, construir estações de rádio e televisão na América Latina e no Sudeste Asiático e apoiar a defesa civil.

Mas ele acabou o pronunciamento com uma observação curiosa. Sua proposta final não tinha nada a ver com a ajuda internacional nem com a defesa civil. Ele disse: "Acredito que esta nação deva se comprometer a alcançar o objetivo, antes do final da década, de enviar um homem à Lua e que ele retorne à Terra a salvo... se fizermos esse julgamento de maneira afirmativa, não teremos um homem indo à Lua, mas a nação inteira. Portanto, todos nós devemos nos empenhar para ajudá-lo a chegar lá."

Duas idéias inesperadas. As duas geram surpresa. Rádios são peças de mobiliário, e não algo que colocamos no bolso. Homens não caminham na Lua. É um caminho bem longo até lá. O ar é rarefeito.

Ambas geram insight. Em vez de nos guiarem por um caminho trabalhoso, um passo de cada vez, as idéias nos dão uma noção rápida e dramática de como as coisas se desenrolarão no mundo. E não apenas como, mas *por quê*.

Ambas geram lacunas de conhecimento. Loewenstein, o criador da teoria da lacuna, diz que é importante se lembrar de que as lacunas de conhecimento são dolorosas. Ele pergunta: "Se as pessoas *gostam* da curiosidade, por que se empenham para decifrá-la? Por que não interrompem a leitura de romances de mistério antes do último capítulo? Por que não desligam a televisão antes do tempo final de uma partida de futebol?"

Essas duas idéias inesperadas indicam grandes lacunas de conhecimento, mas não tão grandes a ponto de parecer intransponíveis. Kennedy não propôs que o "homem fosse a Mercúrio" e Ibuka não propôs um "rádio implantável". Cada meta foi audaciosa e provocativa, mas não paralisante. Qualquer engenheiro, ao ouvir o discurso "homem na Lua", provavelmente começaria logo a fazer um brainstorm: "Primeiro, precisamos resolver este problema. Depois, precisamos desenvolver esta tecnologia. Em seguida..."

A visão de um rádio que cabe no bolso sustentou a empresa em um período de crescimento e a levou a se tornar um jogador reconhecido internacionalmente, no setor tecnológico. A visão de um homem na Lua sustentou centenas de milhares de pessoas, em diversas organizações, por quase uma década. Essas são idéias maravilhosas, idéias poderosas, idéias que colam.

Quando estivermos céticos quanto à nossa capacidade de atrair a atenção das pessoas, ou quanto à nossa capacidade de manter a atenção das pessoas, deveremos buscar inspiração em Kennedy e Ibuka. E, em menor escala, nos ensinamentos do professor de Jornalismo de Nora Ephron e nos gerentes da Nordstrom. A imprevisibilidade, quando está a serviço de princípios essenciais, pode ter uma longevidade surpreendente.

CAPÍTULO 3

CONCRETUDE

Num dia quente de verão, uma raposa passeava por um pomar. Com sede e calor, sua atenção foi capturada por um cacho de uvas. A raposa pensou: "Que delícia. Era disso que eu precisava para adoçar minha boca." E, de um salto, a raposa tentou, sem sucesso, alcançar as uvas. Ela fez várias tentativas. Exausta e frustrada, a raposa afastou-se da videira, dizendo: "Aposto que estas uvas estão verdes." Essa fábula ensina que algumas pessoas, quando não conseguem o que querem, culpam as circunstâncias.

A fábula "A raposa e as uvas" foi escrita por Esopo. Segundo Heródoto, ele era um escravo (embora tenha sido libertado mais tarde). Esopo também é autor de algumas das histórias que mais colaram na história mundial. Todos já ouviram falar de seus maiores sucessos: "A tartaruga e a lebre", "O menino que criava lobo", "A galinha e os ovos de ouro", "O lobo em pele de cordeiro" e muitas outras. Se há uma história contada em seu livro que ainda estará circulando por aí daqui a alguns milênios, tudo leva a crer que será "A raposa e as uvas".

Até mesmo falantes de língua inglesa que nunca tenham ouvido falar na fábula "A raposa e as uvas" reconhecerão a frase "uvas verdes" que contém a moral da história. A lição de Esopo viajou o mundo. Na Hungria, as pessoas dizem *savanyu a szolo* – "uvas verdes" em húngaro. Na China, elas dizem: "As uvas são verdes porque você não consegue alcançá-las." Na Suécia, o povo deu um colorido especial a esse termo. A expressão sueca *Surt sa räven om rönnbären* significa: "Verdes, disse a raposa, sobre as *rowanberries*."

Fica claro que Esopo estava ilustrando uma limitação humana universal. A fábula não teria sobrevivido por mais de 2.500 anos se não refletisse uma verdade profunda sobre a natureza humana. Mas há várias verdades profundas que não foram filtradas na linguagem cotidiana e no pensamento de diversas culturas. Essa verdade é especialmente aderente devido à maneira como foi *codificada*. As imagens concretas evocadas pela fábula – as uvas, a raposa, o comentário repudiante sobre as uvas verdes – permitiram que sua mensagem permanecesse. Poderíamos suspeitar que as idéias de Esopo fossem logo esquecidas se tivessem sido codificadas como *Sugestões úteis de Esopo* – "Não seja tão tolo e amargo quando falhar".

O mundo precisa de muito mais fábulas. Na Web, um site satírico apresenta um "Gerador de jargões de negócios". Os leitores podem criar seus próprios jargões de negócios, associando uma palavra de cada uma das três colunas, formando frases do tipo "reengenharia de custo recíproco", "paradigma visionário para clientes" e "valores logísticos estratégicos". (A propósito, tudo isso parece estranhamente plausível como jargões.) Professores têm seus próprios jargões: habilidades metacognitivas, motivação intrínseca, avaliação de portfolio, desenvolvimento apropriado, aprendizagem temática. Você já passou algumas horas conversando com um médico? Se já teve essa oportunidade, acho que nem precisaremos fornecer mais exemplos. Nosso jargão preferido da medicina é: "cardiomiopatia idiopática". "Cardiomiopatia" significa que há algo errado com seu coração; "idiopática" significa que "não temos a menor idéia da causa do mau funcionamento".

A linguagem costuma ser abstrata, mas a *vida* não é abstrata. Professores ensinam aos alunos sobre batalhas, animais e livros. Médicos tratam de problemas de estômago, coluna e coração. Empresas criam softwares, constroem aviões, distribuem jornais; elas constroem carros mais baratos, mais rápidos ou mais luxuosos do que os do ano anterior. Até mesmo a estratégia de negócios mais abstrata, no final, deve ser revelada nas ações tangíveis de seres humanos. É mais fácil compreender essas ações tangíveis do que compreender uma declaração de estratégia abstrata – assim como é mais fácil compreender uma raposa criticando algumas uvas do que um comentário abstrato sobre a psique humana.

A abstração dificulta a compreensão de uma idéia e sua fixação. Ela também dificulta a coordenação de nossas atividades com outras pessoas, que podem interpretar a abstração de maneiras bem diferentes. A concretude nos ajuda a evitar esses problemas. Talvez essa seja a lição mais importante que Esopo tenha nos deixado.

The Nature Conservancy

Por cinqüenta anos, a The Nature Conservancy (TNC) tem ajudado a proteger áreas de enorme valor ambiental no mundo inteiro, utilizando o método mais simples possível: ela compra esses hectares. Ela compra as terras a preço de mercado, tornando-as impróprias para utilização prejudicial ao meio ambiente, como desenvolvimento ou corte de madeira. Essa estratégia ficou conhecida na TNC como "dólares e hectares". Isso despertou o interesse de doadores e benfeitores, pois os resultados de suas doações eram muito claros. Uma grande doação significava a aquisição de uma grande propriedade. Uma pequena doação significava a aquisição de uma pequena propriedade. Segundo o comentário de um doador, a TNC gerou "resultados dos quais você poderia se desviar".

Em 2002, Mike Sweeney, o COO da TNC da Califórnia, estava enfrentando um grande desafio. A Califórnia é especialmente importante para a TNC, pois contém várias áreas de proteção ambiental. A Califórnia é uma das únicas cinco regiões do mundo com clima mediterrâneo. (As outras são o *fynbos* da África do Sul, o *matorral* do Chile, o *kwongan* da Austrália e, é claro, o Mediterrâneo.) Essas áreas de clima mediterrâneo ocupam apenas 2% da massa territorial do mundo, mas abrigam mais de 20% de suas espécies de plantas. Se quiser comprar terras com valor ambiental, o clima mediterrâneo é um bom investimento para seus dólares.

Em 2002, Sweeney e seu staff pegaram um mapa da Califórnia e coloriram as áreas com maior risco ambiental, as áreas que precisavam ser preservadas. Surpreendentemente, 40% do mapa foi colorido. Esse era um mau começo: não havia dólares suficientes para comprar todos aqueles hectares.

E 9% do estado foi classificado como áreas "de grande risco". Isso significa que 9% da Califórnia estavam longe de contemplar a felicidade de serem comprados, mas essas regiões eram essenciais do ponto de vista ambiental; a TNC não poderia simplesmente desistir delas.

A TNC decidiu implementar algumas abordagens novas. "Dólares e hectares" não poderiam ser bem-sucedidos nessa enorme quantidade de terra. Então, em vez de ser imediatamente proprietária da terra, a TNC decidiu garantir que as áreas críticas estariam *protegidas contra danos*. A organização pagaria proprietários de terra para que não desenvolvessem suas terras, comprando o que é conhecido como "vantagem da conservação". Isso valia para governos locais e estaduais, para levá-los a alterar políticas e incentivar a conservação de terras públicas e privadas. Ela se concentraria em áreas marinhas importantes, onde não havia terra a ser comprada.

Essas novas estratégias faziam sentido – a TNC poderia proteger mais áreas do que poderia alcançar por meio de "dólares e hectares". Mas elas também tinham desvantagens. Primeiro, elas eram bem menos concretas para os doadores. Os doadores não podem "desviar de" um regulamento de governo favorável. Segundo, elas também eram desmoralizantes para os empregados – elas tornavam o progresso menos tangível. Quando a TNC se concentrava em negociações de terras, Sweeney disse: "era fácil fechar um negócio e dizer a todo mundo 'John e Mary adquiriram esta propriedade' e, depois, cumprimentá-los." Esses "momentos marcantes", tão bons para o moral, não eram tão facilmente encontrados no novo modelo. Como a TNC poderia tornar a nova estratégia mais concreta?

O que você faria nessa situação? Há uma forma de recuperar a tangibilidade valiosa da estratégia "dólares e hectares" em um contexto necessariamente mais ambíguo? Você precisa proteger 40% (ou pelo menos 9%) do estado e não tem dinheiro suficiente. Como explicar isso para doadores e parceiros?

Chip discutiu esse caso com seus alunos da Stanford e, prendendo-se à necessidade de concretude, alguns alunos respondem detalhando a enorme dimensão do desafio – 40% da Califórnia! Nove por cento em extrema necessidade! – subdividindo-o em "submetas" mais tangíveis. Por exemplo: "Protegeremos 2% da Califórnia a cada ano por 20 anos." Outros tentam utilizar uma unidade de medida de fácil compreensão, como o hectare. A maioria das pessoas consegue visualizar um hectare. Mas a escala é grande demais: 2% da Califórnia são quase 2 milhões de hectares. Ninguém consegue imaginar 2 milhões de hectares.

Os alunos estão tentando encontrar uma forma de dividir uma meta grande e abstrata em submetas menores e mais concretas. Essa é a idéia certa, mas, nesse caso, os números são elevados demais. E a utilização de "hectares" não é necessariamente a melhor forma de pensar. Há propriedades de 1.500 hectares com maior valor ambiental do que outras de 90 mil hectares. Pensar em "hectares por ano" equivale a um curador de museu pensar em "telas por ano", sem levar em conta o período, o estilo ou o pintor.

A TNC fez o seguinte: em vez de falar em termos de terras, ela falava sobre uma "paisagem". Uma paisagem é um pedaço contínuo de terra com características ambientais exclusivas e preciosas. A TNC definiu a meta de preservar 50 paisagens – dentre as quais 25 eram prioridade imediata – em um período de 10 anos. Cinco paisagens por ano parece mais realístico do que 2 milhões de hectares por ano, e isso é muito mais concreto.

À leste do Vale do Silício, há um conjunto de montanhas marrons que correspondem ao início de uma região selvagem do tamanho de Yosemite. As montanhas marrons são um divisor de águas importante para a Baía de São Francisco, mas elas estão sendo rapidamente espremidas pela rápida expansão do Vale do Silício. Embora a área seja ecologicamente importante, ela não é como as sequóias ou a costa, com vistas espetaculares que apelam para a imaginação das pessoas. As montanhas são cobertas de gramado entremeado por alguns carvalhos. Na maior parte do ano, o gramado é marrom. Sweeney admite que isso não é muito sexy. Até mesmo grupos locais do Vale do Silício que estavam interessados em proteger áreas abertas não prestaram muita atenção nas montanhas marrons. Mas, Sweeney diz: "Não investimos em algo apenas porque é bonito. Investimos em algo porque isso é uma parte ecologicamente importante da criação."

A TNC chamou o carvalho savana de Mount Hamilton Wilderness (com base em seu pico mais alto, onde fica situado um observatório local). A identificação da área como uma paisagem coerente e a atribuição de um nome a ela conseguiram transformá-la em um ponto de visitação para grupos locais e formadores de opinião. Antes, segundo Sweeney, grupos do Vale do Silício desejavam proteger áreas importantes próximas às suas residências, mas não sabiam por onde começar. "Se você disser 'Há uma área realmente importante à leste do Vale do Silício', isso não será empolgante, pois não é tangível, mas se você disser 'O Mount Hamilton Wilderness', isso despertará o interesse das pessoas."

A Packard Foundation, uma instituição do Vale do Silício criada por um dos fundadores da Hewlett-Packard Company, fez uma grande doação para proteger o Mount Hamilton Wilderness. Outros grupos ambientalistas da Área da Baía de São Francisco iniciaram campanhas para preservar a área. Sweeney diz: "Rimos muito disso agora, pois verificamos que os documentos de outras pessoas citam o Mount Hamilton Wilderness. Então, dizemos: 'Você sabe que tudo começou conosco.'"

Moradores de cidades grandes tendem a nomear e definir sua vizinhança: "o Castro", "o SoHo", "o Lincoln Park" e assim por diante. Esses nomes surgem para definir uma área e suas características. Cada lugar tem sua própria personalidade. A Nature Conservancy criou o mesmo efeito com suas paisagens. O Mount Hamilton Wilderness é um conjunto de terras; ele é uma ecocelebridade.

Essa não é uma história sobre terras, mas uma história sobre abstração. A TNC evitou a armadilha da abstração – salvando 2 milhões de hectares por ano – ao converter pontos abstratos de um mapa em paisagens tangíveis. A TNC percebeu, sabiamente, que o contexto havia se tornado mais ambíguo, e que as soluções também haviam se tornado mais ambíguas, mas que não poderia permitir que suas *mensagens* ficassem mais ambíguas. A concretude é um componente indispensável de idéias que colam.

Compreendendo a subtração

O que torna algo "concreto"? Quando você consegue analisar algo por meio de seus sentidos, significa que isso é concreto. Um motor V8 é concreto. Já o "alto desempenho" é abstrato. Quase sempre, a concretude está relacionada a pessoas específicas fazendo coisas específicas. No capítulo "Surpresa", falamos sobre o atendimento ao cliente de primeira linha da Nordstrom. O "atendimento de primeira linha" é algo abstrato. Um Nordie fazendo ironia em relação à camisa de um cliente é algo concreto.

A linguagem concreta ajuda as pessoas, especialmente os novatos, a compreenderem novos conceitos. A abstração é um luxo do especialista. Quando precisar transmitir uma idéia para um grupo grande, e não souber ao certo qual é o conhecimento deles, a concretude será a única linguagem segura.

Para verificar isso, podemos começar analisando aulas de matemática na Ásia. Sabemos, por noticiários, que, historicamente, as crianças do Leste Asiático apresentam melhor desempenho do que as crianças norte-americanas em quase todas as áreas (exceto no consumo de alimentos com alto teor de gordura). Isso é especialmente evidente em matemática. As médias em matemática dos norte-americanos ficam abaixo das médias dos asiáticos logo nos primeiros anos escolares – a distância fica clara na primeira série e se estende por todo o ensino fundamental.

Qual é o diferencial das escolas asiáticas? Nosso estereótipo é de que essas escolas operam com eficácia quase robótica: longas horas de estudo e uma rigorosa disciplina. De certa forma, pensamos que os alunos do Leste Asiático são menos "criativos"; acreditamos que seu desempenho é melhor do que o de nossos alunos porque utilizam mecanismos de aprendizagem mecânica e por meio de intensa memorização. Mas, ao que tudo indica, a realidade é exatamente o oposto.

Em 1993, um grupo de pesquisadores estudaram 10 escolas no Japão, 10 em Taiwan e 20 nos Estados Unidos. Em cada escola, eles escolheram 2 professores diferentes de matemática a serem avaliados, e observaram 4 aulas com cada professor. Os pesquisadores descobriram que *todos* os professores utilizaram bastante o método de repetição; esse era um procedimento padrão em pelo menos metade das aulas observadas em cada país. Mas outras técnicas variavam muito entre os 3 países.

Por exemplo, considere esta pergunta feita por um professor japonês: "Você tinha 100 ienes e comprou um computador portátil por 70 ienes. Quanto dinheiro sobrou?" Ou outra pergunta, feita por um professor em Taiwan: "Havia três crianças jogando bola. Duas crianças chegaram mais tarde e, depois, mais uma se juntou ao grupo. Quantas crianças estão jogando agora?" À medida que falava, ele colocava figuras adesivas no quadro e montava a equação 3 + 2 + 1.

Observe que esses professores estão explicando conceitos matemáticos abstratos, enfatizando coisas concretas e familiares – comprar suprimentos escolares e jogar bola. Suas explicações aproveitam esquemas preexistentes, uma tática que exploramos no capítulo "Simplicidade". Os professores aproveitam um esquema existente – a dinâmica de um jogo de bola com seis participantes – e sobrepõem uma nova camada de abstração.

Os pesquisadores chamaram esse estilo de questionamento de Computação no Contexto. Isso é o oposto de "repetição". E, contrariando nossos estereótipos, isso ocorreu duas vezes mais na Ásia do que nos Estados Unidos (61% das aulas *versus* 31%).

Em outro caso, uma professora japonesa dispôs as carteiras da sala de aula em 5 fileiras de 10 carteiras cada. Depois, ela retirou 3 fileiras de 10 carteiras. Ela perguntou a um aluno quantas carteiras restaram, e ele deu a resposta certa: 20. Depois, a professora perguntou aos alunos como eles sabiam que esse problema era de subtração. A professora forneceu aos alunos uma imagem visual de subtração. Os alunos puderam criar um conceito abstrato – "subtração" – a partir de uma base concreta: 30 carteiras retiradas de um conjunto original de 50. Os pesquisadores codificaram perguntas como essa como perguntas de Conhecimento Conceitual. Esse tipo de pergunta era feita em 37% das aulas no Japão, 20% em Taiwan, mas apenas 2% nos Estados Unidos.

A utilização da concretude como base para a abstração não é apenas boa para o ensino da matemática; ela é um princípio básico para a compreensão. Os novatos buscam a concretude. Você já leu um trabalho acadêmico, um artigo técnico ou mesmo um memorando em que ficou tão confuso com a linguagem abstrata e rebuscada que não via a hora de encontrar *um exemplo*?

Ou talvez já tenha passado pela frustração de tentar fazer uma comida, utilizando uma receita abstrata demais: "Cozinhe até a mistura atingir consistência apetitosa." Como assim? Preciso saber quantos minutos preciso mexer! Mostre-me uma foto da aparência final da mistura! Após fazermos esse mesmo prato algumas vezes, a frase "consistência apetitosa" provavelmente começará a fazer sentido. Construímos uma imagem sensorial do que essa frase representa. Mas, na primeira vez, isso é tão insignificante quanto 3 + 2 + 1 seria para uma criança de 3 anos.

É assim que a concretude nos ajuda a compreender – ela nos ajuda a construir insights maiores e mais abstratos sobre os blocos constituintes de nosso conhecimento e percepções existentes. A abstração exige um certo fundamento concreto. Tentar ensinar um princípio abstrato sem fundamentos concretos é como tentar começar a construção de uma casa pelo telhado, solto no ar.

Concreto é memorável

É mais fácil lembrar de idéias concretas. Vejamos, por exemplo, palavras soltas. Experiências realizadas com a memória humana têm mostrado que as pessoas conseguem se lembrar melhor de substantivos concretos, de fácil visualização (como "bicicleta" ou "abacate"), do que de substantivos abstratos (como "justiça" ou "personalidade").

Idéias que colam naturalmente estão repletas de palavras ou imagens concretas – pense no Kentucky Fried Rat ou na banheira cheia de cubos de gelo do Roubo do Rim. O boato do Roubo do Rim teria sido bem menos aderente se o homem tivesse acordado e descoberto que alguém havia ocultado sua auto-estima.

Eric Havelock, pesquisador da Universidade de Yale, estuda histórias que têm sido transmitidas oralmente, como a *Ilíada* e a *Odisséia*. Ele nota que essas duas histórias são caracterizadas por muitas ações concretas, com poucas abstrações. Por quê? Os antigos gregos certamente não tinham problemas com a abstração – e, afinal, foi essa sociedade que produziu Platão e Aristóteles. Havelock acredita que, com o tempo, as histórias se distanciaram da abstração. Ao serem transmitidas de uma geração para a outra, os detalhes concretos mais memoráveis sobreviveram e as abstrações evaporaram.

No mundo moderno, há um outro domínio de expressão rica e atemporal: contabilidade. Coloque-se no lugar de um professor de Contabilidade que precisa apresentar os princípios da matéria para alunos de faculdade. Para um novo aluno, a contabilidade pode parecer altamente abstrata – o demonstrativo do resultado, o balanço patrimonial, contas T, contas a receber, ações em tesouraria. Não há pessoas nem dados sensoriais à vista.

Como professor, como tornar claros os conceitos de contabilidade? Dois professores da Georgia State University, Carol Springer e Faye Borthick, decidiram tentar algo totalmente diferente. No outono de 2000, Springer e Borthick ensinaram contabilidade por um semestre utilizando, como objeto central, um estudo de caso com duração de um semestre. O estudo de caso foi realizado após o lançamento de um novo negócio por duas estudantes imaginárias do segundo ano de faculdade, Kris e Sandy, da LeGrande State University.

Kris e Sandy tiveram uma idéia para um novo produto chamado Safe Night Out (SNO), um dispositivo destinado a pais com adolescentes que já tinham carteira de habilitação. Instalado no carro do adolescente, o dispositivo registrava a rota e a velocidade do carro. Pela primeira vez, os pais poderiam confirmar se o carro deles estava sendo conduzido com responsabilidade.

Nesse ponto, você, como aluno de contabilidade básica, se torna parte da história. Kris e Sandy eram suas amigas e ouviram falar que você tinha aula de contabilidade. Elas precisam de sua ajuda. Elas perguntam: A idéia de negócio é viável? Quantas unidades precisaríamos vender para poder pagar nossos estudos? Você recebe orientação sobre como rastrear os custos de materiais relevantes (receptores de GPS, hardware de armazenamento) e parcerias (quanto custaria para vender isso no eBay).

A novela Kris e Sandy, que durou um semestre inteiro, revelou a função que a contabilidade desempenha no mundo dos negócios. Cada curso de Contabilidade define a distinção entre custos fixos e variáveis, mas, no caso, essa distinção não era tão definida quanto *descoberta*. Kris e Sandy precisam pagar alguns custos, como, por exemplo, despesas de programação para desenvolver o produto. Esses custos são fixos. Outros custos são somados apenas quando os produtos são fabricados ou vendidos – o custo dos materiais ou a comissão do eBay, por exemplo. Esses custos são variáveis. Se seus amigos estão investindo o dinheiro do ensino em um negócio start-up, essas distinções são relevantes.

O estudo de caso é um exemplo de aprendizagem em contexto, semelhante aos professores das aulas de matemática na Ásia. Mas, nas aulas de matemática, um aluno pode encontrar 300 exemplos diferentes em um semestre inteiro. Na aula de contabilidade, alunos tiveram um exemplo tão rico que valia pelo material de um semestre.

À medida que o semestre avança, você acompanha, de sua posição como contador de Kris e Sandy, a evolução do negócio delas. Um tribunal local aborda Kris e Sandy, procurando utilizar o dispositivo SNO para seus liberados, mas este deseja fazer um leasing do dispositivo, e não comprá-lo. Como Kris e Sandy devem reagir? Posteriormente, o negócio começa a crescer rapidamente, mas, de repente, Kris e Sandy ligam para você em pânico, pois um cheque foi devolvido. Elas nunca venderam tantas unidades, mas estão sem dinheiro em caixa. Como isso é possível? (Muitos negócios start-up enfrentam esse tipo de problema; isso mostra a diferença entre rentabilidade e fluxo de caixa.) A resposta só fica clara para você após uma análise durante um mês dos boletos bancários e dos recibos da eBay.

Então, os alunos aprenderam melhor? A princípio, é difícil saber. As mudanças no curso dificultam a comparação direta entre os testes finais e aqueles dos anos anteriores. Alguns alunos pareciam mais entusiasmados com o novo curso, mas outros reclamaram, pois o estudo de caso exigia muito tempo. Com o tempo, contudo, os benefícios do estudo de caso concreto ficaram cada vez mais evidentes. Após experimentarem o estudo de caso, alunos com média superior estavam mais propensos a se destacarem em contabilidade. A concretude, na verdade, levou a maioria desses alunos a *querer* se tornar contador.

Mas o estudo de caso também teve efeitos positivos para alunos regulares. No curso de contabilidade seguinte, que ocorreu cerca de dois anos depois, a primeira parte do curso se baseou muito nos conceitos de que os alunos supostamente aprenderam na contabilidade básica. Alunos que trabalharam no estudo de caso tiveram notas bem mais altas no primeiro teste. Na verdade, a diferença nas notas foi especialmente drástica para alunos com média C. Em geral, eles tinham 12 pontos a mais. E lembre-se de que isso ocorreu dois anos após o término do estudo de caso. A concretude cola.

A teoria velcro de memória

Por que a concretude faz com que idéias colem? A resposta está na natureza de nossas memórias.

Muitos de nós temos uma noção de que lembrar-se de algo é como um tipo de armazenamento. Lembrar-se de uma história é arquivá-la em nossos gabinetes de arquivamento cerebral. Não há nada de errado com essa analogia. Mas o surpreendente é que pode haver gabinetes de arquivamento completamente diferentes para diferentes tipos de memórias.

Você mesmo pode, de fato, testar essa idéia. O grupo de frases a seguir solicitará que você se lembre de várias idéias. Dedique cinco ou dez minutos de seu tempo a cada frase – não se apresse. Ao passar de uma frase para outra, você notará que tem uma *sensação diferente* ao se lembrar de tipos de coisas diferentes.

- Procure se lembrar da capital de Kansas.
- Procure se lembrar da primeira frase da música *Hey Jude* (ou de outra canção que você conheça bem).
- Procure se lembrar da *Mona Lisa*.
- Procure se lembrar da casa onde você passou a maior parte da infância.
- Procure se lembrar da definição de "verdade".
- Procure se lembrar da definição de "melancia".

David Rubin, psicólogo cognitivo da Duke University, utiliza esse exercício para ilustrar a natureza da memória. Cada comando a ser lembrado parece disparar uma atividade mental diferente. Lembrar-se da capital de Kansas é um exercício abstrato, a menos que você more em Topeka. Em contraste, quando você pensa em *Hey Jude*, pode ouvir a voz de Paul McCartney e o piano tocando. (Se der um branco na sua cabeça ao escutar a frase "Hey Jude", por favor, troque este livro por um álbum dos Beatles. Isso o deixará mais feliz.)

Sem dúvida, a lembrança de *Mona Lisa* evoca uma imagem visual do famoso sorriso enigmático. Lembrar-se da moradia da infância evoca uma série de memórias – cheiros, sons, visões. É provável que você se sinta como se estivesse correndo pela casa ou que se lembre onde seus pais costumavam se sentar.

É provável que tenha sido mais difícil se lembrar da definição de "verdade" – certamente você tem um senso do que "verdade" significa, mas, provavelmente, não tinha uma definição pré-formada para retirar da memória, como ocorre com a *Mona Lisa*. É provável que tenha sido necessário criar rapidamente uma definição que parecia se ajustar a seu senso do que "verdade" significa.

É provável que a definição de "melancia" também tenha envolvido um certo esforço mental. A palavra "melancia" logo evoca memórias sensoriais – a fruta vermelha cuja casca tem listras verdes, o cheiro e o sabor doce, o peso de uma melancia inteira. Depois, é provável que você sinta as marchas engatarem ao tentar transformar essas memórias sensoriais em uma definição.

A memória, portanto, não é como um único gabinete de arquivamento. Ela é mais parecida com um Velcro. Repare nos dois lados de um material de Velcro. Você verificará que um deles possui milhares de minúsculos ganchos, enquanto o outro é coberto por milhares de pequenas alças. Quando você pressiona os dois lados juntos, um grande número de ganchos se prendem às alças, e é isso que leva o Velcro a colar.

O seu cérebro possui um grande número de alças. Quanto mais ganchos uma idéia tiver, melhor será seu encaixe à memória. A casa onde você morou na infância possui um trilhão de ganchos em seu cérebro. Seu novo número de cartão de crédito terá outro gancho, se tiver sorte.

Os melhores professores têm habilidade para multiplicar os ganchos em determinada idéia. Uma professora de Iowa, chamada Jane Elliott, certa vez criou uma mensagem tão poderosa que, vinte anos depois, seus alunos ainda se lembravam bem dela. Portanto, essa mensagem despertou diferentes aspectos da emoção e da memória.

Olhos castanhos, olhos azuis

Martin Luther King, Jr., foi assassinado no dia 4 de abril de 1968. No dia seguinte, Jane Elliott, uma professora do ensino fundamental, de Iowa, tentou explicar a morte dele para sua turma do terceiro ano. Na cidade de Riceville, Iowa, onde só havia brancos, os alunos já tinham ouvido falar de King, mas não compreendiam quem poderia desejar sua morte ou por quê.

Elliott disse: "Sabia que havia chegado o momento de abordar esse assunto de uma maneira concreta, pois já falávamos sobre a discriminação desde o primeiro dia de aula. Mas, seria difícil explicar, para aquelas crianças do terceiro ano, em Riceville, Iowa, o motivo do tiro disparado contra Martin Luther King, um dos 'Heróis do mês', dois meses antes."

Ela entrou na sala de aula no dia seguinte com um plano: seu objetivo era tornar o preconceito algo tangível para seus alunos. No início da aula, ela dividiu os alunos em dois grupos: crianças com olhos castanhos e crianças com olhos azuis. Em seguida, ela fez uma afirmação chocante: as crianças de olhos castanhos são superiores às crianças de olhos azuis – "Elas são as melhores pessoas nesta sala." Os grupos foram separados: as crianças de olhos azuis foram forçadas a se sentar no fundo da sala. Disseram às crianças de olhos castanhos que elas eram mais inteligentes. Elas tinham mais tempo de recreio na escola. As crianças de olhos azuis tinham que usar coleiras especiais para que todos pudessem distinguir a cor de seus olhos de longe. Os dois grupos não tinham permissão para se misturar na hora do recreio.

Elliott ficou chocada com a rapidez com que a turma se transformou. Ela disse: "Fiquei chocada ao perceber aquelas crianças do terceiro ano se transformando em pessoas maldosas, viciadas e preconceituosas. Grandes amizades pareciam se dissolver como em um passe de mágica, pois as crianças de olhos castanhos desprezavam seus antigos amigos de olhos azuis." Um aluno de olhos castanhos perguntou a Elliott como ela poderia ser a professora "se tinha aqueles malditos olhos azuis".

No início da aula, no dia seguinte, Elliott entrou na sala e declarou que havia cometido um engano. Na verdade, as crianças *de olhos castanhos* é que eram inferiores. Essa mudança de situação foi aceita imediatamente. As crianças de olhos azuis vibraram e correram para colocar suas coleiras nos comparsas inferiores de olhos castanhos.

Um dia, quando estavam no grupo inferior, os alunos descreveram a si próprios como tristes, maus, burros e mesquinhos. Um menino disse, em tom áspero: "Quando estávamos para baixo, parecia que tudo de ruim acontecia conosco." Quando os alunos estavam em destaque, eles se sentiam felizes, bons e inteligentes.

Até mesmo o seu desempenho nas tarefas escolares mudou. Um dos exercícios de leitura era um conjunto de cartões fonéticos em que as crianças deveriam formar palavras o mais rápido possível. No primeiro dia, quando as crianças de olhos azuis eram consideradas inferiores, elas levaram 5 minutos e 50 segundos para concluir a tarefa. No segundo dia, quando eram consideradas superiores, elas levaram 2 minutos e 50 segundos. Elliott perguntou: "Por que vocês não foram tão rápidos ontem?" Uma menina de olhos azuis respondeu: "Estávamos usando aquelas coleiras..." Outro aluno concordou: "Não parávamos de pensar naquelas coleiras."

A simulação de Elliott tornou o preconceito algo concreto – brutalmente concreto. Ela também teve impacto duradouro sobre as vidas dos alunos. Estudos conduzidos dez e vinte anos mais tarde mostraram que os alunos de Elliott tinham muito menos preconceito do que outros alunos que não participaram da dinâmica.

Os alunos ainda se lembram bem da simulação. A reunião de 15 anos de formados desses ex-alunos de Elliott foi transmitida pela rede PBS, na série *Frontline*, que revelou a profunda transformação deles. Ray Hansen, ao se lembrar de como sua compreensão mudou de um dia para o outro, disse: "Esta foi uma das experiências de aprendizagem mais profundas em minha vida." Sue Ginger Rolland disse: "É necessário trabalhar o preconceito desde pequeno; senão, isso o acompanhará pelo resto da vida. Às vezes, me pego com um pensamento [preconceituoso], paro, volto ao terceiro ano da escola e procuro me lembrar de como é sentir-se inferior."

Jane Elliott colocou ganchos na idéia de preconceito. Seria mais fácil para ela abordar a idéia de preconceito da mesma forma que abordava outras idéias em aula – como um conhecimento importante, mas abstrato, como a capital do Kansas ou a definição de "verdade". Ela poderia ter abordado o preconceito como algo a ser aprendido, como o relato de uma batalha da Segunda Guerra Mundial. Em vez disso, Elliott transformou o preconceito em uma *experiência*. Pense nos "ganchos" envolvidos: a visão de um amigo que, de repente, começa a zombar de você. A sensação de ter uma coleira. O desespero ao sentir-se inferior. O choque ao ver seus próprios olhos refletidos no espelho. Essa experiência colocou tantos ganchos nas memórias dos alunos que, muitas décadas depois, ela não foi esquecida.

O caminho para a abstração: o projeto e a máquina

A simulação de preconceito de Jane Elliott é uma evidência convincente do poder da concretude. Mas se a concretude é tão poderosa, por que caímos tanto na abstração?

O motivo é simples: a diferença entre um especialista e um novato é a capacidade de pensar de forma abstrata. Novos jurados ficam impressionados com as personalidades dos advogados, detalhes factuais e rituais do tribunal. Por outro lado, os juízes examinam o caso atual em relação a lições abstratas de casos anteriores e precedentes legais. Alunos de Biologia tentam se lembrar se répteis põem ovos ou não. Professores de Biologia pensam em termos do sistema maior de taxonomia de animais.

Novatos percebem detalhes concretos simplesmente como detalhes concretos. Especialistas percebem detalhes concretos como símbolos de padrões e insights que aprenderam em anos de experiência. E, como eles são capazes de *enxergar* um nível superior de insight, naturalmente desejam conversar em um nível superior. Desejam conversar sobre estratégias de xadrez, e não sobre bispos que se movem na diagonal.

E, aqui, o nosso clássico vilão, a Maldição do Conhecimento, entra novamente em cena. Uma pesquisadora chamada Beth Bechky estudou uma empresa de manufatura que projetava e construía o maquinário complexo utilizado para produzir chips de silicone. Para construir esse maquinário, a empresa precisava de dois tipos de habilidades: engenheiros para criar projetos brilhantes e pessoal de manufatura habilitado para transformar esses projetos em máquinas físicas complexas.

O sucesso da empresa dependia da capacidade de boa comunicação entre esses dois grupos de pessoas. Mas, como era de se esperar, eles utilizavam linguagens diferentes. Os engenheiros tendiam a pensar de forma abstrata – passavam o dia inteiro quebrando a cabeça em desenhos e plantas. A equipe de manufatura, por outro lado, tendia a pensar em um nível físico – passavam o dia inteiro construindo máquinas.

O mais revelador para a Maldição do Conhecimento é o que acontece quando algo dá errado no chão-de-fábrica. O pessoal da manufatura às vezes encontra problemas – algo não se encaixa ou talvez a potência utilizada seja insuficiente. Nesse caso, o pessoal da manufatura comunica o problema aos engenheiros que, por sua vez, entram logo em ação. Isso significa que os engenheiros precisam *corrigir seus desenhos*.

Por exemplo, a equipe de manufatura pode descobrir que uma peça não se encaixa na máquina. Quando a equipe mostra essa peça aos engenheiros, eles desejam modificar as plantas e o desenho. Em outras palavras, os engenheiros instintivamente desejam passar para um nível superior de abstração.

Bechky descobriu que os engenheiros tornaram seus desenhos "cada vez mais elaborados", pois acreditavam que os desenhos aperfeiçoados pudessem esclarecer o processo para a equipe da manufatura. Com o tempo, os desenhos se tornaram mais abstratos, o que dificultou ainda mais a comunicação.

Os engenheiros estavam se comportando como turistas norte-americanos que viajam para países estrangeiros e tentam se fazer entender falando inglês mais devagar e mais alto. Eles estavam sofrendo da Maldição do Conhecimento. Eles haviam perdido a capacidade de imaginar como seria observar um desenho técnico sob a óptica de uma pessoa não-especialista.

O pessoal da manufatura pensava: *Por que você não vem até o chão-de-fábrica e me mostra onde devo encaixar a peça?* O pessoal de engenharia pensava: *O que preciso fazer para aperfeiçoar o desenho?*

A falta de comunicação, sem dúvida, é familiar para muitos leitores que não trabalham com máquinas para fabricação de chips de silicone. Então, como solucionar isso? Os dois lados devem aprender a ter maior empatia entre si e, em essência, encontrar um meio-termo? Na verdade, não. A solução é que os engenheiros mudem seu comportamento. Por quê? Conforme observado por Bechky, a máquina física era o domínio de comunicação mais eficaz e relevante. *Todos* compreendem fluentemente as máquinas. Então, deve-se resolver os problemas em nível de máquina.

É fácil perder a consciência de que estamos falando como um especialista. Começamos a sofrer da Maldição do Conhecimento, como os ritmistas no jogo "ritmistas e ouvintes". Pode parecer superficial falar de maneira concreta sobre um assunto que conhecemos tão bem há tantos anos. Mas, se estivermos dispostos a fazer o esforço, teremos as recompensas: nosso público compreenderá o que estamos dizendo e se lembrará disso.

A moral dessa história não é "menosprezar o grau de dificuldade das coisas". O pessoal da manufatura enfrentava problemas complexos e precisava de respostas inteligentes. Então, a moral da história é encontrar uma "linguagem universal", uma linguagem que possa ser falada por todos com fluência. Inevitavelmente, essa linguagem universal será concreta.

Concreto permite coordenação

No capítulo anterior, fechamos com dois slogans inesperados que foram utilizados para motivar e coordenar grupos grandes de pessoas inteligentes. Os slogans eram desafios: o desafio de construir um "rádio de bolso" e o desafio de "antes do final da década, enviar um homem à Lua". Observe que esses slogans também são agradavelmente concretos. Sem dúvida, os engenheiros japoneses ficaram paralisados com a incerteza sobre sua missão. Também é óbvio que discutiu-se por muito tempo na NASA sobre o significado de "homem", "Lua" ou "década".

A concretude torna os alvos transparentes. Até mesmo os especialistas precisam de transparência. Imagine uma start-up de software cuja meta seja construir "a próxima grande máquina de pesquisa". Na start-up, há dois programadores com conhecimento quase idêntico, que trabalham em salas vizinhas. Para um deles, "a próxima grande máquina de pesquisa" significa totalidade, a garantia de que a máquina de pesquisa retornará tudo na Web que possa ser relevante, independentemente do nível de obscuridade. Para o outro, isso significa velocidade, a garantia de excelentes resultados em pouco tempo. Esses esforços só estarão completamente alinhados quando a meta se tornar concreta.

Quando a Boeing se preparava para lançar o projeto do avião para 727 passageiros, na década de 1960, seus gerentes definiram uma meta intencionalmente concreta: o 727 deve conter 131 assentos para passageiros, viajar sem escalas de Miami para Nova York e aterrissar na Runway 4-22, em La Guardia. (A runway 4-22 foi escolhida devido à sua extensão – menos de uma milha, pista curta demais para qualquer um dos aviões de passageiros existentes.) Com uma meta tão concreta assim, a Boeing conseguiu coordenar com eficácia as ações de milhares de especialistas, em diversos aspectos de engenharia ou manufatura. Imagine como seria difícil construir um 727 cuja meta fosse ser "o melhor avião de passageiros do mundo".

Os Ferraris vão à Disney World

A Stone Yamashita Partners, uma pequena empresa de consultoria, localizada em São Francisco, foi fundada por Robert Stone e Keith Yamashita, ex-criativos da Apple. Stone Yamashita é mestre na utilização de técnicas concretas para ajudar empresas a gerar mudanças. Keith Yamashita diz: "Quase tudo que fazemos é visceral e virtual." O "produto", da maioria das empresas de consultoria, costuma ser uma apresentação em PowerPoint. Na Stone Yamashita, é mais provável que isso seja uma simulação, um evento ou uma instalação criativa.

Por volta de 2002, a Stone Yamashita foi abordada pela Hewlett-Packard (HP). A equipe da alta gerência da HP esperava conseguir fazer uma parceria com a Disney e, assim, pediram à Stone Yamashita ajudar a preparar uma proposta que destacasse a pesquisa da HP e mostrasse como ela poderia ajudar a Disney a operar seus parques temáticos.

A HP, como tantas outras empresas tecnológicas, gera muita pesquisa em seus laboratórios, mas essas pesquisas nem sempre são convertidas em produtos físicos tangíveis. Pesquisadores ficam empolgados com a idéia de alargar as fronteiras de uma tecnologia, criando produtos que são complexos e sofisticados, enquanto os consumidores costumam buscar produtos de fácil utilização e confiáveis. Nem sempre os desejos de pesquisadores e consumidores se encaixam perfeitamente.

A "apresentação" que a Stone Yamashita idealizou era uma exposição que ocupava 557m². Yamashita descreve a essência: "Inventamos uma família fictícia chamada os Ferraris, três gerações deles, e criamos uma exposição sobre sua vida e sua visita à Disney World."

Ao visitar a exposição, você começava pela sala de estar dos Ferraris, onde havia fotos da família. Cada sala subseqüente acompanhava a trajetória dos Ferraris em várias cenas de sua viagem à Disney World. A tecnologia HP ajudou na compra das entradas, agilização de sua entrada no parque e programação de suas reservas para jantar. Outro tipo de tecnologia os ajudou a aproveitar seus passeios favoritos e, ao mesmo tempo, minimizar o tempo de espera. Quando retornavam ao quarto de hotel, no final do dia, havia uma surpresa: um *digital picture frame* (porta-retrato digital) havia feito o download automático de uma foto deles em uma montanha-russa da Disney World.

A Stone Yamashita, junto com os engenheiros da HP, transformou uma mensagem sobre as vantagens da colaboração (que poderia ser apresentada em PowerPoint) em uma simulação de tirar o fôlego. A Stone Yamashita colocou ganchos na idéia de serviços eletrônicos. Eles transformaram uma idéia abstrata em concreta, com uma experiência sensorial intensa.

Observe que havia dois públicos diferentes para a exposição. O primeiro público era a Disney. Os executivos da Disney eram os "novatos" – eles precisavam ver, em termos tangíveis, o que a tecnologia da HP poderia fazer por eles. O segundo público eram os empregados da HP, especialmente os engenheiros. Eles não tinham nada de novatos. Muitos engenheiros se mostravam céticos em relação ao real valor das demonstrações de Yamashita. Após a abertura da exposição, contudo, o pessoal da HP ficou muito entusiasmado. A idéia inicial era manter a exposição por tempo suficiente para convencer a Disney, mas, como a idéia deu tão certo, a exposição permaneceu por mais três ou quatro meses. Um crítico disse: "A coisa se tornou virótica, pois outros começaram a perguntar 'Você viu que coisa impressionante a equipe de laboratório fez? Você sabia que podíamos fazer isso? Você sabia que eles fizeram isso em apenas 28 dias?'"

A concretude ajudou a coordenar essa equipe de especialistas. Um grupo diversificado de engenheiros, acostumado a enfrentar problemas tecnológicos difíceis, de repente se viu cara a cara com a família Ferrari. Ao perceber as necessidades concretas da família – entradas, reservas e fotos – eles fizeram algo notável: pegaram idéias abstratas de seus laboratórios de pesquisa e transformaram essas idéias em uma fotografia da família se divertindo na montanha-russa.

O concreto traz conhecimento: coisas brancas

Pegue um lápis e uma folha de papel. Você também precisará de um marcador de tempo (um relógio, um cronômetro, uma pessoa da família que goste de contar etc.). Apresentamos a seguir um teste sobre concretude que você pode fazer sozinho. Você fará dois exercícios pequenos, de 15 segundos. Quando estiver pronto para começar, marque 15 segundos em seu cronômetro ou relógio e, depois, siga as instruções da Etapa 1.

ETAPA 1 INSTRUÇÕES:
Procure se lembrar do máximo número de coisas brancas que puder e escreva no papel.

PARE. Marque 15 segundos novamente no relógio. Vire a página para obter as instruções para a Etapa 2.

ETAPA 2 INSTRUÇÕES:

Procure se lembrar do máximo número de coisas brancas que estão em sua geladeira e escreva no papel.

A maioria das pessoas, notadamente, consegue listar o mesmo número de coisas brancas, independentemente de estarem ou não na geladeira. Esse resultado é surpreendente, pois nossas geladeiras não incluem uma parte considerável do universo. Mesmo as pessoas que listam uma maior quantidade de coisas brancas, costumam achar que o teste da geladeira é "mais fácil".

Por que isso ocorre? A concretude é uma forma de mobilizar e focar nosso cérebro. Para obter outro exemplo desse fenômeno, considere estas duas frases: (1) Pense em 5 coisas tolas que as pessoas fizeram no mundo nos últimos 10 anos. (2) Pense em 5 coisas tolas que seu filho fez nos últimos 10 anos.

É claro que esse é um truque especial do cérebro. Mas qual é o sentido disso? Pense em uma situação em que um empreendedor tenha utilizado esse truque especial do cérebro para ganhar um investimento de $4,5 milhões de um grupo de investidores sábios e sofisticados.

Kaplan e o investimento em computadores

Para um empreendedor, ter a oportunidade de convencer venture capitalists locais sobre uma idéia de negócios é um grande negócio. É como um ator amador que tem audição marcada com um diretor de filme independente. Mas ter a chance de apresentar uma idéia a Kleiner Perkins – a empresa de maior prestígio no Vale do Silício – é como ter uma audição particular, um a um, com Steven Spielberg. Você pode se tornar um astro ou desperdiçar a melhor oportunidade de sua vida.

É por isso que Jerry Kaplan, que na época tinha 29 anos, estava tão nervoso quando foi ao escritório de Kleiner Perkins, no início de 1987. Em trinta minutos ele estaria iniciando sua apresentação. Kaplan era ex-pesquisador da Universidade de Stanford. Ele abandonou as pesquisas para trabalhar na Lotus, nos primeiros anos de existência da empresa. A Lotus, com sua planilha best-seller Lotus 1-2-3, tinha lugar de destaque no mercado de ações. Agora Kaplan estava pronto para o próximo desafio. Ele teve uma boa visão para uma geração de computadores pessoais menores e mais portáteis.

Ele esperava do lado de fora da sala de conferência quando o empreendedor anterior terminou sua apresentação. Ao observá-lo, seu medo se transformou em pavor. O outro empreendedor vestia um terno escuro, risca de giz, com uma poderosa gravata vermelha. Kaplan trajava uma jaqueta esporte, com uma camisa de colarinho aberto. O outro empreendedor estava projetando um gráfico colorido impressionante na tela branca. Kaplan carregava uma pasta grená onde havia um bloco com folhas em branco. Isso pegava mal.

Kaplan pensou que estava indo para uma sessão informal de "apresentação", mas, ao chegar lá, percebeu o quão ingênuo ele havia sido. Ele não tinha "planos de negócios, slides, gráficos, projeções financeiras, protótipos". O pior de tudo é que o empreendedor muito bem preparado estava enfrentando um público cético na sala de reuniões, que agora o enchia de perguntas difíceis.

Quando chegou a vez de Kaplan, um dos parceiros o apresentou. Kaplan respirou fundo e começou: "Acredito que um novo tipo de computador, que mais parece um computador portátil do que uma máquina de escrever, e operado por uma caneta em vez de um teclado, atenderá às necessidades de profissionais como nós, quando estivermos fora do escritório. Utilizaremos esses computadores para tomar notas, enviar e receber mensagens por meio de ligações ao telefone celular; consultar endereços, números de telefones, listas de preços e estoques; fazer cálculos em planilhas; e preencher formulários de pedidos."

Ele falou sobre a tecnologia necessária, destacando os principais aspectos desconhecidos: se a máquina seria capaz de reconhecer de forma confiável algo escrito a mão e converter isso em comandos. Kaplan se recorda do que aconteceu em seguida:

> O público parecia tenso. Eu não sabia ao certo se eles estavam aborrecidos com minha falta de preparo ou se estavam simplesmente concentrados no que eu estava falando... Como achei que já tinha estragado tudo e, portanto, não tinha mais nada a perder, resolvi arriscar algumas encenações.
>
> "Se eu estivesse com um PC portátil neste exato momento, certamente vocês saberiam. Mas provavelmente não perceberam que tenho em minhas mãos um modelo do futuro da computação."
>
> Joguei para cima minha pasta de couro grená. Ela foi parar no meio da mesa, onde caiu fazendo barulho.
>
> "Senhores, eis aqui um modelo da próxima etapa na revolução do computador."

> Por um momento, pensei que fossem me expulsar da sala após essa encenação final. Todos ficaram perplexos, em silêncio, olhando para minha pasta de couro parada no meio da mesa, como se, de repente, ela pudesse adquirir vida própria. Brook Byers, um cara de aparência jovial, mas que era um parceiro antigo da empresa, se aproximou devagar da pasta e a tocou, como se fosse algum tipo de talismã. Ele fez a primeira pergunta.
>
> "Qual é a quantidade de informações que você consegue armazenar aqui?"
>
> John Doerr [outro parceiro] se adiantou e respondeu. "Não se preocupe. A cada ano, os chips de memória ficam menores e mais baratos. Portanto, a capacidade anual provavelmente dobrará para o mesmo tamanho e preço."
>
> Outra pessoa deu sua opinião: "Mas, John, não se esqueça de que, a menos que você converta esse manuscrito com eficácia, é provável que o espaço ocupado seja bem maior." Foi Vinod Khosla quem disse isso. Ele é CEO e fundador da Sun Microsystems, que ajudava o parceiro a avaliar negócios tecnológicos.

Kaplan disse que, dali em diante, quase não precisou falar, pois os parceiros e sócios assistentes apresentaram questionamentos e insights que revelaram sua proposta. Periodicamente, segundo ele, alguém se aproximaria para tocar ou examinar sua pasta. "Como em um passe de mágica, aquele acessório de papelaria havia se transformado em um símbolo do futuro da tecnologia."

Alguns dias depois, Kaplan recebeu uma ligação de Kleiner Perkins. Os parceiros haviam decidido apoiar a idéia. Seu investimento avaliou a empresa inexistente de Kaplan em $4,5 milhões.

O que transformou esse interrogatório (com um empreendedor ansioso na mira) em uma sessão de brainstorm? A pasta grená. A pasta apresentava um desafio aos participantes da reunião – uma forma de focar seus pensamentos e revelar seu conhecimento existente. Ela mudou sua atitude de reativa e crítica para ativa e criativa.

A presença da pasta facilitou o brainstorm por parte dos venture capitalists, da mesma forma que o foco em "coisas brancas em nossa geladeira" facilitou nosso brainstorm. Quando perceberam o tamanho da pasta, começaram a fazer algumas perguntas: Qual é a capacidade de memória suportada? Que componentes de PC encolherão ou não nos próximos anos? Que novas tecnologias precisariam ser inventadas para tornar isso viável? O mesmo processo ocorreu na equipe de engenharia japonesa da Sony, por meio do conceito de um "rádio que cabe no bolso".

A concretude cria um "território" compartilhado, em que pessoas podem oferecer suas contribuições. Todos na sala se sentem à vontade porque estão abordando o mesmo desafio. Até mesmo especialistas (como os venture capitalistas de Kleiner Perkins e os astros do rock do mundo tecnológico) se beneficiam da conversa concreta que os coloca em uma base comum.

CLÍNICA

A terapia da reidratação oral salva a vida de crianças!

A SITUAÇÃO: *A cada ano, mais de um milhão de crianças em países do mundo inteiro morre de desidratação causada por diarréia. Pode-se prevenir esse problema, a um custo muito baixo, dando os tipos de líquidos corretos as crianças. Como convencer as pessoas a investir nessa ideia?*

MENSAGEM 1: Veja uma explicação fornecida pela PSI, um grupo sem fins lucrativos que cuida de problemas de saúde em países em desenvolvimento:

A diarréia é uma das principais causas da morte infantil nos países em desenvolvimento, sendo responsável pela morte de mais de 1,5 milhão de crianças por ano. A causa da morte não é propriamente a diarréia, mas a desidratação, a perda de líquido no corpo. Cerca de três quartos do corpo é composto de água. Se a perda de líquido exceder 10% do líquido total do corpo, órgãos vitais perderão a função e a pessoa morrerá. Se a doença for mais grave, como é o caso do cólera, a morte poderá ocorrer em apenas oito horas.

Para evitar uma desidratação que ameace a vida, é necessário aumentar a ingestão de líquidos em quantidade suficiente para repor os fluidos e eletrólitos perdidos com a diarréia. O melhor líquido para tal fim é uma mistura de eletrólitos (sódio, citrato e potássio), glicose e água, conhecida como Terapia da Reidratação Oral (TRO). A TRO repõe o líquido e os sais no organismo mais rápido do que qualquer outro líquido, e faz isso mesmo quando a parede intestinal está comprometida pela doença.

COMENTÁRIOS SOBRE A MENSAGEM 1: Rápido: É difícil resolver esse problema? Digamos que você seja uma autoridade responsável pela saúde em um país em desenvolvimento. O que você faria amanhã para começar a salvar crianças?

Para ser sincero, encontramos essa mensagem em uma página da Web que descreve o que a PSI tem feito para resolver o problema. O texto não reflete necessariamente como a organização deve abordar pessoas responsáveis pela tomada de decisões para convencê-las a agir. As informações são escritas em uma linguagem que gera *credibilidade*; a linguagem científica e a exposição são muito utilizadas. Se o problema parece complexo demais, contudo, isso pode levar as pessoas a desistirem de tentar resolvê-lo.

• • •

MENSAGEM 2: Esta mensagem é de James Grant, que foi o diretor do Unicef por muitos anos. Em suas viagens, Grant sempre carregava um pacote contendo uma colher de chá de sal e oito colheres de chá de açúcar – os ingredientes da TRO, quando misturados a um litro d'água. Esse é o chamado soro caseiro. Quando ele se reunia com os primeiros-ministros de países em desenvolvimento, tirava um pacote com sal e açúcar e dizia: "Vocês sabiam que isso custa menos do que uma xícara de chá e pode salvar milhares de vidas de crianças em seu país?"

COMENTÁRIOS SOBRE A MENSAGEM 2: Rápido: É difícil resolver esse problema? O que você faria amanhã para começar a salvar crianças? A mensagem de Grant o leva a enfrentar o problema e o ajuda a aplicar seu conhecimento. Talvez você esteja fazendo o brainstorm de formas de obter pacotes de sal/açúcar para escolas. Talvez você esteja pensando sobre campanhas publicitárias para ensinar às mães as medidas certas de sal e açúcar.

Grant certamente é mestre em fazer idéias colarem. Ele faz uma proposição *concreta* e começa com um contraste *inesperado* para atrair a atenção das pessoas: esse pacote custa menos do que uma xícara de chá, mas isso pode ter um impacto real. Primeiros-ministros passam grande parte de seu tempo pensando sobre problemas sociais complexos e elaborados – construindo infra-estrutura, construindo hospitais, mantendo um ambiente saudável. De repente, aparece um pacote de sal e açúcar que pode salvar milhares de crianças.

A mensagem de Grant não prejudica as estatísticas e a descrição científica que confere *credibilidade* à mensagem da PSI. Mas, como diretor do Unicef, ele tinha credibilidade suficiente para evitar o questionamento das pessoas sobre seus fatos. Então, Grant deixou de lado a batalha factual (incontestável) e passou a travar a batalha motivacional. Seu pacote de sal e açúcar equivale à pasta grená de Kaplan na apresentação aos venture capitalists: ele ajuda o público a empregar seu expertise no problema. Você não pode ver isso *sem* iniciar um brainstorm sobre as possibilidades.

SCORECARD

Lista de verificação	Mensagem 1	Mensagem 2
Simplicidade	–	✓
Surpresa	–	✓
Concretude	–	✓
Credibilidade	✓	–
Sentimentos	✓	✓
Relatos	–	–

CLÍMAX: Esta Clínica é um de nossos exemplos favoritos de antes e depois, pois mostra como uma idéia concreta pode ser poderosa e como uma proposição funciona melhor do que uma descrição científica.

Tornando as idéias concretas

Como transformar nossas próprias mensagens em idéias concretas? Para nós, talvez seja mais fácil tomar nossas próprias decisões quando elas são orientadas pelas necessidades de pessoas específicas: nossos leitores, nossos alunos, nossos clientes.

A General Mills é um dos maiores fabricantes do mundo de produtos de consumo. Entre suas marcas estão: Pillsbury, Cheerios, Green Giant, Betty Crocker e Chex. Uma das maiores marcas da empresa, do ponto de vista de vendas, é a Hamburger Helper. Melissa Studzinski, uma jovem de 28 anos, de Michigan, se juntou à General Mills em 2004, como gerente da marca Hamburger Helper.

Quando ela se juntou à equipe, a Hamburger Helper já estava há dez anos em declínio. O CEO, frustrado com a situação, anunciou que sua meta número um para 2005 era corrigir os erros e reerguer a marca Hamburger Helper. Studzinski, novata na equipe, queria muito enfrentar o desafio.

Ao assumir a nova função, ela recebeu três fichários cheios de dados e estatísticas: dados sobre vendas e volume, resumos sobre estratégias de propaganda, informações sobre produtos e pesquisas de mercado sobre os clientes da marca. Se já era difícil manipular os fichários, imagine só memorizar o seu conteúdo. Ela os apelidou de "fichários da morte".

Alguns meses depois, a equipe de Studzinski decidiu deixar os dados de lado e tentar algo novo. Eles planejavam enviar membros da equipe da Hamburger Helper – o staff de marketing, propaganda e P&D – às casas dos clientes da Hamburger Helper. A idéia era conhecida informalmente como "Na ponta da língua" pois os empregados da General Mills precisavam saber de cor a imagem dos clientes da marca.

Mães (os principais clientes da Hamburger Helper) foram solicitadas a deixar que estranhos entrassem em suas casas e as observassem enquanto cozinhavam. A equipe visitou duas a três dúzias de residências. Studzinski visitou três casas e nunca mais se esqueceu dessa experiência. Ela diz: "Li os dados sobre nossos clientes e era capaz de repeti-los. Eu sabia de cor sua demografia. Mas foi uma experiência bem diferente entrar na casa de uma cliente e saber um pouco sobre sua vida. Jamais me esquecerei de uma mulher ao fogão, preparando o jantar, com um recém-nascido no colo. Sabemos que a 'conveniência' é um atributo importante de nosso produto, mas é diferente perceber primeiro a necessidade de conveniência."

Acima de tudo, Studzinski aprendeu que mães e seus filhos realmente valorizavam a previsibilidade. A Hamburger Helper tinha 11 tipos diferentes de massa, mas as crianças não se importavam com os diferentes formatos. Elas se importavam com o sabor. E as mães só queriam comprar os mesmos sabores que seus filhos não rejeitariam. Mas a Hamburger Helper tinha mais de 30 sabores diferentes. Então, era difícil para as mães escolher os sabores favoritos entre tantas opções expostas nas prateleiras do mercado. Empresas de alimentos e bebidas estão sempre atendendo ao apelo de desenvolver novos sabores e embalagens, mas Studzinski precisava resistir ao apelo. Ela diz: "As mães consideravam arriscado experimentar novos sabores."

Utilizando essas informações concretas sobre mães e filhos, a equipe convenceu grupos diferentes de pessoas na empresa inteira (desde a rede de fornecedores, a manufatura, até o setor financeiro) a simplificar a linha de produtos. Segundo Studzinski, eles fizeram uma "grande" economia de custos. Além disso, as mães ficaram mais satisfeitas, pois agora era mais fácil localizar os sabores favoritos da família nas prateleiras do mercado. O insight para simplificar a linha de produtos, junto com outros insights importantes sobre precificação e propaganda, levaram a uma revitalização da marca. No final do ano fiscal de 2005, foi detectado um aumento de 11% nas vendas da Hamburger Helper.

Studzinski diz: "Agora, quando preciso tomar uma decisão referente à marca, penso nas mulheres que visitei. Imagino o que elas fariam se estivessem em meu lugar. É impressionante como é útil pensar dessa forma."

A mesma filosofia também pode ser aplicada a idéias mais transcendentes. A Saddleback Church é uma congregação religiosa bem-sucedida em um subúrbio de Irvine, na Califórnia. Hoje ela possui mais de 50 mil membros. Com o passar dos anos, os líderes da igreja criaram uma descrição detalhada do tipo de pessoa que eles estão tentando trazer para a igreja. Eles chamam essa pessoa de "Saddleback Sam". Rick Warren, o ministro da Saddleback Church, descreve esse indivíduo:

> Saddleback Sam é um típico morador da região, que não pertence a uma congregação religiosa. Ele tem diploma universitário e talvez tenha uma especialização... Ele é casado com Saddleback Samantha e eles têm dois filhos, Steve e Sally.
>
> As pesquisas mostram que Sam gosta de seu trabalho, gosta do lugar onde mora, e acredita que aprecia mais a vida hoje do que há cinco anos. Ele se sente satisfeito, e até mesmo convencido, com sua posição atual na vida. Ele é um profissional, um gerente ou um empreendedor bem-sucedido.
>
> ...Outra característica importante de Sam é que ele é cético em relação ao que chama de religião "organizada". É provável que ele diga: "Acredito em Jesus. Apenas não gosto da religião organizada."

O perfil é, então, bem mais detalhado: as preferências de Sam e Samantha na cultura popular, suas preferências em eventos sociais, entre outras coisas.

Qual é a influência exercida por "Saddleback Sam" sobre líderes da igreja? Sam os força a colocar lentes diferentes para enxergar suas decisões. Digamos que alguém proponha uma campanha de telemarketing a membros da comunidade local. Parece que isso tem um grande potencial de atrair novas pessoas. Mas, devido à pesquisa, os líderes sabem que Sam detesta operadores de telemarketing; então, a idéia é descartada.

E pensar sobre Sam e Samantha Saddleback não é algo restrito a líderes da igreja. Há centenas de pequenos outros serviços na Saddleback Church: aulas de ensino fundamental, programações para o feriado do Dia das Mães, uma liga de basquetebol masculino. Esse trabalho é realizado por membros voluntários que não recebem uma orientação diária do staff contratado da igreja. Mas os diversos programas funcionam em conjunto, pois pessoas da igreja inteira sabem quem é seu público-alvo. Warren diz: "A maioria dos nossos membros consegue facilmente descrever Sam."

Ao tornar Sam e Samantha Saddleback uma presença concreta, real e manifesta nas mentes dos membros da Saddleback Church, a igreja conseguiu atrair 50 mil outros Sams e Samanthas.

Dentre os seis traços de fixação analisados neste livro, talvez a concretude seja o de mais fácil aceitação. Talvez também seja o traço mais eficaz.

É bem mais difícil ser simples, ou seja, encontrar nossa mensagem essencial. (O esforço vale a pena, mas não podemos nos enganar achando que isso é fácil.) A engenhosidade de apresentar nossas idéias de forma inesperada exige muito esforço e criatividade aplicada. Mas não é difícil ser concreto, e isso não exige um grande esforço. A única barreira é o esquecimento – acabamos nos esquecendo de tomar cuidado para não cair na abstração. Nos esquecemos de que as outras pessoas não sabem o que sabemos. Somos os engenheiros fazendo correções nos desenhos e projetos, sem perceber que os montadores simplesmente querem que vejamos de perto o que ocorre no chão-de-fábrica.

CAPÍTULO 4

CREDIBILIDADE

Em uma vida inteira, uma em cada dez pessoas desenvolverá algum tipo de úlcera. A úlcera duodenal, o tipo mais comum, quase nunca é fatal, mas é extremamente dolorosa. Por muito tempo, a causa das úlceras era um mistério. A crença dominante era a de que as úlceras se desenvolviam quando havia um excesso de ácido no estômago, que corroía as paredes do estômago. Acreditava-se que as causas desse ácido em excesso eram o estresse, alimentos condimentados ou o abuso no consumo de bebidas alcoólicas. Os tratamentos de úlcera tradicionalmente buscavam mitigar os sintomas dolorosos, pois não havia um método específico para "curar" uma úlcera.

No início da década de 1980, dois pesquisadores de medicina de Perth, na Austrália, fizeram uma impressionante descoberta: as úlceras são causadas por uma bactéria. Os pesquisadores, Barry Marshall e Robin Warren, identificaram um tipo de bactéria minúscula, em espiral, como o culpado. (Posteriormente, ela foi chamada de *Helicobacter pylori* ou *H. pylori*.) Essa descoberta teve enorme significado: se as úlceras eram causadas por uma bactéria, elas podiam ser *curadas*. Na verdade, elas poderiam ser curadas em uma questão de dias, por um tratamento simples com antibióticos.

Entretanto, isso não foi motivo de alegria para o mundo da medicina. Não houve comemoração especial para Marshall e Warren, que conseguiram melhorar o potencial de saúde de milhares de seres humanos e fizeram isso praticamente sozinhos. O motivo para tamanho descaso era simples: ninguém acreditava neles.

Havia vários problemas com a história da bactéria. O primeiro problema era o senso comum. O ácido no estômago é algo poderoso – é claro que ele pode corroer uma fatia espessa de carne e ele é (menos óbvio) forte o bastante para dissolver um prego. Era um exagero pensar que a bactéria poderia sobreviver em tal ambiente. Seria como encontrar um iglu em pleno deserto de Saara.

O segundo problema era a fonte. Na época da descoberta, Robin Warren fazia parte de um staff de patologistas em um hospital de Perth. Barry Marshall tinha 30 anos e estava fazendo residência no hospital; portanto, ele ainda não era um médico. A comunidade de medicina espera que PhDs, ou professores universitários, façam descobertas importantes em suas pesquisas acadêmicas, em centros médicos de excelência. Os residentes não curam doenças que afetam 10% da população mundial.

O último problema era a localização. Um pesquisador de medicina em Perth é como um físico de Mississippi. Ciência é sempre ciência; porém, em função do esnobismo humano básico, tendemos a pensar que a ciência possa ser gerada em alguns lugares, mas não em outros.

Nem os periódicos de medicina aceitavam o trabalho de pesquisa de Marshall e Warren. Quando Marshall apresentou suas descobertas em uma conferência profissional, os cientistas contiveram o riso. Um dos pesquisadores que assistiu a uma de suas apresentações comentou que ele "simplesmente não se comportava como um cientista".

Mas, sejamos justos com os céticos, pois eles tinham um argumento razoável: a evidência de Marshall e Warren se baseava na correlação, e não na causalidade. Quase todos os pacientes com úlcera pareciam ter *H. pylori*. Infelizmente, também havia pessoas com *H. pylori*, mas sem úlcera. E, para comprovar a causa, os pesquisadores não podiam medir várias pessoas inocentes infectadas por uma bactéria a fim de verificar se tinham úlceras.

Em 1984, Marshall perdeu a paciência. Certa manhã, ele saiu sem tomar o café-da-manhã e convocou uma reunião com seus colegas no laboratório. Aterrorizados, eles observavam Marshall beber o líquido de um copo com cerca de 1 bilhão de *H. pylori*. Ele disse: "Isso tinha gosto de água de pântano."

Após alguns dias, Marshall começou a sentir dor, náusea e a vomitar – sintomas típicos de gastrite, o estágio inicial de uma úlcera. Utilizando um endoscópio, seus colegas descobriram que o revestimento do estômago, antes rosa e saudável, agora estava vermelho e inflamado. Como um mágico, Marshall conseguiu se curar tomando uma série de antibióticos e bismuto. (O ingrediente ativo no Pepto-Bismol.)

Mesmo após essa dramática demonstração, a batalha ainda não havia chegado ao fim. Outros cientistas contestaram a demonstração. Eles alegaram que Marshall havia conseguido se curar antes de ter desenvolvido uma úlcera, portanto, talvez ele estivesse apenas apresentando sintomas de úlcera, e não uma úlcera propriamente dita. Mas a demonstração de Marshall foi como uma dose extra de entusiasmo para os defensores da teoria da bactéria. E as pesquisas subseqüentes apresentaram cada vez mais evidências a seu favor.

Em 1994, dez anos depois, o National Institutes of Health finalmente aprovou a idéia de que os antibióticos eram o tratamento preferencial para úlceras. A pesquisa de Marshall e Warren contribuiu para um tema importante na medicina moderna: bactérias e vírus causam mais doenças do que poderíamos imaginar. Agora, sabe-se que o câncer cervical é causado pelo papilomavírus humano (HPV) contagioso. Determinados tipos de doenças do coração foram associados ao citomegalovírus (CMV), um vírus comum que infecta aproximadamente dois terços da população.

No final de 2005, Marshall e Warren receberam o Prêmio Nobel de Medicina por seu trabalho. Esses dois homens tiveram um insight brilhante, digno de um Nobel, que mudou o mundo. Então, por que Marshall precisou se envenenar para que as pessoas acreditassem nele?

Encontrando credibilidade

Coloquemos a questão nos termos mais amplos possíveis: O que leva as pessoas a acreditar em idéias? Como isso funciona para uma pergunta ambiciosa? Comecemos pelas respostas óbvias. Acreditamos porque nossos pais ou nossos amigos acreditam. Acreditamos porque nossas experiências nos levaram às nossas crenças. Acreditamos em função de nossa fé religiosa. Acreditamos porque confiamos nas autoridades.

Essas forças são poderosas: família, experiência pessoal, fé. E, reconhecidamente, não temos controle sobre a forma como essas forças afetam as pessoas. Não podemos conduzir nossos memorandos por intermédio das mães das pessoas para adicionar credibilidade. Não podemos criar uma apresentação em PowerPoint que anule as crenças essenciais das pessoas.

Se tentarmos convencer um público cético a acreditar em uma nova mensagem, a realidade é que estaremos travando uma batalha sem fim contra a aprendizagem pessoal e os relacionamentos sociais conquistados ao longo de uma vida. Pode parecer que não há mais nada a ser feito para interferir na crença das pessoas, mas, se somos céticos em relação à nossa capacidade de afetar a crença, basta olhar para idéias que naturalmente colam, pois algumas delas nos convencem a acreditar em coisas bem inacreditáveis.

Por volta de 1999, uma mensagem de e-mail foi espalhada pela Internet, encaminhada de uma pessoa para a outra, afirmando que remessas de bananas da Costa Rica estavam infectadas com fasciíte necrosante, também conhecida como bactéria comedora de carne. As pessoas foram alertadas a não comprar bananas nas três semanas seguintes, e orientadas a PROCURAR AJUDA MÉDICA!!! caso desenvolvessem alguma erupção cutânea após comer banana. O e-mail também advertia: "A infecção cutânea resultante da fasciíte necrosante é muito dolorosa e destrói de 2cm a 3cm de carne por hora. Ela certamente leva à amputação e possivelmente à morte." Alegava-se que a Food and Drug Administration (FDA) estava relutante em fazer um alerta geral, pois temia um pânico nacional. (Alguém poderia pensar que o desaparecimento de centímetros de carne fosse suficiente para causar pânico, mesmo na ausência de resposta da FDA.) Essa mensagem surpreendente foi atribuída ao Manheim Research Institute.

Em parte, o que levou esse boato estranho a se espalhar foi seu ar de autoridade. Ele circulou pelo *Manheim Research Institute*! E a *Food and Drug Administration* estava ciente do problema! Acredita-se que o Manheim Research Institute e a FDA estimulam a credibilidade. Sua autoridade nos faz pensar duas vezes sobre o que poderiam ser declarações quase inacreditáveis: a fasciíte necrosante consome 3cm de carne por hora? Se isso é verdade, por que isso não apareceu nos jornais?

É claro que alguém percebeu que o boato poderia ter maior credibilidade. Versões posteriores acrescentaram: "Esta mensagem foi verificada pelos Centers for Disease Control." Se o boato circulasse por bastante tempo, sem dúvida ele acabaria sendo "aprovado pelo Dalai Lama" e "totalmente recomendado pelo Conselho de Segurança".

Como o caso das bananas contaminadas mostra, as autoridades são fonte confiável de credibilidade para nossas idéias. Quando pensamos em autoridades que podem adicionar credibilidade, tendemos a pensar em dois tipos de pessoas. O primeiro tipo é o especialista – o tipo de pessoa cuja parede está repleta de credenciais emolduradas: Oliver Sachs, pela neurociência; Alan Greenspan, pela economia ou Stephen Hawking, pela física.

Celebridades e outras personalidades ambiciosas constituem a segunda classe de "autoridades". Que importância tem o fato de Michael Jordan gostar do McDonald's? Certamente, ele não é um nutricionista certificado ou um gourmet de padrão internacional. Isso tem importância, pois queremos ser como Mike e, portanto, se Mike gosta do McDonald's, nós também. Se Oprah gosta de um livro, isso desperta interesse maior das pessoas por esse livro. Confiamos nas recomendações dessas pessoas, pois gostaríamos de ser como elas.

Se você pode contar com o aval de Stephen Hawking ou de Michael Jordan, renomados especialistas ou celebridades, pule esta parte do capítulo. Mas a quem nós, pessoas comuns, podemos recorrer? É possível encontrar fontes externas de credibilidade que não envolvem celebridades nem especialistas?

Surpreendentemente, a resposta é sim. Podemos ativar a credibilidade de antiautoridades. Uma mulher chamada Pam Laffin era um exemplo de antiautoridade.

Pam Laffin, a antiautoridade

Pam Laffin era a estrela de uma série de propagandas de televisão antitabagismo que eram transmitidas na metade da década de 1990. Laffin não é uma celebridade nem especialista em saúde. Ela é uma fumante.

Na época, Laffin tinha 29 anos e era mãe de dois filhos. Ela começou a fumar aos 10 e desenvolveu enfisema aos 24 anos. Ela foi submetida a um transplante devido à falência pulmonar.

Greg Connolly, o diretor de controle de tabaco do Massachusetts Department of Public Health (MDPH), era responsável pela criação de uma campanha de utilidade pública contra o fumo. Ele ficou sabendo da história de Pam Laffin e pediu a ela para compartilhar sua história com o público. Ela concordou.

Connolly disse: "O que aprendemos com campanhas anteriores foi que contar histórias utilizando pessoas reais é a forma mais convincente." O

MDPH filmou uma série de cenas de 30 segundos, transmitidas nos intervalos de seriados como *Ally McBeal* e *Dawson's Creek*. As cenas eram brutais. Elas mostravam Laffin batalhando para sobreviver lentamente, sufocada devido à falência dos pulmões. O público a acompanhou em uma broncoscopia invasiva – um procedimento em que um tubo com uma câmera na ponta é inserido pela boca e empurrado até os pulmões. As cenas mostravam as enormes cicatrizes da cirurgia em suas costas.

Em outra cena, em que aparecem fotos de Laffin quando criança e quando adulta, ela fala sobre como o enfisema a deixou com o "rosto inchado" e "uma protuberância no pescoço". Ela disse: "Comecei a fumar para parecer mais velha e, com tristeza, posso dizer que funcionou."

Era difícil assistir àquelas cenas, em total contraste com o clima leve, típico de novelas, encontrado em seriados como *Dawson's Creek*. Connolly disse: "Não temos atração por cenas chocantes com fumantes logo pela manhã."

Laffin se tornou a heroína do movimento antitabagista. Ela foi tema de um documentário da MTV. O Centers for Disease Control apresenta sua história em uma campanha antitabagismo da Web e um vídeo educativo de 20 minutos intitulado *I Can't Breathe* (Não consigo respirar).

Ela faleceu em novembro de 2000, aos 31 anos, três semanas antes da data programada para o segundo transplante de pulmão.

Após escutar a história de Laffin, provavelmente você não se surpreenderá com a notícia de que ela foi uma interlocutora eficaz. Sem dúvida, ela sabia do que estava falando, por experiência própria. Ela tinha uma história poderosa para contar.

Outro exemplo de se alcançar credibilidade por intermédio de antiautoridades é o da Doe Fund, de Nova York, uma organização que atua em favor dos sem-teto (John Does, nos Estados Unidos) e os transforma em cidadãos produtivos por meio de aconselhamento, reabilitação de drogados e, o mais importante, treinamento profissional. Há alguns anos, alguns representantes de uma empresa de grande porte (patrocinadores financeiros em potencial) marcaram uma visita aos escritórios da Doe Fund. A Doe Fund enviou um motorista, Dennis, para pegá-los e conduzi-los ao escritório central.

Dennis era um sem-teto antes de pedir ajuda ao Doe Fund. Durante os 40 minutos da viagem de carro, Dennis compartilhou sua história. Um dos representantes da empresa comentou: "Não estávamos apenas sentados, ouvindo vários diretores se vangloriando da eficácia de seus serviços; Dennis foi o melhor embaixador que a Doe Fund poderia ter fornecido – ele era uma prova viva." A Doe Fund também utiliza esse princípio internamente. Todo sem-teto que entra no programa é associado a um mentor que, dois anos antes, estava naquela mesma situação.

Convém lembrar que não era *óbvio* que Laffin ou Dennis seriam autoridades eficazes. Trinta anos atrás, uma campanha antitabagismo como a de Laffin provavelmente não teria ocorrido. Em vez disso, o cirurgião-geral teria apresentado uma palestra séria sobre os perigos do fumo. Ou Burt Reynolds teria enaltecido as virtudes de uma vida livre do fumo.

Um cidadão do mundo moderno, constantemente cercado de mensagens, aprende a desenvolver o ceticismo em relação às *fontes* dessas mensagens. Quem está por trás dessas mensagens? Devo confiar neles? O que eles têm a ganhar se eu acreditar neles?

Um comercial que afirma que um novo xampu devolve a vitalidade e o brilho de seu cabelo tem menos credibilidade do que ouvir sua melhor amiga falar com entusiasmo sobre um novo xampu que revitalizou seu cabelo. Por quê? Simplesmente porque a empresa quer vender o xampu para você. Sua amiga não tem esse objetivo; então, você pode confiar mais no que ela diz. Fica a mensagem de que a *honestidade* e a *credibilidade* de nossas fontes, e não seu *status*, permitem que elas atuem como autoridades. Às vezes, antiautoridades são até melhores do que autoridades.

O poder dos detalhes

Nem sempre temos uma autoridade externa para validar nossa mensagem; quase sempre, nossas mensagens precisam validadas por nós mesmos. Elas precisam ter "credibilidade interna". É claro que a credibilidade interna costuma depender do assunto abordado. Uma prova matemática confiável é diferente de uma crítica de cinema confiável. Mas, por incrível que pareça, há alguns princípios gerais para se estabelecer a credibilidade interna. Para verificar esses princípios na prática, podemos retomar as lendas urbanas.

A Morte do Namorado é uma lenda urbana famosa, que começa com um casal saindo para um encontro no carro do rapaz. A gasolina do carro acaba debaixo de uma árvore, em uma rua deserta. A garota suspeita que o rapaz esteja fingindo para poder ter uma relação amorosa com ela, mas logo percebe que eles realmente estão parados. O namorado decide andar até a casa mais próxima para pedir ajuda e a garota fica esperando ele voltar. Ele demora (parece que já se passaram horas) e a garota fica assustada com o barulho de algo arranhando o teto do carro, possivelmente um galho baixo de árvore que se arrasta sobre o teto. Após várias horas aguardando ansiosa, a garota decide sair do carro e descobre (ouça a música de terror!) que seu namorado, assassinado, está pendurado na árvore acima do carro. Seus pés se arrastam sobre o teto do carro à medida que seu corpo balança com o vento.

Quando as pessoas passam adiante esse boato, elas sempre acrescentam alguns detalhes. A história sempre se passa em um local específico, que varia de acordo com a parte do país onde é contada: "Isso aconteceu próximo à Farm Road 121"; "Isso aconteceu no alto daquele penhasco, sobre o Lake Travis". Um especialista em lendas populares, Jan Brunvand, diz que estas "adquirem boa parte da credibilidade e do efeito graças aos detalhes de cada local".

O nível de conhecimento de detalhes de uma pessoa costuma ser um bom parâmetro para sua expertise. Pense em como um aficionado por história pode rapidamente estabelecer sua credibilidade ao contar uma história interessante sobre a Guerra Civil. Mas idéias concretas não apenas dão credibilidade às *autoridades* que as fornecem, mas também dão credibilidade à própria idéia. A história da Guerra Civil, com vários detalhes interessantes, contada por *qualquer pessoa*, sempre será confiável. Ao apresentar uma alegação tangível e concreta, detalhes a tornam ainda mais real, mais crível.

Jurados e a escova de dentes Darth Vader

Em 1986, Jonathan Shedler e Melvin Manis, pesquisadores da University of Michigan, inventaram uma experiência para simular um julgamento. Os sujeitos faziam o papel de jurados e recebiam o termo de um julgamento (fictício) para ler. Os jurados eram solicitados a avaliar o mérito de uma mãe, a Sra. Johnson, e decidir se seu filho de 7 anos deveria continuar sob sua custódia.

O termo foi construído visando a um julgamento cuidadoso e equilibrado: havia oito argumentos contra a Sra. Johnson e oito argumentos a seu favor. Todos os jurados ouviram os mesmos argumentos. A única diferença era o *nível de detalhes* nesses argumentos. Em um grupo experimental, todos os argumentos a favor da Sra. Johnson tinham algum detalhe claro, enquanto os argumentos contra ela não tinham detalhes adicionais; eles eram deficientes para fins de comparação. O outro grupo ouviu a combinação contrária de detalhes.

Por exemplo, um argumento a favor da Sra. Johnson dizia: "A Sra. Johnson verifica se seu filho toma banho e escova os dentes antes de dormir." De forma clara, o argumento adicionou um detalhe: "Ele utiliza uma escova de dentes de *Guerra nas Estrelas* que se parece com Darth Vader."

Um dos argumentos contra a Sra. Johnson era: "A criança foi para a escola com um machucado no braço, que a Sra. Johnson não limpou devidamente. A enfermeira da escola precisou limpar o ferimento." A forma clara adicionou o detalhe que, ao limpar o ferimento, a enfermeira derramou mercurocromo no próprio uniforme, o qual ficou manchado de vermelho.

Os pesquisadores testaram cuidadosamente os argumentos com e sem detalhes claros para garantir que eles fossem avaliados com o mesmo nível de importância – os detalhes deveriam ser irrelevantes no julgamento do mérito da Sra. Johnson. O importante era que a Sra. Johnson não cuidou do braço ferido de seu filho; não importava se o uniforme da enfermeira havia ficado manchado nesse processo.

Mas, mesmo sabendo que os detalhes deveriam ser desconsiderados, os jurados os levaram em conta. Observou-se que 5,8 em 10 jurados que ouviram os argumentos favoráveis, com detalhes claros, julgaram que a Sra. Johnson era o parente mais adequado para a custódia, enquanto 4,3 em 10 jurados que ouviram os argumentos desfavoráveis, com detalhes claros, deram o mesmo parecer. O detalhes tiveram grande impacto.

Talvez possamos nos conformar ao pensar que a troca poderia ter sido pior. (Se a adequação da mãe tivesse caído de oito para dois, talvez precisássemos nos preocupar um pouco mais com nosso sistema de julgamento.) Mas os jurados fizeram julgamentos diferentes, com base em detalhes claros *irrelevantes*. Então, por que os detalhes fizeram diferença? Eles aumentaram a credibilidade do argumento. Se consigo visualizar mentalmente a escova de dentes Darth Vader, fica mais fácil eu imaginar o garoto escovando os dentes cuidadosamente no banheiro, o que, por sua vez, reforça a noção de que a Sra. Johnson é uma boa mãe.

O que devemos aprender com lendas urbanas e com o julgamento da Sra. Johnson? Detalhes claros aumentam a credibilidade. Mas deve-se acrescentar que precisamos saber aproveitar a verdade, os detalhes essenciais.

Precisamos identificar detalhes tão convincentes e humanos quanto a "escova de dentes Darth Vader"; porém, mais significativos – detalhes que simbolizem e sustentem nossa idéia essencial.

Em 2004, dois professores da Stanford Business School apresentaram um workshop com organizações de artes em Washington, D.C. Um dos exercícios visava levar os líderes de artes a se concentrarem nos princípios duradouros de suas organizações, os princípios que eles não comprometeriam em nenhuma circunstância. Uma das organizações presentes no workshop era a Liz Lerman Dance Exchange (LLDE), "uma companhia de dançarinos que cria, atua, ensina e incentiva pessoas a criar arte". No workshop, os líderes da LLDE sustentaram que um de seus valores essenciais era a "diversidade".

Um dos professores, suspeitando que isso fosse exagero, fez um comentário: "Tem certeza? Todos afirmam que valorizam a diversidade, mas vocês são uma companhia de dança. Provavelmente, a maioria de seus dançarinos deve ter uns 25 anos. E todos devem ser magros e altos. Talvez alguns deles sejam de outra raça, mas vocês chamam isso de diversidade?" Outras pessoas da platéia, que não conheciam a LLDE, balançaram a cabeça como se estivessem concordando com essa resposta cética.

Peter DiMuro, o diretor artístico da LLDE, respondeu com um exemplo. Ele disse: "Na verdade, o membro mais antigo de nossa companhia é um homem de 73 anos, chamado Thomas Dwyer. Ele chegou à LLDE após ter trabalhado muito tempo para o governo norte-americano. Quando se aposentou, em 1988, não tinha experiência anterior em dança. Ele já está na LLDE há 17 anos."

Esse detalhe, ou seja, o fato de Thomas Dwyer ter 73 anos, silenciou o ceticismo na sala. Os professores vivenciaram um raro momento de completo silêncio.

E há um bom motivo para DiMuro ter conseguido responder tão rápido, com um exemplo claro. É que a diversidade *realmente é* valor essencial na LLDE. Ela faz parte do DNA organizacional da LLDE.

Em 2002, Liz Lerman ganhou o prêmio MacArthur por seu trabalho de criação da dança moderna envolvendo comunidades de todas as partes dos Estados Unidos. Em um projeto de dança chamado Hallelujah/U.S.A., Lerman visitou comunidades do país inteiro e perguntou aos moradores o que lhes dava um senso de gratidão. Depois, ela coreografou danças com base nesses temas dignos de elogio. As apresentações finais incluíram membros da comunidade local: dançarinas adolescentes Hmong, em Mineápolis; proprietários de um cão border collie, na Virgínia; e um grupo de seis senhoras que jogavam baralho, de Burlington, Vermont, que só perderam duas partidas de carteado, em quarenta anos.

Agora, façamos um breve comentário sobre os céticos, para quem uma apresentação de dança parece ser o mesmo que dizer que a pessoa será queimada viva: independentemente de seu desejo ou não de passar os fins de semana assistindo aos rodopios dos proprietários do border collie, você tem que admitir que a LLDE é diversificada. Trata-se de uma diversidade real, e não de um boato.

O exemplo de Thomas Dwyer (ex-funcionário federal de 73 anos) é um símbolo concreto e claro de um valor essencial da organização. Ele é um símbolo para todos que apóiam a LLDE e para os próprios dançarinos. Ninguém quer participar de um "projeto de dança" e ser o único cara careca, de meia-idade em um palco cheio de gente jovem. A afirmação da LLDE de que a diversidade era um valor essencial ganhou credibilidade a partir dos detalhes do exemplo de Dwyer, e não de uma fonte externa.

Além da guerra

A utilização de detalhes claros é uma forma de criar credibilidade interna, trazer fontes de credibilidade para a idéia. Outra forma é utilizar estatísticas. Desde os tempos de escola, fomos ensinados a sustentar nossos argumentos com evidência estatística. Mas a estatística tende a ser usada apenas para chamar a atenção. Como podemos utilizá-la e continuar envolvendo nosso público?

Geoff Ainscow e outros líderes do movimento Beyond War (Além da guerra), na década de 1980, estavam determinados a encontrar uma forma de resolver o seguinte paradoxo: quando vemos uma criança correndo com uma tesoura nas mãos, estremecemos. Gritamos para detê-la. Mas, quando lemos artigos de jornais sobre armas nucleares (que têm o poder de destruir milhões de crianças), isso provoca, no máximo, alguns instantes de perplexidade.

O movimento Beyond War foi iniciado por um grupo de cidadãos que ficaram alarmados com a corrida armamentista entre os Estados Unidos e a União Soviética. Naquele momento, os arsenais nucleares soviéticos e norte-americanos eram suficientes para destruir o mundo diversas vezes. Os participantes do Beyond War bateram nas portas dos vizinhos, esperando estimular uma reação pública contra a corrida armamentista. Eles se esforçavam para dar credibilidade à sua crença de que a corrida armamentista estava fora de controle. Como deixar claro para as pessoas que as armas nucleares representam uma ameaça de destruição mundial? Isso é tão intangível, tão invisível. E parece inadequado contar histórias ou fornecer detalhes: para lidar com a corrida armamentista nuclear, *precisamos* saber lidar com sua escala. E a escala se baseia em números.

O Beyond War organizava "festas caseiras", em que uma família anfitriã convidava um grupo de amigos e vizinhos, além de um representante do Beyond War, que conversaria com eles. Ainscow relembra uma demonstração simples que o grupo utilizava em suas apresentações. Ele sempre carregava um cesto metálico para as reuniões. No momento oportuno, durante a apresentação, ele sacava uma pequena esfera de chumbo de seu bolso e a deixava cair dentro do cesto vazio. A esfera de chumbo fazia enorme barulho ao se chocar contra o cesto e, depois, ricocheteava até parar. Ainscow dizia: "Esta é a bomba de Hiroshima." Em seguida, ele passava alguns minutos descrevendo a devastação da bomba de Hiroshima – os quilômetros de edifícios destruídos, as centenas de milhares de pessoas mortas, uma quantidade ainda maior de pessoas com queimaduras ou outros problemas de saúde de longo prazo.

Em seguida, ele deixava 10 esferas de chumbo caírem no cesto. O barulho era mais forte e mais caótico. Ele dizia: "Esse é o poder de fogo dos mísseis sobre *um* submarino nuclear norte-americano ou russo."

Finalmente, ele pedia aos participantes que fechassem os olhos. E dizia: "Este é o arsenal atual de armas nucleares do mundo." Depois, jogava 5 mil esferas de metal no cesto (uma para cada ogiva nuclear existente no mundo). O barulho era impressionante, até mesmo assustador. Ainscow disse: "O barulho infernal das esferas de chumbo continuava. Depois, havia sempre um silêncio total."

Essa abordagem é uma forma criativa de representar uma estatística. Vejamos como isso funciona. Primeiro, o Beyond War tinha uma crença fundamental: "O público precisa acordar e fazer alguma coisa a respeito da corrida armamentista." Segundo, membros do grupo determinavam o que era inesperado sobre a mensagem: todos sabiam que o arsenal nuclear mundial havia crescido desde a Segunda Guerra Mundial, mas ninguém percebia a *escala* do crescimento. Terceiro, eles tinham uma estatística para levar outros a acreditarem em sua crença – a crença de que havia 5 mil ogivas nucleares no mundo, quando uma única delas bastaria para dizimar uma cidade inteira. O jeito era tornar esse número elevado significativo.

O toque final foi a demonstração – o cesto e as esferas de chumbo, que atribuíam uma dimensão sensorial a um conceito abstrato. Além disso, a demonstração foi escolhida cuidadosamente – esferas de metal são armas e o som delas ao tocar o cesto é assustador.

Observe algo que talvez seja inesperado: a estatística não colou. E seria impossível colar. Dentre aqueles que viram a demonstração, quem seria capaz de se lembrar, uma semana depois, de que havia 5 mil ogivas nucleares no mundo?

O que colou foi a consciência visceral, repentina, de um perigo iminente – o incrível aumento no arsenal mundial comparado à quantidade limitada de aparatos atômicos da Segunda Guerra Mundial. O fato de haver 4.135 ou 9.437 ogivas nucleares era irrelevante. O essencial era alertar as pessoas para o fato de que *este era um problema que já estava fora de controle*.

Esta é a coisa mais importante a ser lembrada sobre a utilização de estatísticas com eficácia. As estatísticas raramente são significativas por si mesmas. Quase sempre, elas são, e devem ser, utilizadas para ilustrar um *relacionamento*. É mais importante para as pessoas recordar o relacionamento do que o número.

O princípio da escala humana

Outra forma de trazer a estatística para a realidade é por meio de sua contextualização em termos que são mais humanos, mais comuns. Como exemplo científico, compare estas duas declarações:

1. Cientistas registraram recentemente uma importante restrição física a uma extraordinária precisão. Para colocar a precisão em perspectiva, imagine que uma pedra é lançada do Sol à Terra e atinge o alvo em um terço de uma milha do ponto morto.
2. Cientistas registraram recentemente uma importante restrição física a uma extraordinária precisão. Para colocar a precisão em perspectiva, imagine que uma pedra é lançada de Nova York a Los Angeles e atinge o alvo em dois terços de uma polegada do ponto morto.

Qual das duas declarações parece mais precisa?

Como deve ter observado, os níveis de precisão nas duas perguntas são exatamente os mesmos, mas quando grupos diferentes avaliaram as duas declarações, 58% dos respondentes classificaram a estatística sobre o lançamento do

Sol à Terra como "muito impressionante". Isso pulou para 83% na estatística sobre o lançamento de Nova York a Los Angeles. Não temos experiência humana, nem intuição, sobre a distância entre o Sol e a Terra. A distância entre Nova York e Los Angeles é muito mais tangível. (Apesar, contudo, de ainda estar longe de ser tangível. O problema é que, se você tornar a distância mais tangível – como um campo de futebol – a precisão se tornará intangível. Não ajuda muito "arremessar uma pedra na distância de um campo de futebol, com uma precisão de 3,4 mícrons".)

Stephen Covey, no livro *O 8º Hábito*, descreve uma enquete com 23 mil empregados de várias empresas e indústrias. Ele relata as descobertas da enquete:

- Apenas 37% disseram que compreendem claramente o que a empresa está tentando alcançar e por quê.
- Apenas 1 em cada 5 está entusiasmado com as metas de sua equipe e da empresa.
- Apenas 1 em cada 5 disse que tem uma "linha de visão" clara entre suas tarefas e as metas de sua equipe e de sua empresa.
- Apenas 15% disseram que sua empresa realmente permite que eles executem as metas-chave.
- Apenas 20% confiaram totalmente na empresa para a qual trabalham.

Isso tudo é muito grave. E também muito abstrato. Provavelmente você evita esse tipo de estatística e pensa em algo como "Há muita insatisfação e confusão na maioria das empresas".

Mas Covey sobrepõe uma metáfora muito humana sobre as estatísticas. Ele diz: "Digamos que uma equipe de futebol tivesse esse mesmo tipo de resultado, sendo que apenas 4 dos 11 jogadores em campo soubessem qual era sua meta. Apenas 2 dos 11 se importassem com isso. Apenas 2 dos 11 soubessem em que posição jogam e exatamente o que devem fazer. E todos os jogadores, com exceção de 2, de alguma forma, estivessem competindo contra sua própria equipe, e não contra a equipe adversária."

A analogia do futebol gera um contexto humano para as estatísticas. Ela cria um senso de drama e um senso de movimento. É inevitável imaginar as ações dos dois jogadores tentando marcar um gol e encontrando a resistência do resto da equipe a cada movimento.

Por que a analogia funciona? Ela se baseia em nosso esquema de equipes de futebol e no fato de que esse esquema, de certa forma, é mais claro e bem definido do que nossos esquemas de organizações. Fica mais claro pensar na falta de cooperação em uma equipe de futebol, em que predomina o trabalho em equipe, do que em uma corporação. É exatamente esse ponto que Covil destaca: as empresas *deveriam* funcionar como equipes, mas não é isso que ocorre. A humanização das estatísticas fortalece o argumento.

Vejamos outro exemplo do princípio da escala humana em uma situação real: descobrir se vale a pena investir em determinado upgrade tecnológico. Isso ocorreu na Cisco, quando esta precisou decidir se deveria incluir uma rede sem fio para seus empregados. O custo de manutenção anual de uma rede sem fio foi estimado em $500 por empregado. Esse valor parece alto, comparado ao seguro dental ou oftalmológico para todos os empregados. Mas ele não é um *benefício*; trata-se de um *investimento*. Então, como calcular o valor de um investimento? Você precisa verificar se haverá retorno anual de $501 em valor agregado por empregado, após a implementação da rede.

Um empregado da Cisco descobriu uma forma melhor de pensar sobre o investimento: "Se você acredita que pode aumentar a produtividade de um empregado em 1 a 2 minutos por dia, o retorno sobre o investimento na rede sem fio é certo." Nessa escala, é muito mais fácil avaliar o investimento. Nossa intuição trabalha nessa escala. Podemos facilmente simular cenários em que empregados podem dedicar alguns minutos ao acesso à rede sem fio. Por exemplo, eles podem solicitar a alguém um documento esquecido durante uma reunião importante.

As estatísticas não são inerentemente úteis; são a escala e o contexto que as tornam úteis. Poucas pessoas conseguem intuir se a rede sem fio pode gerar a garantia de um retorno de $500 em valor marginal anual por empregado. A escala correta muda tudo. Já vimos que a Concretude permite que as pessoas apliquem seu conhecimento – lembra-se da simulação feita pela HP de uma família na Disney World? Da mesma forma, o princípio da escala humana nos permite aplicar nossa intuição para avaliar se podemos acreditar no conteúdo de uma mensagem.

As estatísticas são uma boa fonte de credibilidade interna quando são utilizadas para ilustrar relacionamentos. Na introdução deste livro, discutimos o exemplo da campanha da CSPI contra a pipoca de cinema carregada de gordura saturada. A estatística relevante era a de que um saco de pipocas médio tinha 37g de gordura saturada. E daí? Isso é bom ou ruim?

Art Silverman, da CSPI, sabiamente colocou o conteúdo de gordura saturada da pipoca em um contexto relevante para comparação. Ele disse que um saco de pipocas equivale a um dia inteiro de comida não-saudável. Silverman sabia que a maioria das pessoas ficaria espantada com essa descoberta.

E se Silverman tivesse sido desonesto? Ele poderia ter escolhido um alimento que sabemos que não é saudável, mas que contém um baixo teor de gordura saturada, como pirulitos. "Um saco de pipocas tem a gordura equivalente a 712 mil pirulitos!" (Ou um número infinito de pirulitos, pois eles não têm gordura.) Essa estatística é desonesta, pois obtém sua força de truques que envolvem diferentes sentidos de alimento não-saudável. Um executivo de cinema desonesto, por vingança, poderia ter mudado o domínio de comparação de gordura saturada para algum atributo positivo de milho: "Um saco de pipocas contém tanta Vitamina J quanto 32kg de brócolis!" (Essa fomos nós que inventamos.)

Essas são algumas das possibilidades que nos deixaram ansiosos para escrever sobre estatísticas. Especialmente na esfera política, saber lidar com estatísticas leva à conquista de empregos lucrativos por inúmeros *issue advocates*.* Pessoas modificadas eticamente, com enorme inteligência analítica, com dose suficiente de deformações, conseguem vencer qualquer caso com a ajuda de um conjunto de estatísticas.

É claro que precisamos nos lembrar de que é mais fácil mentir sem as estatísticas do que com elas. Dados impõem limites. A menos que as pessoas sejam antiéticas o suficiente para inventar dados, a realidade dos dados as restringe. Isso é bom, mas ainda dá margem a muitas interpretações.

E quanto a nós, que não somos conselheiros de imagem? O que fazer? Ainda ficaremos tentados a dar a melhor interpretação possível às nossas estatísticas. Todos nós fazemos isso. "Fiz 16 pontos no time de basquete da igreja hoje à noite!" (Informações ocultadas: 22 saques perdidos e derrota no jogo.) "Tenho 1,70m." (Informação ocultada: o salto de 7cm.) "A receita foi de 10% ao ano; então, acho que mereço um bônus." (Informação ocultada: houve queda nos lucros.)

**Nota da Tradutora*: A expressão *issue advocates* designa um tipo de advogado. A principal função do *issue advocate* é esclarecer um debate público e buscar mais compreensão da questão analisada.

Quando se trata de estatísticas, nosso melhor conselho é que você as utilize como entrada, e não como saída. Utilize-as para tomar uma decisão em relação a uma questão. Não siga o caminho inverso: tomar uma decisão primeiro e depois buscar números para sustentar sua escolha – isso é o mesmo que buscar tentação e problema. Mas se utilizarmos as estatísticas para tomar decisões, estaremos em ótima posição para compartilhar os números cruciais com outras pessoas, como fez Geoff Ainscow e o grupo que apoiava o Beyond War.

CLÍNICA

Lidando com a histeria do ataque do tubarão

A SITUAÇÃO: *Frequentemente, a mídia aborda a questão dos ataques de tubarão. Esses ataques, contudo, são extremamente raros e não variam muito de um ano para o outro. Então, por que eles consomem tanta mídia e atenção do público com isso. A resposta é que os ataques de tubarão geram histórias aterrorizantes, como a seguinte, do* The Oprah Winfrey Show:

> OPRAH: Bethany Hamilton adorava pegar ondas. Como surfava diariamente, desde os 8 anos, Bethany era um fenômeno, e as pessoas diziam que ela tinha água salgada correndo nas veias. Aos 13 anos, Bethany era uma pequena estrela no circuito de surfe e havia se tornado celebridade local, mas o que aconteceu em seguida levou Bethany a ser assunto de primeira capa no mundo inteiro.
>
> Era cedo pela manhã. Bethany estava no mar, deitada sobre a prancha, com seu braço balançando na água. De repente, um tubarão-tigre de 4,5m agarrou seu braço. Com violência, ele destruiu seu braço e o arrancou de seu pequeno corpo. Segundos depois, lá se foram o tubarão o braço inteiro de Bethany. E ela ficou sozinha sobre a prancha, cercada de água sangrenta.

Imagine que você foi forçado a combater essas histórias claras. Talvez você seja o diretor de publicidade da Save the Sharks Foundation, *ou talvez você esteja tentando convencer sua filha do ensino fundamental que não tem problema ir para a praia. Como fazer isso? A verdade está do seu lado, ou seja, os ataques são raros, mas isso não garante que as pessoas acreditarão em você. Então, que tipo de credibilidade aproveita para levar as pessoas a acreditar em você?*

MENSAGEM 1: Baseamos esta mensagem em estatísticas publicadas pelo Florida Museum of Natural History:

Você tem mais chances de se afogar em uma praia, em uma área protegida por um salva-vidas, do que de ser atacado por um tubarão, e muito menos morto por um. Nos Estados Unidos, em 2000, 12 pessoas morreram em áreas protegidas por salva-vidas. Não houve fatalidades causadas por tubarões (em um ano típico, há apenas 0,4 fatalidade).

COMENTÁRIOS SOBRE A MENSAGEM 1: Isso não é tão bom. Essa mensagem aproveita a credibilidade interna, ou seja, a credibilidade de estatísticas difíceis. Temos dois comentários: Primeiro, o afogamento não parece ser a comparação certa a se fazer, pois muitas pessoas podem pensar que o afogamento é uma causa de morte comum. "Afogamentos são mais comuns do que ataques de tubarões" não parece especialmente inesperado. (E talvez sejamos céticos demais, mas a presença do salva-vidas, que salvou a vida de uma estudante, nunca chamou tanto nossa atenção quanto uma garantia de segurança rígida.) Segundo, a comparação estatística (12 mortes *versus* 0,4) é boa, mas não é especialmente clara ou significativa em uma escala humana. É improvável que alguém se lembre desses números uma semana depois.

• • •

MENSAGEM 2: Esta mensagem também se baseia em estatísticas publicadas pelo Florida Museum of Natural History:

Qual destes animais tem maiores chances de matá-lo?

UM TUBARÃO UM CERVO

RESPOSTA: O cervo tem mais chances de matá-lo. Na verdade, ele tem *30 vezes* mais chances de matá-lo (em uma colisão com seu carro).

COMENTÁRIOS SOBRE A MENSAGEM 2: Gostamos da idéia inesperada de que Bambi é mais perigoso do que o terrível tubarão, além da estatística inesperada em dobro de que Bambi é mais perigoso em termos selvagens (*300 vezes mais mortal*!). A questão é tão absurda que chega a ser engraçada. E o humor é um bom antídoto para o medo gerado por histórias de ataque de tubarão. De certo modo, estamos combatendo associações emocionais com associações emocionais (ver próximo capítulo).

Essa mensagem aproveita a credibilidade interna com a estatística, mas ela também estabelece uma conexão com o público como fonte de credibilidade. O público sabe o quanto teme os cervos quando está dirigindo, ou seja, não tem muito medo. Poucos de nós têm medo de sair à noite por conta desses cervos que se movem rapidamente. (Isso é mais eficaz do que comparar ataques de tubarão ao afogamento. Afinal, quase todos nós temos um pouco de medo de se afogar.)

SCORECARD

Lista de verificação	*Mensagem 1*	*Mensagem*
Simplicidade	✓	✓
Surpresa	–	✓
Concretude	✓	✓
Credibilidade	✓	✓✓
Sentimentos	–	✓
Relatos	–	–

CLÍMAX: Quando utilizamos as estatísticas, quanto menos nos basearmos nos números reais, melhor. Os números nos informam sobre o relacionamento subjacente, mas há formas melhores de *ilustrar* o relacionamento subjacente do que utilizar os próprios números. A justaposição de cervo e tubarão é semelhante à utilização de esferas de chumbo em um cesto por Ainscow.

O teste Sinatra e a Safexpress

Vimos que podemos tornar nossas idéias mais críveis, por seu próprio mérito, utilizando detalhes convincentes ou estatísticas. Uma terceira forma de desenvolver credibilidade interna é utilizar um tipo específico de exemplo, que seja aprovado no que chamamos de Teste Sinatra.

Na famosa canção interpretada por Frank Sinatra *New York, New York*, ele fala sobre o início de uma nova vida na cidade de Nova York, e o refrão diz: "Se posso fazer isso aqui, posso fazer em qualquer lugar."* Dizemos que um exemplo passou no Teste Sinatra quando *um exemplo sozinho* é suficiente para estabelecer credibilidade em determinado domínio. Por exemplo, se você tem o contrato de seguro do Fort Knox, você está concorrendo a *qualquer* contrato de seguro (mesmo que não tenha outros clientes). Se você fornece serviço para a

*Nota da Editora: No original, *If I can make it there, I'll make it anywhere.*

Casa Branca, pode concorrer a qualquer contrato de serviço. É o Teste Sinatra: Se você pode fazer isso aqui, pode fazer em qualquer lugar.

A Safexpress, um negócio familiar com sede na Índia, utilizou o Teste Sinatra a seu favor. A Safexpress compete na área de negócios de remessa, onde a concorrência é agressiva. E, apesar de a concorrência ter levado a preços baixos, havia um impedimento: a maioria das firmas de remessa não garantiam entregas seguras e pontuais. Em algumas empresas, você não tinha nem a garantia de que as entregas seriam feitas.

Para se diferenciar da concorrência, a Safexpress garantiu aos clientes a segurança e a pontualidade nas entregas. Empresas multinacionais que operavam na Índia (empresas que estavam acostumadas com a confiabilidade da FedEx) utilizaram logo os serviços da Safexpress. Mas a Safexpress lutava para atrair negócios de empresas indianas que não estavam acostumadas a pagar taxas altas. Rubal Jain, membro da família que fundou a Safexpress, estava determinado a fazer incursões em empresas indianas.

Para fazer isso, Jain se concentrou na aquisição da conta do grande estúdio Bollywood. Quando Jain propôs que a Safexpress distribuísse os filmes do estúdio, a reação foi "Você está brincando?".

O ceticismo era previsível e plausível: a pirataria é uma grande preocupação na Índia, assim como no resto do mundo; então a distribuição é uma missão importante. Se os filmes "se perdem" no caminho, versões piratas surgem algumas semanas depois em qualquer esquina. O estúdio cinematográfico não podia correr esse tipo de risco.

Felizmente, Jain já tinha uma credencial poderosa. A Safexpress cuidou do lançamento do quinto livro *Harry Potter* – todos os livros *Potter* em todas as livrarias da Índia foram entregues pela Safexpress, uma entrega absurdamente complexa: todos os livros precisavam chegar nas lojas às 8:00h, no dia do lançamento. Não muito cedo, pois os proprietários de livrarias poderiam tentar vender os livros antes e o segredo iria pelos ares; não muito tarde, pois os proprietários de livrarias ficariam aborrecidos com a perda nas vendas. Além disso, os livros Potter precisavam das mesmas proteções contra pirataria que os filmes de estúdio – não poderia haver furos nesse processo.

E Jain tinha uma segunda história. Ele sabia, desde uma conversa anterior, que o executivo do estúdio Bollywood tinha um irmão que havia feito os exames de admissão na faculdade. Após contar a história de *Harry Potter*, Jain mencionou: "A propósito, também entregamos com segurança as provas do exame de seu irmão aos diretores e transportamos as folhas de respostas." A Safexpress cuida da distribuição de todos os exames centrais para ingresso no ensino médio e superior.

Dois meses depois, o negócio foi fechado.

As histórias de Jain passaram no Teste Sinatra. Jain poderia ter utilizado estatísticas em vez de histórias – "98,84% das entregas chegam com pontualidade". Ou ele poderia ter se baseado em uma fonte externa de credibilidade, como um testemunho do CEO de uma empresa multinacional: "Utilizamos a Safexpress para fazer todas as nossas entregas na Índia e podemos dizer que ela é um excelente provedor de serviços." Esses são dois exemplos de bons geradores de credibilidade. Mas há algo de *extraordinário* em ser a empresa que transporta testes de admissão e o último livro de *Harry Potter*. Seu poder se origina em sua concretude, e não em números ou autoridade. Essas histórias o levam a pensar: "Se a Safexpress pode fazer isso lá, ela pode fazer isso em qualquer lugar."

Tecidos comestíveis

Como um exemplo que associa as três fontes de "credibilidade interna" – detalhes, estatísticas e o Teste Sinatra – podemos citar o caso de Bill McDonough, um ambientalista que ficou conhecido por ajudar empresas a proteger o meio ambiente e os resultados financeiros.

A maioria dos executivos tende a ser cética e suspeita quando abordada por um ambientalista, mesmo que seja um ambientalista "com boa relação com os negócios", como McDonough. Para superar esse ceticismo, provando que pode haver consistência perfeita entre metas de negócios e metas ambientais, McDonough conta uma história que passa no Teste Sinatra.

Vejamos o que aconteceu. Em 1993, McDonough e um químico, Michael Braungart, foram contratados pela fabricante têxtil suíça Rohner Textil, que produz tecidos para cadeiras SteelCase. Eles tinham uma missão considerada impossível pela indústria têxtil: criar um processo de manufatura sem utilizar substâncias químicas tóxicas.

A manipulação de substâncias químicas de risco faz parte da rotina da indústria têxtil. A maioria das cores para tingimento contém elementos tóxicos. Na realidade, as sobras da fábrica da Rohner Textil (o tecido não utilizado nas cadeiras) continha tantas substâncias químicas questionáveis que o governo suíço classificou isso como resíduo de risco. Além disso, as sobras não podiam ser incineradas nem enterradas na Suíça (de acordo com os regulamentos do governo, elas precisavam ser exportadas). Assim, elas eram enviadas a países com regulamentos menos rígidos, como a Espanha. (Note o detalhe claro, concreto.) McDonough disse: "Se suas sobras são declaradas como resíduo de risco, mas você consegue vender o que está no meio, você não precisa ser um cientista espacial para saber que está vendendo um resíduo de risco."

Para resolver esse problema, ou seja, eliminar substâncias químicas tóxicas do processo de fabricação de móveis, McDonough precisava encontrar um parceiro da indústria química disposto a trabalhar com ele. Ele precisava fornecer à Rohner Textil uma fonte para substâncias químicas limpas, que se adequassem às necessidades de produção da empresa. Então, ele e Braungart começaram a abordar executivos da indústria química. Eles disseram: "Gostaríamos que todos os produtos no futuro fossem tão seguros quanto os medicamentos pediátricos. Gostaríamos de manter nossos bebês saudáveis, livres de uma possível doença provocada pela ingestão de alguma substância tóxica."

Eles pediram às fábricas de substâncias químicas para abrir seus livros e conversar sobre como essas substâncias eram fabricadas. McDonough disse às empresas: "Não digam que 'isso é patenteado e legal'. Se não soubermos o que é, não utilizaremos." Sessenta empresas químicas recusaram nosso pedido. Finalmente, o presidente de uma empresa, a Ciba-Geigy, aceitou nossa proposta.

McDonough e Braungart analisaram 8 mil substâncias químicas muito usadas na indústria têxtil. Eles mediram cada substância em relação a uma série de critérios de segurança. Dentre as substâncias químicas testadas, 7.962 foram reprovadas. Sobraram 38 substâncias químicas – mas essas 38 eram "sem risco se ingeridas", de acordo com McDonough. (Observe o detalhe concreto – "sem risco se ingeridas" – além de uma estatística que estabelece um relacionamento – um pequeno número de substâncias químicas atóxicas dentre um grande número de substâncias químicas tóxicas.)

Surpreendentemente, utilizando apenas essas 38 substâncias químicas, eles conseguiram criar uma linha completa de tecidos, contendo todas as cores, exceto o preto. O tecido escolhido era feito com materiais naturais – lã e uma fibra de planta chamada rami. Quando se iniciou o processo de produção, fiscais do governo suíço analisaram a água liberada pela fábrica a fim de garantir que as emissões de substâncias químicas estavam obedecendo às normas legais. McDonough diz: "A princípio, os fiscais pensaram que o equipamento estivesse com defeito." Os medidores não detectavam nada de errado na água.

Depois, os fiscais testaram o fluxo de água dentro da fábrica, ou seja, a água potável que sai das torneiras na Suíça, e descobriram que o equipamento estava em ordem. McDonough diz: "Durante o processo de produção, os tecidos filtravam ainda mais a água."

Além de ser mais seguro, o novo processo de McDonough também era mais barato. Houve redução de 20% nos custos de manufatura. As economias, em parte, resultaram da diminuição de aborrecimentos e gastos com a manipulação de substâncias químicas tóxicas. Trabalhadores não precisavam mais usar roupas com proteção. E os resíduos, em vez de serem enviados para a Espanha a fim de serem enterrados, eram convertidos em feltro, que era vendido a fazendeiros e jardineiros suíços para proteção das plantações.

Essa história é notável. Pense em todos os elementos memoráveis: A missão impossível. A eliminação de 8 mil substâncias químicas, com exceção de 38. A água da fábrica tão limpa que os fiscais pensaram que seus medidores estivessem quebrados. Os resíduos, que antes eram de risco, foram transformados em proteção para plantações. A idéia de que esses tecidos eram "sem risco se ingeridos". E o ótimo resultado dos negócios – trabalhadores com mais segurança e redução de 20% nos custos.

Se McDonough abordar qualquer negócio, em qualquer indústria, com uma sugestão de um processo mais favorável ao meio ambiente, essa história garantirá a ele enorme credibilidade. Isso facilmente comprova o Teste Sinatra.

Até aqui, falamos sobre a criação de credibilidade por meio de fontes externas – autoridades e antiautoridades. E também falamos sobre a criação de credibilidade por meio de fontes dentro da própria mensagem – utilização de detalhes, estatísticas e exemplos para aprovar o Teste Sinatra. Mas há uma fonte adicional de credibilidade que ainda não discutimos. E talvez ela seja a fonte mais poderosa de todas.

Onde está a carne?

Uma das campanhas publicitárias mais brilhantes da televisão foi lançada pelo Wendy's em 1984. O primeiro comercial começa com três senhoras em frente a um balcão. Em cima do balcão, há um hambúrguer no prato e elas estão olhando para ele, espantadas, devido a seu tamanho: quase 0,30cm de diâmetro.

A senhora à esquerda diz: "Que pão enorme!"

"Um pão *tão* grande", repete a senhora do meio.

"Um pão enorme e *macio*", diz a primeira senhora.

"Um pão *tão* grande e macio..."

Há uma pausa, pois a senhora do meio levanta a parte de cima do sanduíche e descobre um hambúrguer de carne torrado e fino, com um único pickles. O hambúrguer é mínimo comparado ao tamanho do pão.

Pela primeira vez, escutamos a voz da senhora à direita, representada por Clara Peller, de 80 anos. Ela olha sobre os óculos e diz, em tom rabugento: "Onde está a carne?"

O anunciante diz: "Algumas lanchonetes servem hambúrgueres com *menos* carne e mais pão..."

Peller: "Onde está a carne?"

Anunciante: "O Wendy's Single tem mais carne do que o Whopper ou o Big Mac. No Wendy's, você encontra mais carne e menos pão."

Peller: "Alguém pode me atender? Onde está a carne?" Ela olha atentamente sobre o balcão: "Acho que não tem ninguém para me atender."

Há muita coisa que nos leva a gostar desses comerciais. Eles são engraçados e bem produzidos. Clara Peller virou quase uma celebridade. O mais notável é que as propagandas destacaram uma grande vantagem dos hambúrgueres Wendy's: eles realmente tinham mais carne. Os anúncios eram um ótimo ponto de partida do kit de ferramentas do anunciante padrão, que tenta retratar emoções poderosas mas irrelevantes sobre mercadorias de consumo – por exemplo, associando o amor de uma mãe pelos filhos a determinada marca de amaciante de roupas. O Wendy's fez algo mais admirável: ele destacou uma vantagem genuína de seu produto e a apresentou de forma agradável.

Os anúncios tiveram grande impacto. De acordo com enquetes realizadas pelo Wendy's, o número de clientes que acreditavam que o Wendy's Single era maior do que o Whopper e o Big Mac aumentou em 47% nos dois meses após o lançamento do comercial. No primeiro ano após o anúncio ter ido ao ar, as receitas do Wendy's aumentaram em 31%.

O Wendy's alegava que seus hambúrgueres realmente tinham mais carne. Essa informação provavelmente não era algo que chamaria a atenção da maioria das pessoas. Certamente, isso não era um senso comum na época. Então, como o Wendy's conseguiu dar credibilidade a essa afirmação?

Observe que está ocorrendo algo diferente. Essa mensagem não leva à credibilidade externa – o Wendy's não convidou Larry Bird para se pesar após comer hambúrgueres de diferentes tamanhos. (Nem utilizou uma antiautoridade, como uma pessoa obesa, que sempre consome hambúrgueres.) Ela também não leva à credibilidade interna, citando uma estatística como "11% a mais de carne!". Em vez disso, os comerciais desenvolveram uma fonte totalmente nova de credibilidade: o público. O Wendy's terceirizou sua credibilidade a seus clientes.

Esses pontos implicitamente desafiaram os clientes a verificar as afirmações do Wendy's: *Veja por si mesmo – compare nossos hambúrgueres com os do McDonald's. Você perceberá a diferença no tamanho!* Para utilizar linguagem científica, o Wendy's fez uma afirmação com possibilidade de ser falsa. Qualquer cliente com uma régua e uma balança poderia ter verificado que essa afirmação era verdadeira. (Embora a vantagem do Wendy's não fosse real o suficiente para que nosso globo ocular pudesse validar a diferença.)

Esse desafio (ou seja, pedir para clientes testarem uma afirmação por si mesmos) é uma "credencial testável". Credenciais testáveis podem permitir um grande aumento na credibilidade, pois essencialmente permitem que membros do público "testem antes de comprar".

Credenciais testáveis

Credenciais testáveis possuem o histórico colorido das lendas urbanas. Na década de 1990, a Snapple se empenhou em derrubar boatos de que apoiava a Ku Klux Klan. Divulgadores de boatos pensavam que tinham alguma "evidência" do seu lado: "Verifique qualquer garrafa de Snapple – há um desenho de um navio de escravos no rótulo!" Os céticos foram incentivados a procurar o estranho símbolo de um *K* dentro de um círculo – supostamente, a evidência da propriedade de Klan.

Certamente, os rótulos da Snapple *tinham* a figura de um navio e um *K* dentro de um círculo. Apenas isso não tinha nada a ver com o Klan. O navio foi extraído de uma gravura do Boston Tea Party. O *K* dentro de um círculo era um símbolo de "kosher". Mas algumas pessoas desinformadas viram esses símbolos e acreditaram nos boatos.

Observe que o boato da Snapple oferece um tipo de versão *bait-and-switch* (propaganda enganosa usada como chamariz) de "Onde está a carne?". O Wendy's diz: "Veja você mesmo – nossos hambúrgueres têm mais carne." Os divulgadores de boatos dizem: "Veja você mesmo – há um *K* dentro de um círculo. Então, a Snapple apóia a Ku Klux Klan." A validade da afirmação veja por si mesmo leva algumas pessoas a acreditar, ilogicamente, na conclusão dos divulgadores de boatos. É assim que credenciais testáveis podem sair como um tiro pela culatra – a etapa "veja por si mesmo" pode ser válida, enquanto a conclusão resultante pode ser totalmente inválida.

Credenciais testáveis são úteis em diversos domínios. Por exemplo, analise a famosa pergunta: "Você está melhor agora do que há quatro anos?", feita por Ronald Reagan para o público, no debate presidencial de 1980 com Jimmy Carter. Reagan poderia ter se concentrado em estatísticas – a alta taxa de inflação, o desemprego, a elevação nas taxas de juros. Em vez de vender seu caso, ele deixou essa tarefa por conta do público.

Outro exemplo de credenciais testáveis é fornecido por Jim Thompson, o fundador da Positive Coaching Alliance (PCA). A missão da PCA é frisar que os esportes juvenis não devem destacar a importância de ganhar a qualquer preço. Eles devem salientar a importância de se aprender lições de vida.

A PCA faz seminários de coaching positivo para ténicos de esportes juvenis. Nos seminários, os orientadores utilizam a analogia de um "Tanque Emocional" para levar os técnicos a refletirem sobre a dose certa de orgulho, apoio e feedback crítico. "O Tanque Emocional é como o tanque de gasolina de um automóvel. Quando o tanque de seu carro está vazio, você não consegue ir muito longe. Quando seu Tanque Emocional está vazio, você não consegue o melhor desempenho."

Após apresentar a analogia do Tanque Emocional, os orientadores iniciam um exercício. Primeiro, eles pedem aos técnicos que imaginem que a pessoa ao lado acaba de errar um passe importante no jogo. Os técnicos são desafiados a dizer algo à pessoa para *esgotar* seu Tanque Emocional. Como os rebaixamentos são prática comum em muitas interações esportivas, as pessoas reagem com visível entusiasmo a esse exercício. Thompson diz: "Ouve-se muitas gargalhadas na sala durante a prática, às vezes bastante criativa, dos técnicos."

Depois, pede-se que os técnicos imaginem que uma outra pessoa tenha cometido o mesmo erro, mas agora eles precisam *encher* o Tanque Emocional dessa pessoa, em vez de esvaziá-lo. Isso gera uma resposta mais silenciosa. Thompson diz: "As pessoas ficam em silêncio até que, finalmente, escutamos alguém dizer 'Boa tentativa!'."

Ao observarem seu próprio comportamento, os técnicos aprendem a lição – como foi mais fácil criticar do que apoiar, pensar em dez insultos inteligentes do que em uma só palavra de consolo. Thompson descobriu uma forma de transformar seu ponto de vista em credencial testável, algo que os próprios técnicos poderiam experimentar.

CLÍNICA

Nossa intuição é falha, mas quem quer acreditar nisso?

A SITUAÇÃO: *As pessoas costumam confiar na própria intuição, mas nossa intuição é marcada por tendências identificáveis. Mesmo assim, a maioria das pessoas confia muito na própria intuição, é difícil convencê-la do contrário. Essa é a batalha árdua enfrentada por psicólogos que estudam a tomada de decisão. Imagine que você é o editor de um livro de introdução à psicologia e que está procurando duas formas opostas de explicar o conceito "tendência da disponibilidade".*

• • •

MENSAGEM 1: Prepare-se para fazer algumas previsões. Qual dos eventos a seguir mata mais pessoas: homicídio ou suicídio? Inundações ou tuberculose? Tornados ou asma? Pense um pouco antes de responder.

Provavelmente você acha que homicídio, inundações e tornados são mais comuns. A maioria das pessoas pensa assim. Mas, nos Estados Unidos, há 50% a mais de mortes por suicídio do que por homicídio, 9 vezes mais mortes por tuberculose do que por enchentes e 80 vezes mais mortes por asma do que por tornados.

Então, por que as pessoas fazem a previsão errada? Devido à tendência da disponibilidade. A tendência da *disponibilidade* é uma tendência natural que nos leva, quando calculamos a probabilidade de determinado evento ocorrer, a julgar a pro-babilidade do evento em função de sua disponibilidade em nossa memória. Intuiti-vamente pensamos que eventos são mais prováveis quando são mais memoráveis. Mas, muitas vezes, as coisas que recordamos não são um resumo preciso do mundo.

Talvez nos lembremos melhor das coisas porque elas evocam mais emoção, e não porque elas são mais freqüentes. Talvez nos lembremos melhor das coisas porque a mídia passa mais tempo transmitindo isso (talvez porque elas fornecem imagens mais claras), e não porque elas são mais comuns. A tendência da disponibilidade pode levar nossa intuição para o mau caminho, nos estimulando a tratar coisas incomuns como comuns e coisas improváveis como prováveis.

COMENTÁRIOS SOBRE A MENSAGEM 1: Essa passagem utiliza uma credencial testável simples, mas eficaz: Que problema você acha que mata mais pessoas? Com um pouco de sorte, os leitores acertarão pelo menos uma das previsões, podendo, assim, comprovar por si mesmos a realidade da tendência da disponibilidade.

MENSAGEM 2: Esta é uma passagem alternativa que ilustra a tendência da disponibilidade mais típica em livros introdutórios:

A tendência da *disponibilidade* é uma tendência natural que nos leva, quando calculamos a probabilidade de determinado evento ocorrer, a julgar a probabilidade do evento em função de sua disponibilidade em nossa memória. Intuitivamente pensamos que eventos são mais prováveis quando são mais memoráveis. Mas, muitas vezes, as coisas que recordamos não são um resumo preciso do mundo. Por exemplo, em um estudo realizado por pesquisadores da tomada de decisão, na University of Oregon, participantes experimentais pensavam que 20% a mais de pessoas morressem de homicídio do que de suicídio, mas a verdade é que havia 50% a mais de mortes por suicídios. Os sujeitos pensavam que mais pessoas morressem em inundações do que de tuberculose, mas 9 vezes mais pessoas morrem de tuberculose. Os sujeitos acreditavam que aproximadamente o mesmo número de pessoas morressem em tornados, e não de asma, mas há 80 vezes mais mortes por asma.

As pessoas se lembram mais das coisas porque estas evocam mais emoção, e não porque elas são mais freqüentes. As pessoas se lembram mais das coisas porque a mídia passa mais tempo transmitindo isso (talvez porque elas fornecem imagens mais claras), e não porque elas são mais comuns. A tendência da disponibilidade pode levar nossa intuição para o mau caminho, nos estimulando a tratar coisas incomuns como comuns e coisas improváveis como prováveis.

COMENTÁRIOS SOBRE A MENSAGEM 2: Essa é menos envolvente. Você poderia imaginar um aluno lendo o segundo parágrafo (que revela o clímax de que asma mata 80 vezes mais pessoas do que tornados) e pensando: *puxa. Como os participantes dessa pesquisa eram burros.* É muito mais poderoso quando você mesmo vivencia o efeito disso.

SCORECARD

Lista de verificação	Mensagem 1	Mensagem 2
Simplicidade	✓	✓
Surpresa	✓	–
Concretude	✓	✓
Credibilidade	✓✓	✓
Sentimentos	–	–
Relatos	–	–

CLÍMAX: A utilização de credenciais testáveis permite às pessoas experimentar uma idéia por si mesmas.

Orientação aos novatos

Vamos mudar para outro domínio dos esportes: a National Basketball Association (NBA). Imagine que sua função seja orientar novatos da NBA sobre os perigos da AIDS. Os jogadores da NBA são homens jovens – os novatos costumam ter menos de 21 anos. E eles logo se tornam celebridades, com toda a atenção característica dessa nova fama. Eles ouviram falar na AIDS a vida inteira; então, o risco não é sua desinformação sobre a AIDS, mas, sim, as circunstâncias de suas vidas que podem levá-los a um esquecimento eventual.

Mas como tornar a ameaça de AIDS crível e imediata? Pense nas possíveis fontes de credibilidade. Você pode se concentrar na credibilidade externa – uma celebridade como Magic Johnson, ou uma antiautoridade, como um atleta com AIDS em estágio terminal. Você pode utilizar estatísticas em uma escala humana (talvez a probabilidade de contrair AIDS em um único encontro com um estranho). Você pode utilizar detalhes claros – um atleta pode recontar como sua preocupação normal com o sexo seguro foi arruinada por uma noite especialmente louca de curtição. Qualquer um desses recursos pode ser bem eficaz. Mas, e se você quisesse deslocar a fonte de credibilidade para dentro, para as cabeças dos jogadores? A NBA descobriu uma forma criativa de fazê-lo.

Algumas semanas antes da temporada da NBA, todos os jogadores novatos deveriam se reunir em Tarrytown, Nova York, para participar de uma sessão de orientação obrigatória. Eles ficariam praticamente trancados em um hotel por seis dias: sem pagers nem telefones celulares. Os novatos aprenderiam sobre a vida na grande liga: tudo, desde como lidar com a mídia até como investir sua fortuna de maneira sensata.

Em determinado ano, apesar do sigilo em relação à orientação, um grupo de fãs do sexo feminino se plantou na frente do local. Na primeira noite do treinamento, elas estavam no bar e no restaurante do hotel, com roupas provocativas. Os jogadores ficaram satisfeitos com a atenção. Houve muito flerte e os jogadores fizeram planos de se encontrar com algumas das mulheres mais tarde, após o treinamento.

Na manhã seguinte, os novatos compareceram pontualmente à sessão de treinamento. Eles ficaram surpresos ao encontrar as fãs na frente da sala. As mulheres se apresentaram novamente, uma por uma. "Olá, sou Sheila e portadora do HIV." "Olá, sou Donna e portadora do HIV."

De repente, a conversa sobre AIDS fez sentido para os novatos. Eles perceberam como a vida poderia ficar fora de controle, como uma única noite poderia levar a uma vida inteira de arrependimento.

Compare a abordagem da NBA com a abordagem da NFL. Determinado ano, na orientação da NFL, o pessoal da liga pediu para cada novato colocar um preservativo em uma banana. Sem dúvida, a troca de olhares foi inevitável. Depois, duas mulheres (ex-aficionadas de futebol) conversaram sobre como tentariam seduzir jogadores, na esperança de engravidar. A sessão das mulheres foi poderosa – foi uma mensagem de grande efeito. Mas o que tem mais chance de colar: ouvir o caso de alguém que enganou outra pessoa ou ser enganado?

Como levar as pessoas a acreditarem em nossas idéias? Precisamos encontrar uma fonte de credibilidade. Às vezes, as fontes estão secas, conforme Barry Marshall descobriu em sua busca da cura da úlcera. A recorrência à credibilidade externa não funcionou – o endosso dos supervisores e da instituição em Perth não parecia ser suficiente. A recorrência à credibilidade interna não funcionou – a manipulação cuidadosa de dados e detalhes não o ajudou a esclarecer o problema. No final, o que ele fez foi recorrer à credibilidade do público. Na essência, o que ele fez foi "copiar" uma credencial testável ao beber um copo cheio de bactérias. O desafio implícito era: veja por si mesmo – se você beber essa coisa nojenta, terá uma úlcera, assim como eu.

Nem sempre fica evidente a fonte de credibilidade à qual devemos recorrer. O que Marshall mostrou de forma brilhante foi a perseverança – saber quando é melhor recorrer a uma outra fonte. Neste capítulo, verificamos que a maioria das fontes óbvias de credibilidade – validação externa e estatísticas – nem sempre são as melhores. É bem provável que alguns detalhes claros sejam mais persuasivos do que uma porção de estatísticas. Uma antiautoridade deve funcionar melhor do que uma autoridade. Uma única história aprovada no Teste Sinatra deve superar uma montanha de ceticismo. É inspirador saber que um gênio da medicina como Marshall precisou vencer os mesmos obstáculos com sua idéia, assim como teremos que vencer os nossos – e verificar que, no final, ele estava certo, para benefício de todos nós.

CAPÍTULO 5

SENTIMENTOS

Madre Teresa de Calcutá certa vez disse: "Se eu olhar para as massas, nunca entrarei em ação. Mas se eu olhar para cada pessoa, entrarei em ação." Em 2004, alguns pesquisadores da Carnegie Mellon University decidiram verificar se a maioria das pessoas age como Madre Teresa.

Os pesquisadores queriam verificar como as pessoas reagiam diante de uma oportunidade de fazer uma doação para uma causa abstrata *versus* fazer uma doação para uma única pessoa. Eles ofereceram $5 a cada participante da pesquisa, que deveria informar como utilizava vários produtos tecnológicos. (A pesquisa era irrelevante; o objetivo era garantir que os participantes recebessem alguma quantia em dinheiro para que pudessem decidir se doariam para uma instituição de caridade.)

Ao terminar a pesquisa, cada participante recebeu 5 notas de $1. Eles também receberam, inesperadamente, um envelope e uma carta solicitando uma doação. Essa era uma oportunidade de doar parte do dinheiro à Save the Children, uma instituição de caridade que busca o bem-estar de crianças do mundo inteiro.

Os pesquisadores testaram duas versões da carta de solicitação. A primeira versão apresentava estatísticas sobre a dimensão dos problemas enfrentados por crianças na África, tais como:

- Escassez de alimentos na República do Malaui, atingindo mais de 3 milhões de crianças.
- Na Zâmbia, um longo período de estiagem resultou em uma queda de 42% na produção de milho, desde 2000. Conseqüentemente, estima-se que 3 milhões de zambianos passam fome.
- Quatro milhões de angolanos (um terço da população) foram forçados a abandonar suas casas.
- Mais de 11 milhões de pessoas na Etiópia vivem situação emergencial de falta de alimentos.

A outra versão da carta fornecia informações sobre uma única menina:

- Qualquer quantia que você doar será revertida para Rokia, uma menina de 7 anos, de Mali, na África. Rokia é extremamente pobre e está ameaçada a passar fome ou até mesmo morrer de fome. Contamos com sua colaboração financeira para poder mudar a vida dessa menina para melhor. Com seu apoio, e a caridade de outros padrinhos, a Save the Children trabalhará junto à família da Rokia e outros membros da comunidade para ajudar a alimentá-la e educá-la, e fornecer assistência médica básica e noções de higiene.

Os pesquisadores entregaram a cada participante uma das duas cartas diferentes e, depois, deixaram estes refletirem sozinhos. Os participantes decidiram a quantia (caso quisessem doar alguma coisa) a ser colocada de volta no envelope. Depois, lacraram o envelope e o devolveram a um pesquisador.

As pessoas que leram as estatísticas contribuíram, em média, com $1,14. As pessoas que leram sobre Rokia contribuíram com $2,38 – mais que o dobro. Parece que a maioria das pessoas tem algo em comum com Madre Teresa: em nossos corações, o valor de um indivíduo é maior do que o das massas.

Os pesquisadores acreditavam que as doações menores para a carta de estatística poderiam ser resultado do que chamam de "efeito gota no oceano". Quando as pessoas ficam impressionadas com a dimensão do problema, suas pequenas doações podem parecer insignificantes. Mas vejamos algo ainda mais interessante. Os pesquisadores decidiram entregar a um terceiro grupo as *duas* cartas – uma com estatísticas e a outra com a história de Rokia. Os pesquisadores queriam saber se as pessoas que receberam todas as informações fariam uma doação média superior a $2,83 (valor oferecido pelo grupo de Rokia). Talvez a combinação de estatísticas e histórias – o poder da necessidade individual somado à dimensão estatística do problema – pudesse inspirar um nível de doação totalmente novo.

Nada disso. As pessoas que receberam as duas cartas doaram $1,43, quase $1 a menos do que as pessoas que só receberam a carta com a história de Rokia. Na verdade, de alguma forma, as estatísticas – evidência de sofrimento humano em massa na África – faziam as pessoas doarem menos. O que estava acontecendo?

Os pesquisadores chegaram à conclusão de que pensar sobre estatísticas leva as pessoas a um tipo de pensamento mais analítico. Quando as pessoas pensam de forma analítica, elas estão menos propensas a pensar emocionalmente. E os pesquisadores acreditavam que foi a reação emocional ao apelo de Rokia que levou as pessoas à ação.

Para comprovar esse argumento, eles realizaram um segundo estudo. Nesse estudo, eles estimularam algumas pessoas a pensar de forma analítica, fazendo perguntas como: "Se um objeto se movimenta a 1,5m por minuto, pelos seus cálculos, quantos metros este percorrerá em 360 segundos?" Outras pessoas foram estimuladas a pensar em termos de sentimentos: "Escreva uma palavra que descreva como você se sente ao ouvir a palavra 'bebê'."

Depois, os dois grupos receberam a carta de Rokia. E, confirmando a tese dos pesquisadores, as pessoas estimuladas de forma analítica doaram menos. Quando as pessoas foram estimuladas a *sentir* antes de ler a história de Rokia, elas doaram $2,34, valor semelhante ao anterior. Mas, quando foram estimuladas a *calcular* antes de ler a história de Rokia, elas doaram $1,26.

Esses resultados são chocantes. O simples *ato de fazer um cálculo* reduziu a propensão à doação. Quando colocamos o chapéu analítico, reagimos de forma diferente aos apelos emocionais. Criamos uma barreira à nossa capacidade de sentir.

No capítulo anterior, discutimos sobre como convencer as pessoas sobre a credibilidade de nossas idéias, como levá-las a acreditar nisso. É muito importante acreditar, mas não basta acreditar. Para que as pessoas decidam agir, elas precisam *se importar*.

Todos acreditam que há muito sofrimento na África; os fatos são irrefutáveis. Mas não basta acreditar; isso não significa necessariamente que as pessoas se importam tanto, a ponto de agir. Todos acreditam que a ingestão excessiva de alimentos calóricos leva a problemas de saúde; ninguém questiona os fatos. Mas essa crença não significa que as pessoas se importarão muito com isso, levando à ação.

Instituições de caridade já descobriram há muito tempo o poder do efeito Madre Teresa – elas sabem que os doadores reagem melhor a apelos individuais do que a causas abstratas. Você não doa para diminuir a "pobreza na África", mas apadrinha uma criança específica. (Na verdade, a idéia de apadrinhar uma criança como um gancho de doação surgiu na década de 1950, quando um jovem ministro cristão incentivou norte-americanos a apadrinharem órfãos coreanos necessitados). O conceito funciona com animais também. Em Farm Sanctuary, uma organização sem fins lucrativos que luta para reduzir os maus-tratos a animais em fazendas, os doadores podem "adotar uma galinha" ($10 por mês), uma cabra ($25) ou uma vaca ($50).

Ninguém quer doar para o General Administrative Fund de uma instituição de caridade. É fácil compreender, em nível intelectual, por que a captação de recursos é necessária (alguém precisa comprar o material de escritório), mas é difícil despertar uma grande paixão por suprimentos de escritório.

Instituições de caridade aprenderam como despertar o senso de solidariedade e a compaixão de doadores – e ainda bem que eles realmente têm talento para fazer isso, pois suas habilidades aliviam muito sofrimento. Mas "despertar o interesse das pessoas" é algo que deve ser feito não apenas por instituições de caridade. Gerentes precisam despertar o interesse das pessoas para que elas dediquem mais tempo e esforço a tarefas complexas. Professores precisam despertar o interesse dos alunos pela literatura. Ativistas precisam despertar o interesse das pessoas por iniciativas da prefeitura.

Este capítulo aborda o componente emocional da fixação, mas não se trata de ativar os botões emocionais das pessoas, como um tipo de filme sentimental. Em vez disso, a meta de tornar as mensagens "emocionais" é despertar o interesse das pessoas, fazendo com que elas se importem com isso. Sentimentos inspiram as pessoas a agir.

Por exemplo, a maioria dos adolescentes acredita que é perigoso fumar cigarro. Não há problema de credibilidade com essa mensagem. Mesmo assim, ainda encontramos adolescentes fumando. Então, como transformar essa crença em ação? Você precisa levá-los a se importar com isso. E, em 1998, alguém finalmente descobriu como fazê-lo.

A verdade

A propaganda começa com uma cena em uma rua em Nova York. A gravação está no formato de vídeo, e não de filme – está um pouco escura, um pouco amadora. É como um documentário, e não um anúncio. Aparece uma legenda na parte inferior da tela: "Fora da sede de uma grande empresa de tabaco."

Um trator-trailer pára na frente do edifício e um grupo de adolescentes desce do trator. Eles começam a descarregar sacos brancos e longos, identificados como "Saco com corpo". Eles empilham os sacos na frente do edifício. A propaganda mostra a pilha de sacos crescendo cada vez mais. No final da propaganda, há centenas de sacos empilhados. Um dos adolescentes grita em direção ao edifício, utilizando um megafone: "Você sabe quantas pessoas o tabaco mata por dia?" A taxa de mortalidade diária é de 1.800 – que corresponde ao número de sacos com corpos que os adolescentes empilharam na frente da sede da empresa de tabaco.

Essa propaganda faz parte de uma série de anúncios denominada campanha Verdade. A campanha foi lançada pela American Legacy Foundation, formada em novembro de 1998, após 46 procuradores-gerais do Estado terem entrado com ação na Justiça contra as principais empresas de tabaco norte-americanas.

É impossível assistir aos anúncios Verdade sem ficar indignado com as empresas de tabaco. Quando os anúncios foram ao ar, Philip Morris solicitou a inclusão de uma cláusula especial de "antidifamação" para que aquele tipo de anúncio fosse banido. As empresas de tabaco incluíram essa cláusula nas declarações de várias ações antitabagismo; isso lhes garante um certo poder de veto sobre como o dinheiro de acordos pode ser empregado em propagandas antitabagismo. Carolyn Levy, vice-presidente sênior da Philip Morris para prevenção do fumo entre jovens, disse o seguinte em relação ao esforço de censura: "Percebemos que não há consistência [das propagandas Verdade] com o foco e a missão da American Legacy Foundation."

Uma possível leitura dessa reclamação: as propagandas estavam funcionando.

Enquanto isso, outra série de propagandas antitabagismo começava a ser divulgada. Como parte do acordo entre empresas de tabaco, Philip Morris concordou em lançar sua própria série de anúncios antitabagismo. O lema de Philip Morris era "Pense. Não fume".

Duas campanhas foram lançadas, quase simultaneamente, com duas abordagens diferentes. Essa justaposição levou a uma corrida de cavalos empolgante, disputada cabeça a cabeça, no mercado de idéias. Na verdade, em junho de 2002, foi publicado um artigo no *American Journal of Public Health* revelando uma pesquisa realizada com 10.692 adolescentes para comparar a campanha Verdade com "Pense. Não fume".

Parece que alguns cavalos correm melhor que outros. Quando pediram aos jovens que se lembrassem de alguma propaganda antitabagismo, 22% deles se lembraram espontaneamente da campanha Verdade; apenas 3% se lembraram da campanha Pense. O mais surpreendente sobre essa estatística é que, quando os jovens foram *estimulados* com informações sobre as campanhas, mais de 70% deles se lembraram das *duas* campanhas, ou seja, adolescentes viram as duas propagandas na televisão, mas uma delas chamou mais sua atenção do que a outra. Havia algo espontaneamente memorável na campanha Verdade.

A memória é fundamental, mas ela é apenas a primeira etapa. E quanto à ação? Quando a pesquisa perguntou aos jovens se eles estavam propensos a fumar um cigarro no ano seguinte, aqueles que foram expostos à campanha Verdade estavam 66% menos propensos a fumar. Aqueles que foram expostos à campanha "Pense. Não fume" tinham uma probabilidade 36% *maior* de fumar! Executivos de empresas de tabaco devem ter levado bem a sério essa descoberta.

A diferença não foi registrada apenas pelas pesquisas. Um estudo apontou o percentual de adolescentes que fumavam na Flórida, onde a campanha Verdade começou, *versus* o resto do país. Após dois anos da campanha, houve redução de 18% no fumo entre alunos do ensino médio e de 40% entre alunos do ensino fundamental. (Cerca de metade dessa redução pode estar associada a um aumento nas taxas de cigarros durante o estudo em questão.)

O que aconteceu aqui? Algo semelhante ao exemplo do Save the Children. O que busca a campanha "Pense. Não fume"? Levar as pessoas a pensar. É o Chapéu Analítico. Lembra-se do que aconteceu com as doações para Rokia quando os doadores foram solicitados a pensar de forma analítica antes de fazer a doação?

O que busca a campanha Verdade? Levar à indignação contra a autoridade, um sentimento comum entre adolescentes. Antes, os adolescentes fumavam como forma de rebeldia. Graças à idéia genial da campanha Verdade –

que mostra a duplicidade do Big Tobacco – agora os adolescentes, como forma de rebeldia, *não* fumam.

A campanha Verdade não trata da tomada de decisão racional; ela aborda a rebeldia. E isso fez com que muitos adolescentes se importassem com a situação, a ponto de quererem fazer algo. No caso, esse algo era nada.

A distensão semântica e o poder da associação

Até aqui, falamos sobre o que você pode esperar de um capítulo que aborda sentimentos – emoções humanas fundamentais e complexas, como a empatia (Rokia) e a raiva (a Verdade). Mas a principal pergunta deste capítulo é ainda mais básica: Como despertar o interesse das pessoas por nossas mensagens? A boa notícia é que, para que as pessoas se importem com nossas idéias, não é preciso gerar emoção a partir de uma ausência de emoção. Na verdade, muitas idéias utilizam uma espécie de estratégia em cadeia, que se associam a emoções já existentes.

Pense na seguinte frase, dita por um crítico de cinema: "*Rashomon* pode ser visto como uma extensão cinematográfica da teoria da relatividade, de Einstein." *Rashomon* é um filme clássico de 1950, do diretor japonês Akira Kurosawa. No filme, quatro personagens diferentes descrevem o mesmo episódio (um assassinato e um estupro) a partir de seus próprios pontos de vista. O filme se desenrola em uma série de flashbacks, à medida que cada personagem reconta sua versão dos fatos. Mas os relatos dos personagens buscam a verdade pessoal e são contraditórios. No final do filme, o telespectador fica sem saber o que realmente aconteceu. O filme questiona a existência de uma verdade absoluta – ou, pelo menos, nossa capacidade de revelá-la.

Então, o crítico de cinema, na citação anterior, estava comparando a "verdade relativa" de *Rashomon* com a teoria da relatividade de Einstein. Mas a teoria da relatividade de Einstein não tinha como objetivo dizer que "tudo é relativo". Na verdade, seu real significado era exatamente o inverso. A teoria se destinava a explicar como as leis da física são *idênticas em todo o sistema de coordenadas*. Do ponto de vista de Einstein, as coisas não parecem imprevisíveis; elas parecem surpreendentemente ordenadas.

Por que o crítico fez essa associação entre *Rashomon* e a relatividade? Essa referência não parece ser uma apelação à autoridade de Einstein; ele alega que

Rashomon é o "equivalente" cinematográfico da teoria de Einstein. Em vez disso, a analogia parece ser utilizada com a intenção de gerar um senso de admiração – quando assistimos a *Rashomon*, isso implica que estaremos diante de algo profundo.

A teoria da relatividade foi tomada emprestada, como uma associação, pois ela oferece uma aura de ressonância emotiva (profundidade, admiração) ao filme. A crítica de cinema anterior é apenas um exemplo entre tantos outros. A "relatividade", de certa forma, se torna uma das cores na paleta de idéias. Quando você desejar evocar a admiração, basta dar uma pincelada na tinta "relatividade". Outros termos científicos – o "princípio da incerteza", a "teoria do caos", o "salto quântico" de mecanismos quânticos – também são cores de tintas nessa paleta.

Em 1929, Einstein protestou: "Os filósofos brincam com a palavra, assim como uma criança brinca com uma boneca... Isso não significa que tudo na vida é relativo." Contrariando Einstein, o número de pessoas que tentavam a ressonância da "relatividade" começou a exceder o número de pessoas que estavam tentando compreender a relatividade.

Quando associações a determinados termos se repetem (às vezes com precisão, outras vezes com brutalidade), o efeito é a diluição do poder dos termos e de seus conceitos subjacentes. Quando todos pintam com a tinta verde-limão, a cor verde-limão passa a não ter mais destaque.

Pesquisas conduzidas em Stanford e Yale mostram que esse processo – explorar termos e conceitos em busca de suas associações emocionais – é uma característica comum na comunicação. As pessoas tendem a utilizar exageradamente qualquer idéia ou conceito que represente um estímulo emocional. As pesquisas chamam essa utilização exagerada de "distensão semântica".

Vejamos um exemplo não-científico: a palavra "exclusivo". Costumávamos utilizar "exclusivo" para dizer que só existe uma pessoa ou coisa no mundo como aquela; "exclusivo" também significava especial.

Os pesquisadores utilizaram um banco de dados para analisar todos os artigos de jornais em cada um dos 50 jornais de maior circulação nos Estados Unidos, em um período de vinte anos. Durante esse período, o percentual de artigos em que algo era descrito como "exclusivo" aumentou em 73%. Então, temos duas opções: há muito mais coisas exclusivas no mundo atual ou abaixaram a altura da "barra de exclusividade".

Talvez alguns céticos, que sonham com aspiradores de pó robotizados ou com Paris Hilton, protestem: "É claro que *existem* muito mais coisas exclusivas no mundo atual." Mas, ao mesmo tempo que a palavra "exclusivo" era cada vez mais utilizada, a palavra "incomum" estava desaparecendo. Em 1985, a probabilidade de encontrar a palavra "incomum" em artigos era quase o dobro de "exclusivo". Em 2005, as duas palavras tinham as mesmas chances de serem empregadas.

Coisas exclusivas deveriam ser um subconjunto de coisas incomuns – o caráter de exclusivo (só existe um como esse) é tão incomum quanto é possível percebê-lo. Então, se realmente existissem mais coisas exclusivas hoje, também deveríamos encontrar mais coisas "incomuns". O fato de encontrarmos com menor freqüência coisas incomuns faz com que o aumento na ocorrência de coisas exclusivas pareça um caso de distensão semântica. O que chamávamos de "incomum" foi distendido e passou a se chamar "exclusivo".

Então, que tipo de emoção é despertada por "relatividade" e "exclusivo"? Eis o clímax: a forma mais básica de despertar o interesse das pessoas é estabelecer uma associação entre algo com o qual elas ainda não se importam e algo com o qual elas já se importam. Todos nós naturalmente praticamos a tática da associação. Os termos "relatividade" e "exclusivo" nos ensinam que a utilização de associações pode nos levar a utilizar cores em excesso. Com o tempo, utiliza-se demais as associações e seu valor é diluído; as pessoas acabam dizendo coisas como "Isso é realmente exclusivíssimo".

Os superlativos e adjetivos de uma geração (o máximo, legal, extraordinário, excelente) desaparecem com o tempo, pois são associados a coisas demais. Quando você ouve seu pai dizer que algo é "legal", o termo perde a força. Quando seu professor de finanças começar a utilizar a palavra "cara", trate de eliminar esse termo de seu vocabulário. A utilização de associações, portanto, é uma corrida armamentista incerta. Se o outro cara constrói um míssil, você precisa construir dois. Se ele é "exclusivo", você precisa ser "superexclusivo".

Essa corrida de associações emocionais gera problemas para as pessoas que estão tentando despertar o interesse dos outros. Na verdade, como veremos, a corrida armamentista essencialmente acabou com o termo "espírito esportivo".

Combatendo a distensão semântica: o caso do "espírito esportivo"

No capítulo anterior, discutimos sobre os seminários de coaching apresentados por Jim Thompson, o fundador da Positive Coaching Alliance (PCA). Desde 1988, quando ele fundou a PCA, Thompson tem se empenhado no combate a um problema grave. Como limpar a imagem de mau comportamento que costuma ser associada a jovens esportistas? Ao lidar com o problema, Thompson precisou confrontar a questão da distensão semântica.

O jogador de tênis John McEnroe já foi garoto-propaganda do mau espírito esportivo, pois tinha o hábito de xingar juízes, atirar raquetes longe e reclamar de determinados lances. Mas, hoje, o comportamento de McEnroe não seria motivo de espanto em jogos esportivos juvenis. O mau comportamento agora é comum não apenas entre atletas, mas também entre pais e outros espectadores. De acordo com o National Alliance for Youth Sports, quase 15% dos jogos esportivos juvenis envolvem um confronto entre pais ou técnicos e juízes, comparado a 5% há alguns anos.

O espírito esportivo antes era uma idéia poderosa no atletismo, mas Thompson sentia que esse termo havia enfraquecido. Ele diz: "Troféus de espírito esportivo são vistos como prêmios de consolação para os perdedores." Uma mulher disse a Thompson que seu técnico de basquetebol no ensino médio dissera que, se seus jogadores algum dia ganhassem um troféu de espírito esportivo, eles teriam de completar algumas voltas de uma corrida. Thompson acrescenta: "O espírito esportivo parece estar mais relacionado a não fazer algo de ruim: 'Não grite com os juízes. Não quebre as regras.' Mas não basta simplesmente se recusar a fazer coisas ruins. Precisamos esperar muito mais dos participantes em esportes juvenis. Infelizmente, 'Seja um bom esportista!' não é o mote que precisamos para transformar os esportes juvenis."

Todo mundo gosta de ouvir sobre exemplos reais de bom espírito esportivo. Thompson utiliza o exemplo de Lance Armstrong, que reagiu de forma inesperada quando um de seus principais adversários, Jan Ullrich, bateu durante o Tour de France. Em vez de tirar vantagem dessa parada sortuda para aumentar sua liderança, Armstrong desacelerou e aguardou para deixar Ullrich voltar à corrida. Posteriormente, ele disse que seu desempenho era melhor quando estava competindo com um grande atleta como Ullrich. *Esse é o verdadeiro* espírito esportivo.

Thompson sabia que pessoas ainda admiravam os ideais que norteavam o espírito esportivo. Os pais *desejavam* que seus filhos aprendessem respeito e boas maneiras por intermédio do atletismo. Técnicos *desejavam* ser mentores. As crianças *desejavam* conquistar o respeito dos outros por suas equipes. Esses três grupos às vezes cometiam um deslize e agiam como tolos. Mas Thompson percebeu que a necessidade e o desejo de espírito esportivo permaneciam, apesar de o termo "espírito esportivo" ter perdido sua capacidade de motivar o bom comportamento.

Houve extrema distensão do termo "espírito esportivo". Assim como "relatividade", ele se distanciou muito do sentido original. Ele costumava se referir ao tipo de comportamento que Lance Armstrong teve em relação a Jan Ullrich. Mas, com o tempo, o termo foi distendido para incluir o comportamento inexpressivo e deselegante, como perder sem ganhar muito ou fazer isso por meio de jogadas, sem agressão a um árbitro.

Thompson e a PCA precisavam encontrar uma maneira diferente de incentivar as pessoas, não apenas evitando o mau comportamento, mas adotando o bom comportamento. Eles chamaram isso de Aceitar as Regras do Jogo. Pessoas se importam com esportes; elas se importam com o Jogo. É uma forma de destacar a importância do Jogo e de que sua integridade é *mais importante* do que cada participante. "Aceitar as Regras do Jogo" é um tipo de patriotismo esportivo. Isso implica que você *deve ao esporte* um respeito básico. Armstrong não estava sendo um "bom esportista"; ele estava Aceitando as Regras do Jogo. E Aceitar as Regras do Jogo também funciona para pessoas que não são jogadores. É um lembrete, para todas as pessoas, de que o esporte é uma instituição cívica. É impróprio desacatar uma instituição. Isso é desonroso.

Há uma prova de que Aceitar as Regras do Jogo funciona? Veja os dados reunidos por uma liga de basquetebol em Dallas, no Texas: "Na temporada de basquetebol de 2002, houve em média 1 falha técnica para cada 15 jogos. Desde então, já conduzimos 6 workshops sobre o treino com dupla meta. Na temporada de basquetebol de 2004, houve 1 falha técnica a cada 52 jogos." Uma liga de beisebol no Noroeste da Califórnia descobriu que, após o treinamento de Coaching Positivo, houve drástica redução (90%) no número de pessoas expulsas de jogos por mau comportamento. O moral da equipe cresceu tanto que o número de jogadores inscritos na liga aumentou em 20%. A única reclamação era a falta de campo para jogar.

Thompson não quer mudar apenas a cultura do esporte juvenil. Ele quer mudar a cultura de todos os esportes: "Tenho um sonho. Estou assistindo à Série Mundial. Um dirigente entra apressado no campo para repreender um árbitro que fez uma chamada da qual ele discorda. Em rede nacional, Bot Costas diz: 'É muito ruim ver o dirigente desonrando o jogo de beisebol dessa forma.'" (Como comentário à parte, observe como essa visão é maravilhosamente concreta.)

Os esportes juvenis não estão livres de grosserias, mas Thompson está fazendo diferença nas posições que alcançou. Ao Aceitar as Regras do Jogo, ele conseguiu evitar a distensão semântica e fixar uma idéia que leva as pessoas a se importarem.

A lição deixada para todos nós é a de que, se quisermos levar as pessoas a se importar, precisamos explorar as coisas com as quais elas se importam. Quando todos se concentram na mesma coisa, começa uma corrida armamentista. Para evitar isso, precisamos mudar para um novo território, como Thompson fez, ou encontrar associações características de nossas idéias.

Apelando para o interesse pessoal

Estamos buscando formas de levar as pessoas a se importarem com nossas idéias, ou seja, de levá-las a se interessarem por questões como: a criança africana Rokia, o fumo, a caridade, o espírito esportivo. Despertamos o interesse das pessoas apelando para aquilo que importa para elas.

E o que importa para as pessoas? Até aqui, tratamos das associações, mas há uma resposta mais direta. Na verdade, talvez ela seja a resposta mais óbvia de todas. O que importa para as pessoas? As pessoas se importam consigo mesmas. Não seria surpresa alguma descobrir que uma forma confiável de despertar o interesse das pessoas seja por meio da valorização do interesse pessoal.

Em 1925, John Caples foi designado para escrever o título de uma propaganda para promoção de um curso de música por correspondência, oferecido pela U.S. School of Music. Caples não tinha experiência em propaganda, mas era espontâneo. Ele pegou sua máquina de escrever e inventou a frase mais famosa na história da propaganda impressa: "Eles riram quando me sentei ao piano. Mas quando comecei a tocar...!"

Essa é uma história de situação desvantajosa clássica, escrita em 12 palavras. As pessoas *riram dele*! E ele *silenciou-as* por meio de seu jogo! (O título é encantador o suficiente para nos levar a ignorar reações de senso comum como "Por que alguém riria de uma pessoa sentada ao piano? Qual foi a última vez que *você* riu de alguém sentado ao piano?".)

O título foi tão bem-sucedido nas vendas de cursos por correspondência que ainda é empregado por publicitários tantas décadas depois. Sessenta anos depois, essa imitação de título aumentou as vendas em 26% em relação ao ano anterior: "Meu marido riu quando encomendei nosso tapete pelo correio. Mas quando economizei 50%..." (Nosso editor rejeitou o seguinte subtítulo para este livro: "Eles riram quando escrevemos este livro. Mas quando acordaram em uma banheira cheia de cubos de gelo...")

Caples ajudou a estabelecer a propaganda de encomendas por correio, a precursora dos infomerciais modernos.* Na propaganda de encomendas pelo correio, diferentemente da maioria de outras formas de propaganda, os anunciantes sabem *exatamente* como esta funciona. Digamos que um jornal ou revista inclua um anúncio de "guia para seleção de ações". Se você encomendar o guia para seleção de ações, basta enviar um cheque para o endereço listado no anúncio. Mas cada versão de um anúncio lista um endereço um pouco diferente; então, quando seu pedido aparece em um endereço específico, o comerciante sabe exatamente o anúncio que gerou a venda.

Compare propagandas de encomenda por correio com os produtos de consumo tradicionais, como o creme dental Crest. Por que alguém compra um tubo de pasta de dentes Crest? Será que é por causa do novo comercial na televisão? Ou é por causa do desconto no varejo? Ou é por causa da nova embalagem atraente? Ou é porque mamãe sempre usou a Crest? Ou é porque essa era a única marca em estoque naquele dia? Surpreendentemente, comerciantes não conseguem determinar o motivo.

Como a propaganda de encomenda por correio é muito transparente, ela é essencialmente um laboratório para avaliar apelos motivacionais. O que desperta o interesse das pessoas? Pergunte a um publicitário desse tipo de comercial. E John Caples costuma ser citado como o maior publicitário de todos os tempos. Ele diz: "Antes de mais nada, tente atrair o interesse pessoal em todos os títulos que você escrever. Pelo título, sugira aos leitores que eles estão vendo algo que desejam. Essa regra é tão fundamental que chega a parecer óbvia. Mas a regra é violada todo dia por um grande número de escritores."

Os anúncios de Caples atraem o interesse pessoal nos títulos, com promessas de grandes vantagens a baixo custo:

- Você rirá de suas preocupações com dinheiro se seguir este plano simples
- Se você me der 5 dias, eu lhe darei um Magnetic Personality Kit... Deixe-me provar isso – de graça

**Nota da Tradutora*: Sistemas baseados nas novas tecnologias e nos novos conceitos associados à programação para divulgar informação sobre produtos e serviços pela televisão, permitindo que os consumidores façam encomendas imediatas por telefone.

- O segredo de como ser mais alto
- Como melhorar sua memória em uma noite
- Aposente-se aos 55

Caples diz que empresas costumam destacar recursos, mas que deveriam destacar vantagens. "A causa mais freqüente para a propaganda malsucedida são os anunciantes que ficam tão orgulhosos de suas próprias conquistas (a melhor semente do mundo!), que se esquecem de nos dizer por que *devemos* comprar (a melhor terra do mundo!)." Uma máxima de propaganda antiga diz que você precisa explicar o benefício do benefício. Em outras palavras, as pessoas não compram brocas de 6,35mm. Elas compram orifícios de 6,35mm para que possam pendurar as fotos de seus filhos.

Ficamos pouco à vontade ao olhar para a criação de Caples: muitos de seus anúncios são duvidosos. Enganosos. Os fabricantes do Magnetic Personality Kit podem viver com a consciência tranqüila, mas a maioria de nós aspira a um relacionamento de trabalho com a verdade.

Então, quais são as manobras antipropaganda e contra produtos inferiores nas técnicas de Caples? A primeira lição é não ignorar o interesse pessoal. Jerry Weissman, ex-produtor de televisão e roteirista, que atualmente é coach de CEOs sobre como dar palestras, diz que você não deve dançar conforme o apelo ao interesse pessoal. Ele diz que o WIIFY – "what's in it for you" (o que é importante aqui para você), pronunciado como *whiff-y*, deve ser um aspecto central em cada palestra.

Weissman observa que algumas pessoas resistem à explicação detalhada da mensagem. Ele cita os resistentes: "Mas meu público não é idiota. Eles podem até se sentir insultados se eu explico isso para eles!" Para um público que pode estar distraído, contudo, a explicação tem seu valor: "Mesmo que eles levem apenas alguns segundos para fazer a ligação entre o recurso descrito e o benefício implícito, quando eles perceberem isso, você já terá mudado de assunto, e eles provavelmente não terão tempo para entender o benefício... nem o próximo assunto."

Professores conhecem bem o refrão de alunos: "Será que algum dia iremos *utilizar* isto?" Em outras palavras, o que há aqui para mim? Se o WIIFY era que a álgebra ajudava os alunos a jogar videogames, algum professor hesitaria em dizer isso? Algum professor duvida que os alunos prestariam mais atenção?

Se o interesse pessoal estiver do seu lado, aproveite. Não tente persuadi-lo. Até mesmo beliscões sutis podem fazer diferença. Segundo Caples, é importante manter-se ligado ao interesse pessoal: “Não diga ‘As pessoas se sentirão seguras ao utilizar pneus Goodyear’. Diga ‘*Você* se sentirá seguro ao utilizar pneus Goodyear’.”

É claro que há formas menos desagradáveis e menos abertas de apelar ao interesse pessoal do que aquelas promovidas por propagandas de encomendas pelo correio. Para explorar isso, começaremos por um estudo estranho realizado em Tempe, no Arizona.

TV a cabo em Tempe

Em 1982, psicólogos realizaram um estudo sobre persuasão com um grupo de moradores de Tempe, no Arizona. Os moradores receberam a visita de alunos voluntários que solicitaram o preenchimento de formulários de pesquisa para um projeto da escola.

Na época, a TV a cabo estava começando a surgir – a maioria das pessoas não a conhecia. O estudo de pesquisa objetivava comparar o sucesso de duas abordagens diferentes para informar os moradores sobre os benefícios em potencial da TV a cabo.

Um grupo de moradores recebeu algumas informações sobre por que valia a pena ter uma TV a cabo:

> A CATV oferecerá um serviço mais amplo de entretenimento e informações a seus assinantes. Se utilizá-la corretamente, a pessoa poderá planejar previamente, a fim de aproveitar os eventos oferecidos. Em vez de gastar com baby-sitter e gasolina, além de enfrentar aborrecimentos típicos de quem sai para se divertir, agora a pessoa pode passar mais tempo em casa, com a família, sozinho ou com amigos.

O segundo grupo de moradores foi solicitado a imaginar que estava em uma situação específica, detalhada:

> Pare e pense como a CATV pode oferecer a você um amplo serviço de entretenimento e informações. Quando você a utiliza adequadamente, pode planejar antecipadamente os eventos oferecidos que você gostaria

de aproveitar. Imagine que, em vez de gastar com baby-sitter e gasolina, além de enfrentar aborrecimentos típicos de quem sai para se divertir, agora você poderá passar mais tempo em casa, com a família, sozinho ou com amigos.

Alguns leitores disseram que, a princípio, não viram nenhuma diferença entre os dois apelos. A diferença *é* sutil. Mas, volte aos textos e conte quantas vezes a palavra "você" aparece em cada apelo.

De certa forma, o estudo foi uma versão mais elaborada do conselho de Caples para evitar falar sobre benefícios abstratos ("As pessoas se sentirão seguras ao utilizar pneus Goodyear") e focar benefícios pessoais ("*Você* se sentirá seguro ao utilizar pneus Goodyear"). O estudo realizado no Arizona, contudo, foi mais além. Ele pediu às pessoas para *visualizar* a sensação de segurança que teriam ao utilizar os pneus Goodyear.

Os moradores preencheram um questionário para os alunos e se despediram. Eles pensaram que o projeto de pesquisa havia terminado, mas os pesquisadores tinham outra etapa a concluir. Um mês após a pesquisa, a TV a cabo chegou a Tempe. A empresa de TV a cabo local perguntou aos moradores se eles gostariam de fazer uma assinatura. Os pesquisadores universitários conseguiram obter dados dos assinantes por meio da empresa de TV a cabo. Depois, eles analisaram os moradores que haviam feito assinatura ou não.

Houve uma taxa de assinatura de 20% entre os moradores que obtiveram informações sobre a TV a cabo, parecida com o resto da vizinhança. Mas a taxa de assinatura dos moradores que *se imaginaram* fazendo a assinatura da TV a cabo foi de 47%. O trabalho de pesquisa, quando publicado, foi intitulado "A imaginação faz isso?". A resposta foi sim.

Comparado ao anúncio de pedido por correio típico, o apelo "imagine a TV a cabo" é muito mais sutil do que o apelo ao interesse pessoal. Observe que os benefícios oferecidos não foram fantásticos, ao estilo Caples. A essência é que você pode evitar o aborrecimento de precisar sair de casa (!) ao assinar a TV a cabo. Na verdade, apenas saber sobre os benefícios, no resumo apresentado, não foi suficiente para atrair mais assinantes. O interesse das pessoas só aumentou quando elas se colocaram na posição de privilegiados – *Posso me imaginar assistindo a um bom filme em casa, com meu marido. Posso me levantar para ver se está tudo bem com as crianças no quarto ao lado, quando eu quiser... e pensar em toda a economia que farei por não ter que pagar uma baby-sitter!*

Essa descoberta sugere que talvez seja a tangibilidade, e não a grandeza, dos benefícios que desperte o interesse das pessoas. Você não precisa prometer riqueza, apelo sexual e personalidades sedutoras. Talvez baste prometer benefícios razoáveis dos quais *as pessoas possam facilmente imaginar que estão usufruindo.*

Imagine que Save the Children incorporou essa idéia aos seus argumentos para obter patrocínio. No momento, o argumento é "Você pode patrocinar Rokia, uma menina de Mali, por $30 mensais" – um argumento que já é um sucesso. Mas e se o argumento for estendido? "Imagine que você é o patrocinador de Rokia, uma menina de Mali. Você tem uma foto dela sobre sua mesa de trabalho, ao lado das fotos de seus filhos. No ano passado, você trocou cartas com ela três vezes e, pelo conteúdo das cartas, sabe que ela adora ler e costuma ficar chateada com o irmãozinho. Ela está empolgada com a idéia de poder jogar na equipe de futebol no ano que vem." Isso é poderoso. (E isso não é grosseiro.)

Maslow

É claro que não basta se concentrar no interesse pessoal, especialmente quando definimos "interesse pessoal" em sentido restrito, como é tão comum em termos de riqueza e segurança. Se bastasse isso, ninguém prestaria serviço militar. Há coisas que despertam o interesse das pessoas e que nunca aparecem em uma propaganda de Caples.

Em 1954, um psicólogo chamado Abraham Maslow realizou uma pesquisa em psicologia sobre o que motiva as pessoas. Ele condensou volumes de pesquisas existentes em uma lista de necessidades e desejos que as pessoas tentam satisfazer:

- Transcendência: ajudar outras pessoas a perceber seu potencial
- Auto-realização: perceber nosso próprio potencial, capacidade de realização, experiências marcantes
- Estética: simetria, ordem, beleza, equilíbrio
- Aprendizagem: conhecer, compreender, conectar mentalmente
- Auto-estima: conquistar, ser competente, obter aprovação, independência, status
- Sociais: amor, família, amigos, afeição
- Segurança: proteção, segurança, estabilidade
- Fisiológicas: fome, sede, conforto físico

Talvez você se lembre dessa lista como Pirâmide de Maslow ou Hierarquia das Necessidades de Maslow. A lista de necessidades de Maslow tem um enorme insight, mas ele cometeu um erro ao descrevê-la como uma "hierarquia". Maslow considerava a hierarquia como uma escada – a ser subida degrau por degrau, de baixo para cima. Você não poderia satisfazer seu desejo de Autoestima antes de satisfazer seu desejo de Segurança. Você não poderia satisfazer suas necessidades Estéticas antes de satisfazer suas necessidades Fisiológicas. (No mundo de Maslow, não havia artistas morrendo de fome.)

A pesquisa subseqüente sugere que o aspecto hierárquico da teoria de Maslow é falso – as pessoas buscam todas essas necessidades simultaneamente. É inegável que a maioria dos homens famintos iria preferir comer do que transcender, mas há uma série de superposições estranhas no meio.

Quando as pessoas falam sobre "interesse pessoal", em geral elas estão se referindo às camadas de Necessidades Fisiológicas, de Segurança e de Auto-estima. Às vezes, as necessidades Sociais são reconhecidas quando o falante é muito emotivo. Poucos comerciantes ou gerentes se arriscam a ir além dessas categorias. Até mesmo os apelos que parecem se enquadrar na categoria Estética costumam estar relacionados à Auto-estima, mas disfarçados (por exemplo, uma propaganda de um automóvel de luxo).

Poderia haver um bom motivo para as pessoas se concentrarem nessas categorias específicas. Talvez elas sejam as que de fato têm relevância. As demais (Auto-realização, Transcendência e assim por diante) parecem um pouco acadêmicas. Pesquisas recentes têm explorado essa questão, ajudando a revelar quais categorias de Maslow despertam o interesse das pessoas.

Imagine que uma empresa esteja oferecendo a seus empregados um bônus de $1 mil para quem conseguir atingir determinadas metas de desempenho. Há três formas diferentes de oferecer o bônus aos empregados:

1. Pense no que $1 mil significa: um sinal para a compra de um carro novo ou aquela reforma que você deseja fazer na casa.
2. Pense na segurança adicional de ter $1 mil na conta bancária para uma eventualidade futura.
3. Pense no que $1 mil significa: a empresa reconhece que você foi importante para o desempenho geral. Esse dinheiro é bem empregado.

Quando perguntam às pessoas qual posicionamento tem maior apelo pessoal, a maioria escolhe a opção 3. Ela é boa para a auto-estima. Quanto aos itens 1 e 2, será que não é um pouco óbvio que a pessoa pode gastar ou economizar $1 mil? A maioria de nós consegue facilmente visualizar situações em que estamos gastando $1 mil. (É menos comum encontrar pessoas que gostem de visualizar situações em que estão economizando.)

Eis o inesperado, contudo: quando perguntam às pessoas qual é o melhor posicionamento para *outras pessoas* (e não elas próprias), elas consideram a opção 1 como a mais satisfatória, seguida da opção 2, ou seja, *somos* motivados pela auto-estima, mas *outras pessoas* são motivadas pelo dinheiro (na forma de sinais). Esse único insight explica quase tudo sobre a forma como incentivos são estruturados na maioria das empresas de grande porte.

Ou considere outra versão da mesma tarefa. Digamos que você esteja tentando persuadir alguém a aceitar uma nova posição em um departamento que é crucial para o sucesso da empresa. Estes são alguns roteiros possíveis para a nova posição:

1. Pense no nível de segurança que essa posição oferece. Ela é tão importante que a empresa sempre precisará de alguém com essa função.
2. Pense no nível de visibilidade oferecido por essa posição. Como a posição é muito importante, várias pessoas estarão observando o seu desempenho.
3. Pense no nível de recompensa por trabalhar em uma posição tão central. Ela oferece uma oportunidade única de aprender como a empresa realmente funciona.

Abre-se novamente o abismo entre nós e as outras pessoas. A maioria das pessoas considera a opção 3 (um apelo à Aprendizagem) mais motivadora para elas. Essas mesmas pessoas supõem que as outras pessoas ficariam mais motivadas pelas opções 1 (Segurança) e 2 (Auto-estima).

Em outras palavras, muitos de nós pensam que todas as demais pessoas vivem no porão de Maslow – talvez sejamos proprietários de uma cobertura, mas os outros vivem abaixo dessa categoria. Como resultado do tempo excessivo ligado ao porão de Maslow, talvez deixemos passar muitas oportunidades de motivar as pessoas. Isso não significa que os "andares de baixo" (ou as necessidades fisiológicas mais tangíveis, para evitar a metáfora hierárquica) não sejam motivacionais. É claro que são. Todos nós gostamos de receber bônus, ter segurança no emprego e sentir-nos ajustado à função. Mas, para focarmos essas necessidades, precisamos apenas aproveitar a oportunidade de ativar motivações mais profundas.

Um ótimo exemplo da utilização dessas motivações mais profundas envolve um membro aposentado do exército norte-americano – não um comandante de campo de batalha, mas um cara responsável pelo refeitório.

Jantando no Iraque

A comida do exército não foge à regra: insossa, pastosa e preparada em grandes quantidades. Os pratos não são guarnecidos com ramos de salsa. Os refeitórios são essencialmente fábricas de calorias, fornecendo às tropas o combustível de que precisam para desempenhar suas tarefas. Um antigo provérbio do exército diz: "Um exército viaja pelo estômago."

O restaurante Pegasus, que fica colado ao aeroporto de Bagdá, desenvolveu reputação diferente. No Pegasus, a costela nobre é preparada com perfeição. A travessa de frutas é uma mistura de melancia, kiwi e uvas. Conta a lenda que soldados viajam até o Pegasus, vindo da Zona Verde (a área americanizada fortemente protegida de Bagdá), passando por uma das estradas mais perigosas do Iraque, apenas para fazer uma refeição.

Floyd Lee, o homem responsável pelo Pegasus, estava aposentado de uma carreira de 25 anos como cozinheiro do exército e da marinha quando a guerra do Iraque eclodiu. Apesar de estar aposentado, ele assumiu a nova posição. Ele disse: "O bom Senhor me deu uma segunda chance de alimentar os soldados. Esperei por esse emprego a vida inteira. E aqui estou eu, em Bagdá."

Lee tem plena consciência de que é extremamente difícil ser um soldado. Os soldados costumam trabalhar 18 horas por dia, sete dias por semana. A ameaça de perigo no Iraque é constante. Lee deseja que o Pegasus represente um descanso em meio ao tumulto. Ele sabe qual é a sua missão de liderança: "A meu ver, não sou responsável apenas por servir a comida; sou responsável pela moral."

Pense nisto: *sou responsável pela moral*. Em termos da hierarquia de Maslow, Lee está atingindo a Transcendência.

Essa visão se manifesta em centenas de pequenas ações executadas diariamente pelo staff de Lee. No Pegasus, as paredes brancas do típico refeitório estão cobertas de faixas com propagandas esportivas. Há enfeites dourados nas janelas e toalhas de mesa verdes com borlas. As lâmpadas fluorescentes foram substituídas por ventiladores de teto com lâmpadas incandescentes. Os atendentes utilizam chapéus brancos típicos de chefs de cozinha.

A coisa notável sobre a reputação do Pegasus de servir uma excelente comida é que ele trabalha exatamente com as mesmas matérias-primas utilizadas por outros restaurantes. O Pegasus serve o mesmo menu de exército que é servido por outros restaurantes no período de 21 dias. O fornecedor dos alimentos é o mesmo. É a atitude que faz a diferença. Um chef inspeciona diariamente as frutas que chegam, retira as uvas estragadas, seleciona as melhores partes da melancia e do kiwi, para preparar uma bandeja de frutas impecável. À noite, sobre a mesa de sobremesas, encontramos cinco tipos de torta e três tipos de bolo. A costela nobre servida no domingo é marinada dois dias antes. Um cozinheiro de Nova Orleans encomenda temperos que são enviados ao Iraque para incrementar as entradas. Uma chef de pastelaria descreve seu bolo de morango como "sexy e sensual" – dois adjetivos jamais empregados antes para definir a comida do exército.

Lee percebe que servir comida é uma profissão, mas elevar a moral é uma missão. Elevar a moral envolve criatividade, experimentação e destreza. Para servir uma comida, você só precisa de uma concha.

Um dos soldados, que viaja até o Pegasus para o almoço de domingo, diz: "Quando estamos lá, é como se não estivéssemos no Iraque." Lee está ativando as categorias esquecidas de Maslow – as necessidades de Estética, Aprendizagem e Transcendência. Ao redefinir a missão de seu refeitório, ele inspirou seus colegas de trabalho a criar um oásis no deserto.

A pipoqueira e a ciência política

Até John Caples, o publicitário das encomendas por correio, admite que há motivações poderosas fora do interesse pessoal limitado. Ele conta uma história sobre um marqueteiro que estava promovendo um novo filme educacional sobre segurança contra incêndio, cujo objetivo era ajudar os bombeiros. Esse marqueteiro aprendeu que há três apelos básicos ao consumidor: sexo, ganância e medo.

O instinto do marqueteiro foi acreditar que a ganância funcionaria melhor na situação. Ele teve algumas idéias para revelações involuntárias que poderiam persuadir bombeiros a analisar o filme e começou a convocar unidades locais para descobrir que tipo de revelação teria o maior apelo. Ao convocá-las, ele descrevia o novo filme e perguntava: "Gostaria de ver o filme para pensar na possibilidade de adquiri-lo para seus programas educacionais?" A resposta universal era um entusiasmado "Sim!".

A segunda pergunta testou duas versões de seu apelo à ganância: "Seus bombeiros iriam preferir uma grande pipoqueira elétrica ou um ótimo conjunto de facas trinchantes de chef em agradecimento pela análise do filme?"

As duas primeiras convocações produziram respostas definitivas a esta pergunta: "O que o leva a pensar que utilizaríamos um programa de segurança contra incêndio por causa de uma simples pipoqueira?!"

O marqueteiro parou de fazer perguntas sobre os brindes.

Então, às vezes, o interesse pessoal ajuda a levar as pessoas a se importarem e, outras vezes, o tiro sai pela culatra. O que devemos fazer?

O mistério aumenta quando consideramos a política. O senso comum é que eleitores são modelos do interesse pessoal. Quando é feita uma proposta para aumentar a alíquota tributária marginal sobre as maiores receitas, esperamos que as pessoas ricas votem contra e que todos os demais votem a favor.

Na verdade, esse senso comum está errado. Não há muita evidência de que a opinião pública possa ser prevista pelo interesse pessoal restrito. Em 1998, Donald Kinder, um professor de ciência política da University of Michigan, escreveu um trabalho influenciador, resultado de trinta anos de pesquisa sobre o assunto. Ele resume os efeitos do interesse pessoal sobre visões políticas como "insignificantes". Insignificantes! Kinder escreve:

> Diante de uma ação afirmativa, norte-americanos brancos e negros expõem suas visões, sem medir danos ou benefícios pessoais. O desempregado não se ampara atrás de políticas destinadas a aliviar dificuldades econômicas. Aqueles que precisam de tratamento médico não estão mais propensos a defender a saúde pública do que aqueles com seguro total. Pais de crianças em escolas públicas não estão mais propensos a apoiar a ajuda governamental à educação do que outros cidadãos. Norte-americanos propensos a serem recrutados não estão mais inclinados a se opor à intervenção militar ou a intensificar conflitos em andamento. Mulheres que trabalham fora de casa não diferem de donas de casa em seu apoio a

políticas que visam beneficiar mulheres no trabalho. O interesse pessoal se revela pouco válido para tratar de assuntos tão diversos, como *race busing** com o intuito de dessegregação nas escolas, ordenações antibebida, exames universitários obrigatórios, política de moradia, educação bilíngüe, obediência às leis, cumprimento da resolução de disputas legais, controle de armas e assim por diante.

Essas descobertas são altamente contra-intuitivas. Se as pessoas não estão apoiando seu próprio interesse pessoal, elas estão apoiando os interesses de quem?

A resposta é multifacetada. Primeiro, o interesse pessoal parece não ter a menor importância quando os efeitos de uma política pública são significativos, tangíveis e imediatos. Por exemplo, na Califórnia, em 1978, uma iniciativa de plebiscito chamada *Proposition 13* solicitava grande redução nos impostos sobre a propriedade em troca de reduções equivalentes em serviços públicos como escolas, bibliotecas e os departamentos de polícia e bombeiro. Os proprietários de casas, cansados dos grandes aumentos de impostos que acompanhavam o aumento nos valores de propriedade, votaram a favor da *Proposition 13*. Bibliotecários e bombeiros, entre outros, votaram contra ela. Outro fator a ser considerado é que o interesse pessoal molda nosso foco de atenção, mesmo que isso não determine nossa postura. Por exemplo, na *Proposition 13*, proprietários de casas e funcionários públicos estavam mais propensos a ter uma opinião bem formada sobre a iniciativa – mesmo que sua opinião estivesse inconsistente com seu interesse pessoal.

Mas o interesse pessoal é apenas parte da história. Princípios – igualdade, individualidade, ideais sobre governo, direitos humanos, entre outros – podem ser relevantes para nós, mesmo que violem nosso interesse pessoal imediato. Talvez não nos agrade escutar as visões de algum grupo político marginal, mas apoiamos o seu direito de falar, pois valorizamos a liberdade de expressão.

E talvez a parte mais importante da história seja esta: o "interesse do grupo" costuma ser melhor profetizador de opiniões políticas do que o interesse pessoal. Kinder diz que, ao formar opiniões, as pessoas parecem não perguntar "O que ganho com isso?", mas, sim, "O que meu grupo ganha com isso?". Nossa fi-

**Nota da Tradutora*: Transporte de crianças, de ônibus, para escolas fora de seus bairros, com o intuito de realizar a integração entre as raças.

liação ao grupo pode se basear em raça, classe, religião, sexo, região, partido político, setor ou inúmeras outras dimensões de diferença.

James March, professor da Stanford University, teve uma idéia parecida. Ele propõe a utilização de dois modelos básicos para a tomada de decisões. O primeiro modelo envolve a medição das conseqüências. Colocamos na balança nossas alternativas, avaliando o valor de cada uma, e escolhemos a alternativa com maior valor para nós. Esse modelo é a visão padrão da tomada de decisões em aulas de economia: as pessoas são movidas por interesse pessoal e racionalidade. O agente racional pergunta: "Qual sofá me oferecerá o maior conforto e a melhor estética pelo preço? Qual candidato político atende melhor aos meus interesses econômicos e sociais?" O segundo modelo é bem diferente. Ele pressupõe que as pessoas tomam decisões com base na identidade. Elas fazem três perguntas a si mesmas: "Quem sou eu? Que tipo de situação é esta? O que as pessoas gostariam que eu fizesse nesse tipo de situação?"

Observe que, no segundo modelo, as pessoas não estão analisando as conseqüências ou resultados para elas. Não há cálculos, apenas normas e princípios. "Que sofá alguém gostaria que eu (um contador do sudeste) estivesse mais propenso a comprar? Qual candidato político deve ser apoiado por um budista de Hollywood?" É como se as pessoas estivessem consultando uma auto-imagem ideal: *O que alguém como eu faria?*

Esse segundo modelo de tomada de decisões ajuda a destacar o motivo de os bombeiros terem ficado zangados com a possibilidade de ganhar a pipoqueira. Lembre-se de que a pipoqueira não era um suborno. Se o comerciante tivesse dito: "Encomende este filme para assistir próximo à lareira e eu presentearei sua família com uma pipoqueira", certamente muitas pessoas rejeitariam a oferta por questão ética. Mas, pelo contrário, a oferta foi inócua: *Estamos oferecendo uma pipoqueira em agradecimento ao trabalho que você teve em analisar o filme. Você receberá a pipoqueira, independentemente de sua decisão sobre o filme.* Não há nada de antiético em aceitar a oferta.

E podemos ir mais além: do ponto de vista do interesse pessoal, que maximiza o valor, é simplesmente estúpido recusar essa oferta. Se você tomar a Decisão A, acabará recebendo uma pipoqueira. Se tomar a Decisão B, acabará sem uma pipoqueira. Todo o resto permanece igual. Então, a menos que a pipoca destrua um valor de seu mundo, convém tomar a Decisão A.

Mas, do ponto de vista do modelo de identidade na tomada de decisão, recusar a pipoqueira faz total sentido. O processo de pensamento seria algo assim: "Sou um bombeiro. Você está me oferecendo uma pipoqueira para que eu assista a um filme sobre segurança. Mas bombeiros não são o tipo de pessoas que precisem de brindes para estarem motivados a aprender sobre segurança. Arriscamos nossas vidas, entrando em edifícios em chamas para salvar pessoas. Que vergonha você sugerir que eu preciso de uma pipoqueira!"

Há maneiras de associar esses dois modelos de tomada de decisão. E se o comerciante tivesse oferecido uma doação de $50 para um programa de segurança contra incêndio nas escolas desde que, em troca, os bombeiros assistissem ao filme? Não fica tão claro se essa oferta estaria violando o senso de identidade dos bombeiros.

O interesse pessoal é importante. É inegável que podemos levar as pessoas a se importar com algo por meio do apelo. Mas isso pode levar a uma paleta limitada. Quando sempre estruturamos nossas idéias em torno do interesse pessoal, é como se estivéssemos pintando um quadro com apenas uma cor da paleta. Isso é sufocante para nós e nada inspirador para os outros.

Floyd Lee, o gerente do restaurante Pegasus, fez a coisa certa. Ele poderia ter gerado motivação por meio de um apelo direto ao interesse pessoal: talvez permitindo que os empregados saíssem dez minutos mais cedo toda noite, desde que trabalhassem mais, ou permitindo que comessem a carne mais nobre. Em vez disso, ele ajudou a criar um tipo de identidade Pegasus: *um chef do Pegasus é responsável pela moral, e não pela comida*. Imagine só centenas de decisões importantes sendo tomadas pelo pessoal do staff, que se pergunta: *O que um funcionário do Pegasus deve fazer nesta situação?*

CLÍNICA

A necessidade da álgebra e o porão de Maslow

A SITUAÇÃO: *Todo professor de álgebra já escutou, alguma vez na vida, duas perguntas de alunos: Por que preciso aprender isso? Quando precisarei utilizar isso novamente? Esta Clínica verifica três tentativas de responder essas perguntas.*

• • •

MENSAGEM 1: Em uma conferência sobre "álgebra para todos", realizada em 1993, os seguintes pontos foram destacados em resposta à pergunta "Por que aprender álgebra?":

- A álgebra oferece métodos para passar do específico ao geral. Ela envolve a descoberta de padrões em um conjunto de itens e o desenvolvimento da linguagem necessária para pensar sobre isso e comunicar aos outros.
- A álgebra fornece procedimentos para manipular símbolos a fim de permitir a compreensão do mundo que nos cerca.
- A álgebra fornece um veículo para a compreensão do mundo por meio de modelos matemáticos.
- A álgebra é a ciência de variáveis. Ela nos permite lidar com grandes volumes de dados por meio da identificação de variáveis (quantidades que mudam de valor) e da imposição ou localização de estruturas nos dados.
- A álgebra é o conjunto básico de idéias e técnicas para descrever e refletir sobre as relações entre quantidades variáveis.

COMENTÁRIOS SOBRE A MENSAGEM 1: Essa mensagem ilustra os problemas ocasionados pela Maldição do Conhecimento. Presume-se que um grupo de especialistas em álgebra estivesse presente nessa conferência e que eles tenham apresentado uma resposta que parecia ser plausível para demais especialistas. Mas, sejamos realistas: será que algum aluno impaciente ficará contagiado pela álgebra após saber que ela "fornece procedimentos para manipular símbolos a fim de permitir a compreensão do mundo que nos cerca?". Os itens listados anteriormente parecem apresentar uma *definição* bem lógica da álgebra. Mas eles não funcionam como *motivos* para aprender álgebra. Precisamos de uma mensagem que desperte o interesse dos alunos pela álgebra.

• • •

MENSAGEM 2: Chegamos à resposta a seguir. Encontramos inspiração em diversos exemplos espalhados pela Internet:

É isto que respondo a meus alunos quando me perguntam por que precisam aprender álgebra:

- Você precisa dela para obter seu certificado de conclusão do ensino médio.
- Todas as suas aulas futuras de matemática e ciências exigirão conhecimento de álgebra.
- Para ser aprovado em uma boa universidade, você precisará tirar uma boa nota em matemática.
- Mesmo que você não pretenda cursar uma faculdade, as habilidades de raciocínio que você aprende em álgebra o ajudarão a comprar uma casa, fazer um orçamento etc.

Meu irmão é representante de vendas de uma empresa de alta tecnologia... ele sempre teve dificuldade em matemática na escola, mas agora percebe o fato de que ter se dedicado mais a essa matéria o ajudou a aperfeiçoar suas habilidades analíticas e o tornou um apresentador melhor para seus clientes.

COMENTÁRIOS SOBRE A MENSAGEM 2: Esse professor evita a Maldição do Conhecimento ao abordar o assunto de maneira prática, mas ele se aproxima do porão de Maslow. Por que preciso aprender álgebra? Primeiro motivo: Você precisa aprender e pronto. Segundo motivo: Você precisa aprender isso para ser capaz de aprender cada vez mais. O apelo básico é à necessidade de Auto-estima – o desejo de ser competente, de obter aprovação e status. A parte mais eficaz é aquela sobre o irmão do autor, que posteriormente percebeu que valeu a pena se esforçar para aprender matemática. A história do irmão é um apelo à Auto-estima, que cria uma história de sucesso, ao estilo Caples. ("Eles riram quando corrigi a equação, mas quando acertei a conta...")

MENSAGEM 3: Esta é a resposta de um professor de álgebra do ensino médio, Dean Sherman, em um fórum de discussão na Internet sobre o tópico, entre professores do ensino médio:

> Meus alunos têm dificuldade para compreender a utilidade do Formato Padrão da equação de uma linha, o que os leva a perguntar: "Quando precisarei utilizar isso novamente?"
>
> Essa pergunta costumava me incomodar muito e eu costumava buscar justificativa para tudo que ensinava. Agora eu simplesmente digo: "Nunca. Você nunca mais utilizará isso."
>
> Depois, digo aos alunos que as pessoas não levantam pesos para que estejam preparadas caso, um dia, [alguém] as aborde no meio da rua e entregue um haltere a ser levantado. Você levanta pesos para que possa nocautear o adversário na linha de defesa, carregar suas compras ou levantar seus netos sem ficar dolorido no dia seguinte. Você faz exercícios de matemática para aumentar sua capacidade de pensar de forma lógica, para exercer melhor a sua função de advogado, médico, arquiteto, diretor de prisão ou pai.
>
> A MATEMÁTICA É UM HALTEROFILISMO MENTAL. Ela é um meio para se chegar a um fim (para a maioria das pessoas), e não um fim em si mesmo.

COMENTÁRIOS SOBRE A MENSAGEM 3: Esta é uma ótima resposta. Observe os elementos que analisamos anteriormente neste livro: a abertura surpreendente para atrair a atenção das pessoas ("Nunca. Você nunca mais utilizará isso"). Além disso, a utilização da analogia é brilhante – ela ativa nosso esquema existente de levantamento de peso para mudar nosso modelo de "aprendizagem da álgebra" (ou seja, isso não significa que, no futuro, você terá a necessidade diária de encontrar a curva de uma linha; significa que você está fortalecendo a musculatura de seu cérebro).

Ele também está antecipando a hierarquia de Maslow. O apelo aqui é para elevar níveis como o da Aprendizagem e da Auto-realização. A idéia é que a aprendizagem de álgebra leva você a perceber mais do seu potencial.

SCORECARD

Lista de verificação	*Msg. 1*	*Msg. 2*	*Msg. 3*
Simplicidade	–	–	✓
Surpresa	–	–	✓
Concretude	–	✓	✓
Credibilidade	–	–	–
Sentimentos	–	✓	✓✓
Relatos	–	✓	–

CLÍMAX: "A matemática é um halterofilismo mental" é um lembrete de que, mesmo nas situações mais corriqueiras, há uma oportunidade de sair do porão de Maslow e atingir níveis superiores de motivação.

Não mexa com o Texas

Dan Syrek é o melhor pesquisador dos Estados Unidos sobre a questão do lixo. Ele trabalhou com iniciativas antilixo em 16 estados – de Nova York ao Alasca. Ele costuma iniciar seus projetos selecionando trechos aleatórios de estrada – desde estradas interestaduais até estradas rurais. E ele as percorre pessoalmente, coletando e contando manualmente o lixo.

Na década de 1980, Syrek e sua empresa com sede em Sacramento, o Institute for Applied Research, foram contratados pelo estado do Texas. O Texas enfrentava um problema sério de lixo. O estado estava gastando $25 milhões por ano com limpeza e os custos subiam 15% ao ano. As tentativas do estado de incentivar um melhor comportamento (letreiros "Não jogue lixo nas estradas", vários coletores de latas ao longo da estrada indicando "Arremesse aqui") não estavam funcionando. O Texas contratou Syrek para ajudar a criar uma nova estratégia.

A mensagem antilixo padrão é emocional, mas tende a se concentrar em um grupo limitado de emoções. Há apelos à culpa e à vergonha, como em um outdoor que mostra um norte-americano nativo chorando ao ver o lixo na estrada. Também há apelos a nossos sentimentos pela vida selvagem tão acolhedora, como a campanha em que uma coruja de história em quadrinhos diz: "Siga corujando e não poluindo."

Syrek sabia que esse tipo de mensagem não resolveria o problema do Texas. A seu ver, esses tipos de anúncios só funcionam como "pregação para o coro". O Texas precisava despertar o interesse das pessoas que pareciam não se importar com o problema do lixo jogado nas estradas. O perfil do típico texano que jogava lixo nas estradas era o de um homem entre 18 e 35 anos, dirigindo uma pickup, que gostava de esportes e música country. Ele não gostava de autoridade e não era motivado por associações sentimentais a corujas fofas. Um membro do Texas Department of Transportation disse: "Dizer 'por favor' a esses caras é como falar com um surdo."

Syrek diz: "Descobrimos que as pessoas que jogam lixo na rua são verdadeiros porcalhões. Era necessário explicar a eles que estavam sujando as estradas." Syrek sempre carregava uma foto de um homem com aparência de machão, dirigindo uma pickup. Ele disse: "Este é o nosso público-alvo. Apelidamos ele de Bubba."

Criar uma campanha antilixo com base no interesse pessoal não parecia ser uma idéia que funcionaria com esse grupo. Afinal, o que os Bubbas têm a ganhar por não jogar lixo nas estradas? Jogar o lixo nos locais apropriados exige esforço e, para isso, não há recompensas claras. A situação não se presta a um apelo baseado em ganância ou sexo, ao estilo Caples. Talvez seja possível criar uma abordagem baseada no medo, com a aplicação de multas pesadas ou outras punições, mas a característica marcante dos Bubbas de aversão à autoridade provavelmente os levaria a considerar isso inútil (ou até mesmo como um tiro que sai pela culatra).

Syrek sabia que a melhor forma de mudar o comportamento de um Bubba era convencê-lo de que as *pessoas gostariam que ele* não jogasse lixo nas estradas. Com base na pesquisa, o Texas Department of Transportation aprovou uma campanha construída em torno do slogan "Não mexa com o Texas".

Em um dos primeiros comerciais de televisão, apareceram dois jogadores do Dallas Cowboy que eram famosos no Texas: o *defensive end*,* Ed "Too-Tall" Jones, e o *defensive tackle*,* Randy White. Na cena, eles estão recolhendo o lixo no acostamento de uma auto-estrada:

> Too-Tall Jones avança em direção à câmera e diz: "Está vendo o cara que arremessou isso pela janela do carro?... Diga que tenho um recado para ele."
>
> Randy White avança em direção à câmera, com uma lata de cerveja na mão, e diz: "Também tenho um recado para ele..."
>
> A câmera se afasta e ouve-se uma voz ao fundo, que indaga: "O que será?"
>
> White amassa a lata com seu punho e diz, em tom ameaçador: "Bem, é que preciso ver como ele vai se livrar disso."
>
> Too-Tall Jones acrescenta: "Não mexa com o Texas."

Esse comercial traduz um apelo de longa data de corujas simpáticas e de norte-americanos nativos que lamentam a situação.

Outro comercial apresenta o arremessador do Houston Astros, Mike Scott, que ficou famoso por seu *split-fingered fastball*.** Scott diz que "um verdadeiro texano" joga lixo nas lixeiras. Ele demonstra seu "*split-fingered trashball*", arremessando lixo em uma lata no acostamento da estrada, que explode, produzindo uma labareda. Uma mensagem sutil.

A campanha apresentava atletas e músicos. A maioria deles provavelmente não eram nomes conhecidos fora do Texas, mas eram todos personalidades famosas para os texanos: o *quarterback**** Warren Moon, do time Houston Oilers, o boxeador George Foreman, o guitarrista de blues Stevie Ray Vaughan e o cantor de música country Jerry Jeff Walker. Willie Nelson participou de uma propaganda em que dizia: "Queridas mães, digam a seus bebês: 'Não mexa com o Texas.'"

**Nota da Tradutora*: Os jogadores *defensive end* são os gigantes da defesa, fazem a parede para que os corredores do time adversário não penetrem pelo meio da defesa. Não são extremamente móveis, mas conseguem parar qualquer um que passe por perto. Os jogadores *defensive tackle* são grandes, mas móveis; os encarregados de marcar as corridas do adversário. Normalmente, acompanham os *running backs*, para evitar penetrações.

***Nota da Tradutora*: Arremesso rápido, em que o jogador segura a bola entre os dedos indicador e médio, fazendo com que a bola caia bem perto da base principal. O autor faz um trocadilho ao dizer *split-fingered trashball*, onde *trashball* representa o lixo jogado nas estradas.

*****Nota da Tradutora*: Jogador de futebol norte-americano.

Mas isso não é uma publicidade comum feita por celebridades? Não, é algo mais sutil do que isso. Certamente, as cenas não são orientadas simplesmente pelo fato de a pessoa ser uma celebridade – Barbra Streisand não encararia um Bubba. E até mesmo celebridades que representam o modelo da masculinidade não funcionariam da mesma forma. Schwarzenegger é o típico modelo de masculinidade, mas não tem nada que chame a atenção dos texanos.

E se a campanha utilizasse as mesmas celebridades, mas adotasse uma abordagem do tipo PSA mais convencional? "Apóio o boxeador George Foreman. Não é legal jogar lixo nas estradas." Provavelmente, isso também não funcionaria: Foreman estaria incorporando a função de autoridade que o Bubba detesta.

A mensagem da campanha era *Texanos não jogam lixo nas estradas*. Observe que as celebridades são valorizadas desde que possam rapidamente estabelecer o esquema do "Texas", ou, mais especificamente, representar "um modelo do homem texano ideal, masculino". Até mesmo as pessoas que não gostam da música de Willie Nelson são capazes de apreciar a qualidade de sua música texana.

A campanha logo fez sucesso. Após alguns meses do lançamento, foi constatado que 73% dos texanos se lembravam da mensagem e a identificavam como uma mensagem antilixo. Em um ano, observou-se redução de 29% na quantidade de lixo jogado nas estradas.

O plano original do Department of Transportation era acompanhar a campanha "Não mexa com o Texas", reservando $1 milhão para um programa separado, a fim de aplicar leis mais rigorosas de combate ao lixo nas estradas. Para isso, foi utilizada a tática do medo: quem for pego jogando lixo nas estradas será processado. Mas o efeito de "Não mexa com o Texas" era tão forte e imediato que o programa de reforço foi abandonado. Ao apresentar ao Bubba uma mensagem convincente sobre identidade, a campanha tornou desnecessário o apelo ao medo.

Nos primeiros cinco anos da campanha, a quantidade de lixo nos acostamentos das estradas do Texas diminuiu em 72%. Houve redução de 81% no número de latas arremessadas nas estradas do Texas. Em 1988, Syrek descobriu que o Texas tinha menos da metade do lixo encontrado nas estradas de outros estados que haviam realizado programas antilixo no mesmo período.

A frase "Não mexa com o Texas" funciona como um ótimo slogan. Mas não devemos confundir o slogan com a idéia. A idéia era que Syrek poderia levar Bubba a se preocupar com a questão do lixo nas estradas, mostrando a ele que os verdadeiros texanos não jogam lixo nas estradas. A idéia era levar Bubba a reagir melhor a um apelo à identidade do que a um apelo ao interesse pessoal racional. Mesmo que um publicitário menos qualificado tivesse sido contratado e o slogan fosse "Não desrespeite o Texas", a campanha teria levado a uma redução na quantidade de latas jogadas nas estradas do Texas.

A música Duo Piano

Até aqui, verificamos três estratégias para despertar o interesse das pessoas: o emprego de associações (ou, conforme o caso, evitar o emprego de associações), o apelo ao interesse pessoal e o apelo à identidade. Essas três estratégias podem ser eficazes, mas precisamos ficar atentos à nossa antiga nêmesis, a Maldição do Conhecimento, que pode interferir em nossa capacidade de implementá-las.

Em 2002, Chip ajudou um grupo de professores a conduzir um seminário para líderes sobre artes sem fins lucrativos, em Miami e Fort Lauderdale, na Flórida. Um dos exercícios visava ajudar os líderes a articular e refinar a missão essencial da empresa. As perguntas feitas aos participantes eram difíceis: Por que sua empresa existe? Há outras empresas fazendo o mesmo que sua empresa faz e, em caso afirmativo, o que você faz de exclusivo?

Em uma das perguntas, os participantes foram solicitados a definir o objetivo da empresa de uma forma que despertasse o interesse das pessoas pela empresa. Os voluntários precisam se interessar a ponto de dedicar seu tempo; doadores precisam se interessar a ponto de doar dinheiro e empregados precisam se interessar a ponto de querer ficar na empresa (mesmo que recebam ofertas de trabalho lucrativas de outras empresas sem fins lucrativos). Uma das empresas presentes no seminário era a Murray Dranoff Duo Piano Foundation. Quando chegou a vez dela, Chip pediu aos representantes para ler sua declaração de objetivo com apelo ao sentimento:

GRUPO DUO PIANO: Existimos para proteger, preservar e promover a música duo piano.

CHIP: Por que é importante proteger a música duo piano?

GRUPO DUO PIANO: A música duo piano quase não é tocada. Queremos impedir que ela desapareça.

Um participante admitiu posteriormente que, ao ouvir a expressão "duo piano" pela primeira vez, pensou imediatamente nos "duelos de pianos" comuns em bares turísticos, com pessoas bêbadas cantando junto com o "pianista". Algumas pessoas da sala pensaram que talvez a morte da música duo piano não devesse ser impedida, mas acelerada.

A conversa ficou girando em círculos por alguns minutos, sem conseguir despertar grande interesse das pessoas que estavam na sala pelo duo piano como forma de arte. Finalmente, um dos demais participantes opinou: Sem querer ser rude, o que o mundo perderia se a música duo piano desaparecesse para sempre?

> Grupo Duo Piano: (Nitidamente chocado) Muita coisa...
>
> O piano é este instrumento imponente. Ele foi criado para aglutinar a diversidade e a qualidade tonal da orquestra inteira sob o controle de apenas um executor. Nenhum outro instrumento possui a mesma amplitude e o alcance.
>
> E quando você coloca dois desses instrumentos imponentes na mesma sala, e os executores conseguem responder um ao outro e crescer com o apoio mútuo, é como se tivéssemos o som da orquestra com a intimidade da música de câmara.

Nesse momento, percebeu-se o semblante surpreso das pessoas na sala e um murmúrio audível de aprovação. A frase "o som da orquestra com a intimidade da música de câmara" foi profunda e evocativa. De repente, as pessoas na sala *compreenderam*, pela primeira vez, por que a equipe da Murray Dranoff estava, e deveria estar, comprometida com o duo piano.

Por que o grupo Murray Dranoff levou dez minutos para apresentar uma mensagem capaz de despertar o interesse das outras pessoas? Você poderia imaginar que um grupo dedicado ao duo piano estaria na melhor posição de qualquer pessoa do mundo para explicar o valor da música.

Na realidade, eles *sabiam* melhor do que ninguém por que valia a pena preservar o duo piano. Mas a Maldição do Conhecimento os impediu de expressar isso da melhor forma. A missão de "preservar a música duo piano" era eficaz e significativa dentro da Murray Dranoff, mas fora da empresa, ela era obscura. Vários participantes posteriormente comentaram que concordaram com a pergunta "O que o mundo perderia se a música duo piano desaparecesse para sempre?." O que há de tão especial no duo piano? Quem se importa com isso?

Se, durante anos, todo dia você vai trabalhar concentrado em questões sobre o duo piano, é fácil se esquecer de que grande parte do mundo nunca tenha ouvido falar em duo piano. É fácil se esquecer de que você é um ritmista e que o mundo é um ouvinte. O grupo duo piano foi salvo da Maldição do Conhecimento por um grupo de pessoas que lotava uma sala, ao perguntar de forma inexorável: "Por quê?" Ao perguntarem "Por quê?" três vezes, o grupo duo piano deixou de falar sobre *o que* estava fazendo para explicar *por que* estava fazendo aquilo. Eles deixaram de lado uma série de associações sem poder (exceto para alguém que já conhecesse a música duo piano) para definir associações mais profundas e concretas que se conectavam emocionalmente ao mundo exterior.

Essa tática dos "Três por quês" pode ser útil para fugir da Maldição do Conhecimento. (A Toyota realmente adota um processo de "Três por quês" para chegar à raiz dos problemas na linha de produção. Sinta-se à vontade para utilizar quantos "por quês" você quiser.) Quando perguntamos "Por quê?", fica mais fácil lembrar-se de valores essenciais e princípios essenciais que são a base de nossas idéias.

Há alguns anos, um grupo de administradores de hospital solicitou a ajuda da empresa IDEO para melhorar o fluxo de trabalho no hospital. A equipe da IDEO sabia que provavelmente enfrentaria muita resistência interna às suas recomendações. O primeiro passo para motivar o staff do hospital a buscar a mudança foi levá-lo a perceber que havia um problema e a se importar com isso.

A IDEO criou um vídeo, gravado sob a perspectiva de um paciente que chega à sala de emergência com uma fratura na perna. No vídeo, vemos tudo pela óptica do paciente. *Somos* o paciente. Entramos na sala de emergência – buscamos informações de check-in e interagimos com o pessoal de admissão, que está utilizando uma linguagem médica totalmente estranha para nós. No final, somos colocados em uma maca e rodamos o hospital. Observamos as longas vigas do teto do hospital. Ouvimos vozes sem rostos, pois não conseguimos ver as pessoas que falam conosco. De vez em quando, a cabeça de uma pessoa aparece em nosso campo de visão. Muitas vezes, há longas pausas, em que ficamos sentados, ociosos, olhando para o teto, sem saber o que acontecerá em seguida.

Jane Fulton Suri, uma psicóloga da IDEO, disse que, quando o vídeo foi mostrado ao staff do hospital, teve impacto imediato. "A primeira reação era sempre algo como 'Nossa... Nunca *percebi*...'" Suri diz que gosta da palavra *percebi*. Antes de os empregados do hospital assistirem ao vídeo, o problema não parecia muito *real*. Depois, segundo ela: "Houve motivação imediata para apresentar soluções. Não era apenas mais um problema em uma lista de problemas."

A IDEO também criou exercícios de representação de papéis, colocando o pessoal do staff na posição de pacientes. Os exercícios incluíam tarefas como "Imagine que você é francês e que está tentando localizar seu pai no hospital, mas não fala nada em inglês." A IDEO ficou conhecida por esse tipo de simulação – simulações que levam os empregados a se colocarem na posição de seus clientes. O tempo parece corroer a empatia, em alguns contextos, e as simulações da IDEO conseguem recuperar a capacidade empática natural que temos pelos outros. Suri disse: "O mundo dos negócios tende a destacar o padrão em detrimento do específico. Os aspectos intelectuais do padrão impedem que as pessoas se importem com os outros."

A percepção de que a empatia é fruto do específico, e não do padrão, nos remete à citação de Madre Teresa, no início deste capítulo: "Se eu olhar para as massas, nunca entrarei em ação. Mas se eu olhar para cada pessoa, entrarei em ação."

Como despertar o interesse das pessoas por nossas idéias? Levando-as a tirar seus Chapéus Analíticos. Criamos empatia por indivíduos específicos. Mostramos como nossas idéias estão associadas a coisas com as quais as pessoas já se importam. Apelamos para seu interesse pessoal e para suas identidades. Em outras palavras, apelamos não apenas para quem são nesse exato momento, mas também para quem gostariam de ser.

E, apesar de ser essencial pensar sempre sobre WIIFY* para o nosso público, não podemos esquecer de manter uma visão clara sobre o porão de Maslow. O WIIFY para nosso público pode ser a motivação estética ou o desejo da transcendência, e não um bônus de $250. Floyd Lee disse: "A meu ver, não sou responsável apenas por servir a comida; sou responsável pela moral." Quem não gostaria de ter um líder como Floyd Lee?

**Nota da Editora*: Conforme aparece em capítulo anterior: *what's in it for you* (o que é importante aqui para você).

CAPÍTULO 6

RELATOS

A enfermeira estava trabalhando na Unidade de Terapia Intensiva Neonatal (UTIN), onde recém-nascidos com problemas de saúde graves são tratados e monitorados. Um bebê em especial estava sob seus cuidados há várias horas. Ela não estava satisfeita com o que estava verificando. A cor do bebê, um indicador-chave de problemas em potencial, estava variando entre um tom rosado saudável e um tom pálido, mais preocupante.

De repente, em questão de segundos, o bebê começou a ficar preto-azulado. A enfermeira não sabia o que fazer. Outras pessoas da UTI solicitaram o comparecimento urgente de um técnico em raio X e de um médico.

A equipe médica ali reunida partiu do pressuposto de que estava ocorrendo a falência de um dos pulmões do bebê, um problema comum em bebês submetidos à ventilação mecânica. A equipe se preparou para a resposta típica à falência dos pulmões, que envolve a perfuração do peito para inserir um tubo a fim de sugar o ar em torno do pulmão afetado, permitindo que ele se encha novamente de ar.

Mas a enfermeira pensou que fosse um problema de coração. Assim que percebeu a mudança de cor do bebê (aquela terrível cor preto-azulada), ela suspeitou que fosse um caso de pneumopericárdio, condição essa em que há um acúmulo de ar no saco pericárdico, fazendo pressão interna e impedindo os batimentos cardíacos. A enfermeira ficou apavorada, pois, na última vez em que testemunhou um caso de pneumopericárdio, o bebê morreu antes mesmo de o problema ser diagnosticado.

A enfermeira tentou interromper os preparativos feitos às pressas para tratar do pulmão. Ela disse: "É o coração!" Mas, em resposta, os demais integrantes da equipe médica apontaram para o monitor de freqüência cardíaca, que mostrava que o coração do bebê estava bem; a taxa de 130 batimentos cardíacos por minuto era considerada uniforme e normal para um recém-nascido. A enfermeira, insistente, afastou as mãos deles e implorou silêncio, enquanto abaixava o estetoscópio para verificar os batimentos cardíacos.

Não havia som – o coração *não* estava batendo.

Ela começou a fazer compressões no peito do bebê. O neonatologista-chefe entrou na sala e a enfermeira colocou uma seringa em suas mãos. Ela disse: "É pneumopericárdio. Fure o coração."

O técnico em raio X, que finalmente obteve os resultados do escaneamento, confirmou o diagnóstico da enfermeira. O neonatologista introduziu a agulha da seringa no coração e liberou, lentamente, o ar que estava pressionando o coração do bebê. A vida do bebê foi salva. Aos poucos, sua cor voltou ao normal.

Posteriormente, o grupo percebeu por que havia sido enganado pelo monitor de freqüência cardíaca. Ele foi projetado para medir a atividade elétrica, e não as reais batidas do coração. Os nervos do coração do bebê estavam funcionando bem (ou seja, indicando ao coração que ele deveria bater em um ritmo apropriado), mas o ar no saco em torno do coração estava realmente impedindo o seu batimento. Só ficou claro que o seu coração havia parado de bater quando a enfermeira utilizou o estetoscópio. Ela fez isso para poder escutar se o coração bombeava corretamente.

Essa história foi coletada por Gary Klein, um psicólogo que estuda como as pessoas tomam decisões em ambientes de alto risco e alta pressão. Ele acompanha a rotina de bombeiros, controladores de tráfego aéreo, operadores de usinas elétricas e pessoas que trabalham em UTI. A história do bebê foi extraída do capítulo intitulado "The Power of Stories", no livro *Sources of Power*, de Klein.

Klein diz que, nos ambientes analisados, as histórias são contadas e recontadas, pois elas contêm sabedoria. As histórias são ferramentas de aprendizagem eficazes. Elas mostram como o contexto pode levar as pessoas a tomar decisões erradas. As histórias ilustram relacionamentos causais que as pessoas não haviam reconhecido antes e destacam formas inesperadas e engenhosas por meio das quais as pessoas resolveram problemas.

Clinicamente falando, a história relatada anteriormente ensina lições importantes. Ela orienta as pessoas sobre como identificar e tratar a condição específica de pneumopericárdio. De uma forma mais ampla, ela serve de advertência para a equipe médica quanto à demasiada confiança em máquinas. O monitor de freqüência cardíaca estava perfeito, mas não pôde substituir o insight de um ser humano que utilizou um simples estetoscópio.

Essas lições em medicina não são especialmente úteis para as pessoas que não trabalham na área de saúde. Mas a história é *inspiradora* para qualquer um. Trata-se de um relato de uma mulher que confiou em seu instinto, apesar da pressão implícita para aceitar a opinião do grupo. É uma história de situação desvantajosa – no ambiente hierárquico do hospital, foi a *enfermeira* que apresentou ao *neonatologista-chefe* o diagnóstico correto. Uma vida que dependia de sua vontade de agir fora da "função designada a ela".

Essa história, então, tem duas vezes mais poder: ela oferece simulação (conhecimento sobre como agir) e inspiração (motivação para agir). Observe que os dois benefícios (simulação e inspiração) são acionados para gerar ação. Nos últimos capítulos, vimos que uma idéia com *credibilidade* leva as pessoas a acreditar. Uma idéia *emocional* leva as pessoas a se importar. E, neste capítulo, veremos que as histórias certas levam as pessoas a agir.

Conversa sobre trabalho no refeitório da Xerox

As fotocopiadoras talvez sejam as máquinas mais complexas que a maioria de nós já tenha utilizado. Que outra máquina associa as tecnologias óptica, mecânica, química e elétrica? É difícil acreditar que as fotocopiadoras conseguem funcionar. Na verdade, muitas vezes elas apresentam falhas. Quando há um problema, é necessário chamar uma pessoa com muita experiência em reparos para diagnosticá-lo e apresentar uma solução. Então, isso não pode ser resolvido com uma simples ação de abrir e fechar a bandeja de papel algumas vezes.

Durante algum tempo, o pesquisador Julian Orr acompanhou de perto o trabalho dos reparadores de fotocopiadoras da Xerox e descobriu que eles perdiam muito tempo trocando histórias. Vejamos a história a seguir, que foi contada por um vendedor de fotocopiadoras da Xerox, enquanto jogava baralho, na hora do almoço. (Fizemos alguns comentários esclarecedores entre colchetes.) O vendedor começou fazendo uma referência a uma alteração mecânica recente feita pelos designers de fotocopiadoras, na tentativa de evitar uma oscilação de energia comum em função de vários componentes:

> A nova configuração da placa XER não altera a placa quando você tem um dicorotron em arco. Em vez disso, agora ela atua sobre a trava de 24V na Fonte de Alimentação de Baixa Voltagem, e a máquina quebra. Mas, quando há backup, ela apresenta um erro E053. [Esse é um código de erro enganoso que se refere a uma área da máquina não relacionada ao problema real.]
>
> Foi exatamente isso que encontrei lá, no final do corredor, e Weber e eu corremos por quatro horas, tentando encontrar o problema. Descobrimos que foi o dicorotron que causou tudo isso. Finalmente, conseguimos ligá-la por um tempo suficiente para obter um E053 com um F066. Assim que verificamos os dicorotrons, detectamos que um deles estava totalmente morto... [Orr relata que houve uma longa pausa para jogar baralho.] Isso foi divertido.

Esses caras que jogam baralho na hora do almoço estão simplesmente conversando sobre trabalho, como todos nós fazemos. Um erro E053 enganoso pode não constituir um drama em seu mundo, mas, sem dúvida, todos nós já passamos por situação parecida.

Por que as pessoas conversam sobre o trabalho? Isso pode ser explicado, em parte, simplesmente pela Humanidade – queremos conversar com as outras pessoas sobre coisas em comum. Os técnicos da Xerox trabalham com fotocopiadoras; então, eles conversam sobre isso. Mas esse não é o único fator em jogo aqui. Por exemplo, o contador de história citado poderia ter compartilhado a história sem fornecer os detalhes: "Tive um problema difícil para solucionar hoje – levei quatro horas para encontrar a solução. Menos um problema agora." Ou ele poderia ter apresentado direto o clímax: "Após horas de aborrecimento, consegui rastrear o problema. Era um dicorotron queimado. Como foi *sua* manhã?"

Em vez disso, ele conta uma história que é bem mais interessante para seus parceiros de almoço. Ela possui dramaticidade – um código enganoso leva dois homens a uma caça frenética até que descobrem, graças a muito esforço e raciocínio, que o problema é mais simples do que pensavam. Por que o formato dessa história é mais interessante? Porque permite a participação de seus parceiros de almoço. Ele está fornecendo a eles informações suficientes para que possam mentalmente testar como agiriam na situação. As pessoas da sala que não tinham consciência do código enganoso E053 agora corrigiram seu "esquema E053". Antes, só havia uma maneira de responder a um código E053. Agora, os técnicos sabem que precisam ficar alertas para a possibilidade de encontrar a situação do "E053 enganoso".

Em outras palavras, essa história é parte entretenimento e parte informação. A conversa sobre trabalho fornece pistas importantes sobre como reagir ao mundo. Ela ensina enfermeiras a não confiar cegamente em monitores de freqüência cardíaca. Ela ensina técnicos de fotocopiadoras a ficarem atentos ao código E053 enganoso.

Mas as histórias anteriores não são simplesmente a transferência de pedaços de informações. A história da Xerox *não* é funcionalmente equivalente a um e-mail que circula na empresa e contém a linha "Cuidado com falsos códigos E053 relacionados a dicorotrons queimados". Há algo mais profundo acontecendo aqui. É necessária uma análise mais detalhada para revelar o valor adicional proporcionado por essas histórias.

O público impassivo

Histórias estão fortemente associadas ao entretenimento – filmes, livros, programas de televisão e revistas. Quando as crianças dizem "Me conte uma história", elas estão implorando entretenimento, e não instrução.

Ser o "público" de uma história parece ser uma função passiva – públicos que escutam as histórias na televisão são chamados de "turma do sofá". Nada mais justo. Mas chamá-los de "passivos" já seria um exagero. Quando lemos livros, temos a sensação de estar sendo transportados para o mundo do autor. Quando amigos contam histórias, nossa empatia é instintiva. Quando assistimos a filmes, nos identificamos com os protagonistas.

Mas, e quando as histórias nos envolvem de uma maneira menos intuitiva, mais dramática? Uma equipe de pesquisadores produziu evidência surpreendente, sugerindo que a fronteira entre o "público" de uma história e o "protagonista" de uma história pode não ser muito nítida.

Três psicólogos, interessados em como as pessoas compreendem histórias, criaram algumas para que os participantes do estudo lessem em um computador. Eles dividiram os participantes em dois grupos. O primeiro grupo leu uma história em que um objeto crítico era *associado* ao personagem principal. Por exemplo, "John *vestiu* seu moletom antes de sair para correr". O segundo grupo leu uma história em que o mesmo objeto crítico era *separado* do personagem principal: "John *tirou* o moletom antes de sair para correr."

Duas frases depois, a história fez referência ao moletom e o computador pôde rastrear quanto tempo as pessoas levaram para ler essa frase. Aconteceu algo estranho: as pessoas que pensavam que John havia tirado o moletom antes da corrida *levaram mais tempo para ler a frase* do que as pessoas que pensaram que John estava vestido com o moletom.

Esse resultado é sutil, mas fascinante. Ele sugere que criamos um tipo de simulação geográfica das histórias que ouvimos. Uma coisa é dizer "Ler histórias nos faz criar imagens em nossa mente." Todos acharemos essa declaração intuitiva. Outra coisa é dizer que, quando John tirou o moletom, ele o deixou em casa, em um lugar mais remoto na nossa mente. Para que isso seja verdade, não podemos simplesmente *visualizar* a história em uma tela de cinema dentro de nossas mentes; de alguma forma, precisamos *simular* isso, concluir com algum tipo de analogia (embora solta) às relações espaciais descritas na história. Esses estudos sugerem que não existe um público passivo. Quando ouvimos uma história, nossas mentes percorrem diversas salas. Quando ouvimos uma história, simulamos isso. Mas para que serve a simulação?

Um grupo de alunos da UCLA foi solicitado a pensar sobre um problema atual em suas vidas, um problema que os estivesse "estressando", mas que fosse potencialmente solucionável no futuro, como um problema de tarefa escolar ou de relacionamento.

Os alunos foram informados de que o objetivo da experiência era ajudá-los a lidar com o problema de forma eficaz. Eles receberam breves instruções sobre o diagnóstico e a solução do problema: "É importante pensar sobre o problema, aprender mais sobre ele, pensar sobre o que você pode fazer, adotar medidas para lidar com ele... Ao resolvê-lo, você pode diminuir o estresse, deixá-lo satisfeito pela forma como você conseguiu lidar com ele e ajudá-lo a crescer com a experiência." Após receber as instruções, esse "grupo de controle" foi para casa e solicitado que retornasse ao laboratório uma semana depois.

Um segundo grupo de alunos, o grupo de "simulação de evento", permaneceu no laboratório. Eles foram solicitados a simular mentalmente o desenrolar do problema:

> Gostaríamos que você visualizasse como esse problema surgiu. Visualize quando o problema começou, procurando se lembrar do primeiro incidente... Repasse os incidentes que foram ocorrendo, um a um. Visualize as medidas que você adotou. Lembre-se do que disse, do que fez. Visualize o ambiente, quem estava ao redor, onde você estava.

Os participantes da simulação de evento precisaram refazer o trajeto do evento, passo a passo, que levou ao problema. Presumidamente, a análise da cadeia de causas deve ajudar os alunos a pensar sobre como solucionar o problema, como programadores envolvidos em uma depuração sistemática.

Um terceiro grupo, o grupo da "simulação de resultado", foi solicitado a simular mentalmente um resultado positivo que surgiu do problema:

> Imagine que este problema está começando a se resolver, que você está saindo da situação estressante... Imagine o alívio que você sente. Visualize a satisfação que sentiria ao conseguir lidar com o problema. Imagine como é bom para sua autoconfiança saber que você conseguiu lidar com sucesso com o problema.

Os simuladores de resultado se mantiveram focados no resultado futuro desejado: O que acontecerá quando esse problema tiver sido resolvido?

Após esse exercício inicial, os dois grupos de simulação foram para casa. Os dois grupos foram solicitados a repetir suas simulações todos os dias, durante cinco minutos, e a voltar ao laboratório uma semana depois.

Agora chegou sua vez de brincar em casa: adivinhe qual foi o grupo de alunos que conseguiu lidar melhor com seus problemas. (Dica: Não foi o grupo de controle.)

Resposta: o grupo de simulação de evento (as pessoas que simularam como os eventos se desenrolaram) apresentou um resultado melhor em quase todas as dimensões. A simulação de eventos passados é muito mais útil do que a simulação de resultados futuros. Na realidade, a lacuna entre os grupos se abriu logo após a primeira sessão no laboratório. Na primeira noite, as pessoas da simulação de evento já estavam vivenciando um estado de espírito positivo em comparação aos outros dois grupos.

Quando os grupos voltaram, uma semana depois, a vantagem dos simuladores de evento havia crescido ainda mais. Eles estavam mais propensos a adotar medidas específicas para resolver seus problemas. Eles estavam mais propensos a buscar conselho e apoio de outras pessoas. Eles estavam mais propensos a relatar que haviam aprendido algo e crescido.

Talvez você considere esses resultados um pouco inesperados, pois a literatura da psicologia moderna está cheia de gurus que imploram para que visualizemos o sucesso. Parece que uma atitude mental positiva não é suficiente para conseguir isso. Talvez gurus financeiros não devessem dizer que precisamos imaginar que somos muito ricos; em vez disso, eles deveriam dizer que precisamos repetir as etapas que nos levaram à pobreza.

Por que a simulação mental funciona? Ela funciona porque não podemos imaginar eventos ou seqüências sem evocar os mesmos módulos do cérebro que foram evocados na atividade física real. Varreduras do cérebro mostram que, quando as pessoas *imaginam* uma luz piscando, elas ativam a área visual do cérebro; quando elas *imaginam* que alguém está tocando na sua pele, elas ativam as áreas táteis do cérebro. A atividade da simulação mental não se restringe ao interior de nossas mentes. Quando as pessoas imaginam palavras começando pela letra *b* ou *p*, elas não conseguem evitar os movimentos sutis dos lábios. E as pessoas que imaginam que estão olhando para a Torre Eiffel não conseguem evitar o movimento de seus olhos para o alto. A simulação mental pode alterar até mesmo as reações físicas viscerais: quando as pessoas bebem água, mas imaginam que é suco de limão, elas salivam mais. Ainda mais surpreendente, quando as pessoas bebem limonada, mas imaginam que é água, elas salivam menos.

As simulações mentais nos ajudam a gerenciar as emoções. Há um tratamento padrão para fobias de todos os tipos – de aranhas, falar em público, viagem de avião e outras. Pacientes iniciam um procedimento de relaxamento que inibe a ansiedade e, depois, são solicitados a visualizar a exposição àquilo que temem. A primeira visualização começa na periferia do medo. Por exemplo, alguém que tenha medo de viajar de avião deve começar pensando sobre a viagem até o aeroporto. O terapeuta conduz o paciente por uma série de visualizações que se aproximam cada vez mais do centro do medo ("Agora os motores dos aviões estão roncando na pista e o barulho aumenta cada vez mais..."). Cada vez que as visualizações geram ansiedade, a pessoa interrompe por um momento e utiliza a técnica do relaxamento para recuperar o equilíbrio.

Observe que essas visualizações destacam os próprios eventos – o processo, e não os resultados. Ninguém jamais foi curado de uma fobia ao imaginar como estará feliz quando ela desaparecer.

Simulações mentais ajudam no diagnóstico e na solução de problemas. Mesmo em situações comuns de planejamento, a simulação mental de um evento nos ajuda a pensar no que poderíamos, do contrário, ter negligenciado. Imaginar uma ida a um mercado nos lembra de que poderíamos deixar roupas para lavar a seco na loja que fica no mesmo shopping center. Simulações mentais nos ajudam a antecipar respostas apropriadas a situações futuras. Imaginar uma discussão em potencial com nosso chefe, imaginar o que ele dirá, pode nos levar a disponibilizar as palavras certas a serem ditas quando precisarmos (e evitar que empreguemos as palavras erradas). Pesquisas sugerem que os ensaios mentais podem evitar que pessoas reincidam em hábitos ruins como fumar, beber demais ou comer demais. Um homem que esteja tentando vencer o vício da bebida terá melhores resultados se ensaiar mentalmente como resolverá a questão do futebol, no domingo: Como ele deve reagir quando alguém se levantar para comprar cervejas?

Talvez o mais surpreendente seja descobrir que a simulação mental também pode criar habilidades. Uma análise de 35 estudos com 3.214 participantes mostrou que a prática mental, por si só (sentado tranqüilamente, sem se mover, procure se imaginar executando uma tarefa com sucesso, do início ao fim), melhora muito o desempenho. Os resultados foram considerados em relação a um grande número de tarefas: a simulação mental ajudou as pessoas a soldar melhor e a jogar dardos melhor. Trombonistas estavam tocando melhor. Skatistas que participavam de competições melhoraram seu desempenho. Sem dúvida, a prática mental é mais eficaz quando uma tarefa envolve maior atividade mental (por exemplo, tocar trombone), em oposição à atividade física (por exemplo, maromba), mas a extensão dos ganhos da prática mental costuma ser grande: em geral, a prática mental sozinha produz cerca de *dois terços dos benefícios da prática física real.*

A mensagem é simples: fazer uma simulação mental não é tão bom quanto agir de fato, mas é a próxima melhor coisa. E, voltando ao mundo de idéias que colam, estamos sugerindo que o tipo certo de história é, efetivamente, uma simulação. Histórias são como simuladores de vôo para o cérebro. Escutar a história do monitor de freqüência cardíaca contada pela enfermeira não é tão bom quanto estar lá, mas é a próxima melhor coisa.

Ou pense na história do código E053 da Xerox. Por que é melhor ouvir essa história do que uma advertência sobre "indicadores E053 enganosos" no manual de treinamento? É melhor exatamente pelos mesmos motivos que simuladores de vôo são melhores para os pilotos do que pilhas de cartões de instruções. Quanto mais o treinamento simular as ações que precisamos executar no mundo, mais eficaz ele será.

Uma história é poderosa, pois ela fornece o contexto que não encontramos na narrativa abstrata. Ela retoma o conceito de teoria Velcro de memória, a idéia de que quanto mais ganchos colocarmos em nossas idéias, melhor será a aderência. A história do código E053 revela emoções – a frustração por não ter conseguido encontrar o problema e o fato de ter sido enganado pelo código da máquina. Ela revela o background histórico – a idéia de que a mudança recente na "configuração da placa XER" levou a esse novo erro. No final, ela oferece um tipo de moral em nível mental: não confie totalmente no código de erro. Esse "ceticismo ao código" é algo que o técnico pode aplicar a todos os serviços futuros que realizar.

É fácil para um médico tratar apendicite após tê-la diagnosticado, mas o problema é aprender a diferenciar um apêndice inflamado de um problema no estômago ou de intoxicação alimentar ou de uma úlcera. Ou pense nos alunos de introdução à álgebra, que conseguem resolver equações complexas, mas ficam paralisados diante de um problema simples de palavras que envolve exatamente o mesmo raciocínio matemático. O Problema X nem sempre se identifica como Problema X.

Essa é a função que os relatos desempenham – colocar o conhecimento em uma estrutura que se pareça mais com a vida real, que tenha mais ligação com nossa existência cotidiana. É como um simulador de vôo. Então, ser o público de uma história não é função tão passiva assim. Internamente, estamos nos preparando para agir.

CLÍNICA

Lidando com alunos problemáticos

A SITUAÇÃO: Professores precisam lidar com problemas ocasionais em sala de aula – um aluno zangado, agressivo ou desafiador. Muitos professores são pegos de surpresa e não sabem como lidar com a situação. Nesta Clínica, iremos comparar duas mensagens diferentes com o intuito de compartilhar estratégias para lidar com esses alunos.

• • •

MENSAGEM 1: A primeira mensagem foi criada pela Indiana University como recurso para instrutores.

- Mantenha a calma. Respire fundo. Não fique defensivo.
- Não os ignore. Tente interromper o acesso de raiva. Marque um encontro com os alunos para o intervalo ou após a aula. Durante o encontro, reconheça os sentimentos deles e ouça-os. Converse de maneira profissional e respeitosa.

COMENTÁRIOS SOBRE A MENSAGEM 1: Observe que não há nada de inesperado aqui – nada que seja senso incomum. (E, se lidar com alunos difíceis é senso comum, por que precisamos escrever dicas sobre como lidar com eles?) A maioria dos conselhos – "Mantenha a calma"; "Não fique defensivo"; "Tente controlar o acesso de raiva" – é abstrata demais e óbvia demais para colar. (Poucos professores acham que você deve se *desesperar* como reação a um aluno problemático.)

MENSAGEM 2: A segunda mensagem foi enviada, informalmente, para um grupo de discussão, por uma professora chamada Alyson Buckman, que desejava compartilhar sua experiência com outros professores do grupo:

Tenho um aluno... que conversava muito alto e, em geral, no fundo da sala. Isso ocorria quase sempre quando eu estava falando. Eu e todos os demais podíamos escutar seus comentários, lá da frente da sala. Ele também discordava de mim em tudo, independentemente do assunto. Os alunos começaram a reclamar de seu comportamento nos jornais internos e a sugerir métodos para lidar com ele. Em geral, a intenção era humilhá-lo.

Tentei de tudo, desde o início, mas um dia, finalmente, me dirigi a ele e seu confidente na frente da turma, no final da aula. Pedi que me procurassem em meu escritório em uma data específica. Procurei me certificar de que teria testemunhas nesses encontros também – um dos privilégios de se estar em um espaço de trabalho compartilhado. O confidente, acredito eu, caiu na armadilha daquela função – o outro aluno apenas utilizou seu corpo como meio de desordem.

No encontro com o aluno valentão, ele apareceu de óculos escuros e se comportava de maneira totalmente rebelde. Comecei dizendo: "Por que não me conta o que está acontecendo no fundo da sala..." E ele respondeu: "Discordo." Tentei conversar sobre isso e o silêncio foi total.

Ele só me escutou quando disse que outros alunos estavam reclamando e sugerindo soluções para a situação. Sua linguagem corporal mudou completamente, assim como seu comportamento. Desde então, não tive mais problemas com ele. Minha interpretação sobre o ensinamento deixado por essa pequena lição é que alunos que mostram desrespeito pelo professor podem muito bem ser testados pelos outros alunos. Afinal, ele pensou que estava se mostrando para eles e descobriu que eles não queriam ouvir nem ver aquilo.

COMENTÁRIOS SOBRE A MENSAGEM 2: Essa história nos permite simular o processo de lidar com um aluno problemático. Acompanhamos Buckman em sua forma de lidar com o problema. Observe que muitos dos itens na lista da primeira mensagem são mostrados, e não contados, na história. A professora tenta "controlar" o acesso de raiva do aluno. Ela consegue "conversar com o aluno em um ambiente com maior privacidade". Ela mantém a calma o tempo todo.

A solução (em essência, fazendo pressão para que o aluno conseguisse se controlar) é concreta e inesperada. É um senso incomum. Poderíamos ter esperado que um aluno problemático não se importasse com o que seus colegas pensassem. Ao nos colocarmos no lugar de Buckman, isso faz com que nos importemos com o resultado. É mais fácil se importar com uma pessoa do que com uma lista de instruções.

SCORECARD

Lista de verificação	*Mensagem 1*	*Mensagem*
Simplicidade	–	–
Surpresa	–	✓
Concretude	✓	✓
Credibilidade	–	–
Sentimentos	–	✓
Relatos	–	✓

CLÍMAX: Poucas histórias, como a da Professora Buckman – simuladores de vôo para deter alunos problemáticos – seriam mais interessantes e eficazes no treinamento de professores do que a lista de pontos da Mensagem 1. Essa solução não é intuitiva; nove entre dez departamentos de treinamento criariam a Mensagem 1. Precisamos lutar contra a tentação de pular direto para as "dicas" e deixar de lado a história.

Relatos como inspiração: a história de Jared

No final da década de 1990, a enorme rede de fast-food Subway lançou uma campanha para promover o aspecto saudável da nova linha de sanduíches. A campanha se baseava em uma estatística: 7 subways com menos de 6g de gordura. Em termos estatísticos, isso pode funcionar – uma colher cheia de aliteração ajuda na ingestão do remédio. Mas "7 com menos de 6" não colou tanto quanto a campanha seguinte da Subway, que destacava a história notável de um universitário chamado Jared Fogle.

Jared tinha um grave problema de peso. No primeiro ano de faculdade, chegou a pesar 192kg. Ele vestia camisas tamanho GGGGG, o maior tamanho disponível em lojas de roupas. Suas calças tinham 152cm de circunferência.

O pai de Jared, um clínico geral em Indianápolis, há anos alertava seu filho sobre o peso, sem muito sucesso. Até que, um dia, no mês de dezembro, o colega de quarto de Jared, que cursava a formação pré-médica, notou que os tornozelos de Jared estavam inchados. Ele diagnosticou corretamente um edema, condição em que o corpo retém o fluido porque o sangue não pode transportar líquido suficiente; isso costuma levar ao diabetes, problemas no coração e até mesmo a infartos precoces. O pai de Jared já o havia alertado sobre o risco de não passar dos 35 anos, em função do peso e de seu estado geral de saúde.

No início da primavera, após sua estada no hospital, no mês de dezembro, Jared já havia tomado a decisão de emagrecer. Motivado pela campanha "7 com menos de 6", ele fez seu primeiro pedido do sanduíche club de atum. Ele gostou do sanduíche e, no final, acabou criando sua própria dieta, toda baseada nos sanduíches da Subway: uma enorme salada Subway no almoço e um sanduíche de atum de 15cm no jantar.

Após três meses da "dieta Subway", como Jared a chamava, ele subiu na balança. Ela indicava 149kg. Ele havia perdido quase 50kg, em três meses, comendo somente na Subway. Ele continuou a dieta por mais alguns meses, às vezes chegando a perder 45g por dia. Assim que sua saúde permitiu, ele começou a caminhar o máximo que conseguia – não pegava ônibus para ir às aulas e subia de escada em vez de pegar o elevador na loja de departamentos.

A história de como a perda de peso inspiradora de Jared se tornou fenômeno nacional começa com um artigo que apareceu no *Indiana Daily Student*, em abril de 1999. Ela foi escrita por Ryan Coleman, um ex-colega de quarto de Jared. Coleman encontrou Jared quando ele estava mais magro e quase não o reconheceu. Ele escreveu um relato comovente sobre o que significava para Jared ser obeso:

> Quando Fogle se inscrevia em uma aula, ele não fazia sua escolha com base no professor ou no horário da aula, como a maioria dos alunos. Ele decidia sobre as aulas em que se inscreveria com base no tamanho dos assentos, ou seja, se ele caberia neles.
>
> Quando a maioria dos caras se preocupava em encontrar uma vaga de estacionamento perto do campus, Fogle se preocupava em encontrar uma vaga sem um carro estacionado ao lado – ele precisava de espaço extra para poder abrir a porta e sair do carro.

O artigo terminou com esta citação de Jared: "A Subway ajudou a salvar minha vida para que eu pudesse recomeçar. Isso não tem preço." Talvez essa tenha sido a primeira vez que uma rede de fast-food foi reconhecida por ter transformado a vida de uma pessoa de forma tão positiva.

Depois, um repórter da revista *Men's Health*, que estava escrevendo um artigo chamado "Crazy Diets That Work", viu por acaso o artigo sobre Jared no *Indiana Daily* e incluiu um anúncio sobre uma "dieta à base de sanduíches subway". O artigo não mencionava o nome de Jared, nem o local onde ele comprou os sanduíches; ele simplesmente fazia referência genérica aos "sanduíches subway".

A pessoa-chave na história havia sido proprietária de uma franquia da Subway, Bob Ocwieja, que identificou o artigo e acreditou em seu potencial. Ele reservou um tempo em sua agenda para falar com o diretor de criação da agência de publicidade da Subway, em Chicago, Richard Coad, e sugeriu que ele lesse o artigo. Coad diz: "Achei a história engraçada, no início, mas segui o conselho."

Jared é o herói da história da perda de peso, mas Ocwieja e Coad são os heróis de nossa história de idéia. Ocwieja é um herói para identificar potencial em uma história e Coad é um herói para investir os recursos em torná-la possível.

Coad e Barry Krause, o presidente da agência de publicidade Hal Riney, enviaram um estagiário a Bloomington, Indiana, com instruções vagas de que deveria localizar o misterioso cara da dieta de sanduíches – e também descobrir onde ele os comia. Jared poderia estar fazendo suas refeições em qualquer lanchonete, até mesmo na Flo's Sub Shop.

O estagiário não sabia exatamente o que precisava fazer. Seu plano era chegar a Bloomington, procurar as páginas amarelas e começar a visitar todas as lanchonetes da cidade. Para sorte do estagiário, a operação nunca chegou a esse nível de complexidade. A primeira lanchonete Subway que o estagiário visitou era uma franquia perto do campus. Ele descreveu o comedor misterioso para o atendente em apenas uma frase. Isso foi o bastante para o atendente dizer: "Sei de quem você está falando. É o Jared. Ele vem aqui todo dia."

O estagiário se sentiu vitorioso. Jared era real e perdeu peso comendo na Subway. A agência pensou: *Temos uma grande história em nossas mãos.*

Foi aí que a história de Jared encontrou outro obstáculo. Krause, o presidente da agência publicitária, chamou o diretor de marketing da Subway para revelar a história de Jared, mas o diretor de marketing não ficou impressionado. Ele estava assumindo um cargo na Subway e já havia trabalhado para outra rede de fast-food. Ele disse: "Já vi isso antes. A comida fast-food não é saudável." O diretor de marketing preferia lançar uma campanha focada no sabor dos sanduíches da Subway.

Para satisfazer Krause, contudo, o diretor submeteu a idéia da campanha de Jared ao departamento jurídico da Subway. Os advogados, presumidamente, disseram que não era possível fazer a campanha de Jared. Isso soaria como confirmação médica que poderia gerar uma ação de responsabilidade civil, blablablá. A única forma de evitar qualquer tipo de ação seria a inclusão de isenções de responsabilidade como "Não recomendamos este tipo de dieta. Consulte primeiro o seu médico".

A idéia parecia ter morrido. Mas Krause e Coad não estavam prontos para desistir. A Subway, como tantas empresas baseadas em franquias, tem campanhas publicitárias em dois níveis: nacional e regional. Apesar de a sede nacional da Subway ter vetado Jared, alguns franqueados regionais da Subway tinham interesse na história e estavam dispostos a divulgar os anúncios utilizando capital de propaganda regional.

Foi então que surgiu um outro obstáculo: os franqueados não costumavam pagar os comerciais atuais; eles só pagavam por comerciais regionais. As propagandas costumavam ser financiadas pela sede nacional. Então, quem pagaria pelos comerciais de Jared?

Krause decidiu fazer as tomadas de graça. Ele disse: "Pela primeira e única vez em minha carreira, dei permissão para gravar um comercial pelo qual não receberíamos nada."

O primeiro comercial apareceu em 1º de janeiro de 2000 – coincidindo exatamente com a epidemia anual das dietas de começo de ano. No anúncio, Jared aparecia na frente de sua casa. O apresentador dizia: "Este é Jared. Ele pesava 192kg" – aparece uma foto de Jared com suas calças enormes – "mas hoje ele pesa 81kg graças ao que ele chama de dieta Subway". O apresentador descreve o plano alimentar de Jared e conclui: "Isso, associado a muitas caminhadas, funcionou para Jared. Não estamos dizendo que isso funciona para todo mundo. Procure seu médico antes de começar qualquer programa de dieta. Mas, para Jared, funcionou."

Segundo Krause, no dia seguinte, os telefones não pararam de tocar. O *USA Today* ligou, a ABC ligou e a Fox News ligou. No terceiro dia, Oprah ligou. Krause disse: "Já conversei com vários marqueteiros que queriam obter a atenção da mídia. Ninguém nunca conseguiu chegar a Oprah. A única vez em minha carreira em que consegui falar com Oprah foi por causa de Jared, e foi ela quem *nos* procurou."

Alguns dias depois, a sede nacional da Subway procurou Krause, solicitando que o anúncio fosse televisionado em rede nacional. Em 1999, as vendas da Subway foram baixas. Em 2000, as vendas tiveram um salto de 18%, seguido de outro salto de 16%, em 2001. Na época, outras redes de sanduíches (bem menores), como a Schlotzsky's e a Quiznos, cresciam em uma média de 7% ao ano.

A história de Jared retrata bem o valor da simulação. Por meio dela, fica relativamente fácil imaginar o que você precisaria fazer para seguir a dieta Subway – o pedido do almoço, o pedido do jantar, as caminhadas entre as refeições. Mas a história não lembra tanto o simulador de vôo, mas, sim, uma exortação. Esse cara grandão perdeu 111kg fazendo uma dieta inventada por ele! Puxa! A história serve de incentivo para aqueles que lutam para perder só mais 4kg.

Como na história da enfermeira, na abertura deste capítulo, esta também possui ressonância emocional. Até mesmo pessoas magras, que não estão interessadas em fazer dieta, ficam contagiadas pela história de Jared. Ele enfrentou todas as adversidades e venceu graças à perseverança. E esta é a segunda grande recompensa oferecida por essas histórias: inspiração. A inspiração orienta a ação, assim como a simulação.

A propósito, observe como essa campanha funciona bem melhor do que a campanha "7 com menos 6". As duas campanhas estão escavando o mesmo território – ambas destacam a disponibilidade de sanduíches nutritivos, de baixa caloria. As duas oferecem a promessa de perda de peso. Mas uma campanha faz um sucesso modesto e a outra faz o maior sucesso.

O que tentamos mostrar neste livro, e esperamos que você também esteja convencido disso agora, é que *você poderia ter previsto antes* que Jared sairia vitorioso na disputa entre essas duas campanhas.

Agora observe como a história de Jared utiliza bem a lista de verificação de SUCESSOs:

- É simples: Coma sanduíches da Subway e emagreça. (Talvez isso seja um exagero, francamente, pois um sanduíche da Subway com maionese extra não ajudará você a perder peso.)
- É surpreendente: Um cara perdeu muito peso comendo *fast-food*! Essa história viola nosso esquema de fast-food, um esquema que condiz mais com a foto de um Jared gordo do que com a de um Jared magro.
- É concreta: Pense nas calças enormes, na grande perda de cintura, na dieta composta de sanduíches especiais. Parece mais uma fábula de Esopo do que uma abstração.
- É crível: Ela possui o mesmo tipo de credibilidade de antiautoridade que observamos na campanha antitabagismo de Pam Laffin. *O cara que vestia calças com 152cm de circunferência está nos oferecendo um conselho sobre dietas!*
- É sentimental: Temos um interesse maior por um indivíduo, Jared, do que pela massa. E isso ativa áreas profundas da hierarquia de Maslow – é a história de um cara que aproveitou seu potencial com a ajuda de uma lanchonete Subway.
- É um relato: Nosso protagonista superou todos os obstáculos e triunfou. Ele nos inspira a fazer o mesmo.

Por contraste, vamos incluir "7 com menos de 6" na lista de verificação. Ela é simples. Mas observe que tem uma mensagem essencial bem menos convincente. Sua mensagem essencial é "Temos uma variedade de sanduíches de baixa caloria" *versus* a mensagem de Jared "Coma sanduíches da Subway, perca peso, mude sua vida". A primeira mensagem vende brocas de furadeiras; a segunda mensagem ensina como pendurar um quadro com o retrato de seu filho.

"7 com menos de 6" é *muito* menos inesperado. A história de Jared é como um golpe, pois viola o esquema poderoso apontando que fast-food engorda. Se "7 com menos de 6" ataca o mesmo esquema, ele toca no mesmo ponto de forma mais tangível.

"7 com menos de 6" não é concreto. Números não são concretos. Só acreditamos porque a meta não é tão alta – poucos de nós ficaremos impressionados ao ouvir que um sanduíche tem menos de 6g de gordura; então, não precisamos tanto do convencimento. Isso não é emocional e não é uma história.

Qualquer leitor deste livro poderia ter analisado essas duas campanhas publicitárias multimilionárias norte-americanas e escolhido a campanha certa. Bastaria compará-las utilizando a lista de verificação de SUCESSOs. (Observe, contudo, que as pessoas que não lerem o livro, talvez não compreendam bem a situação. O diretor de propaganda da sede nacional, que tinha a experiência de uma vida inteira na tentativa de fazer idéias colarem, queria fugir da história de Jared.)

Outro aspecto convincente da história de Jared é o número de pessoas envolvidas no duro trabalho de torná-la realidade. Pense na quantidade de eventos improváveis que precisaram ocorrer para que Jared aparecesse na televisão: O gerente de loja da Subway precisou ser bem proativo para submeter o artigo de revista à análise do diretor de criação. (Seu pessoal da linha de frente faria isso?) O diretor de criação precisou ser bastante compreensivo para investir recursos no que poderia ter sido uma missão fracassada. (Essa era realmente uma missão com bom retorno sobre o investimento?) O presidente da agência de publicidade precisou fazer as tomadas *de graça*, pois sabia que estava diante de algo maior. (De graça!) A equipe de marketing da sede nacional da Subway precisava engolir seu orgulho e perceber que havia cometido um erro ao rejeitar Jared antes.

Essas ações não são banais. Esse comportamento não é comum. Quantas idéias brilhantes foram descartadas porque alguém (uma ligação entre a fonte da idéia e sua distribuição final), no meio do caminho, deixou a bola cair? No mundo normal, o proprietário de uma franquia se divertiria com a história de Jared. Ele a fixaria no mural, na parede do corredor que leva ao banheiro, como fonte de diversão para seus empregados. E esse teria sido o auge da história de Jared.

Jared é um lembrete de que não precisamos sempre *criar* idéias que colam. Identificá-las costuma ser mais fácil e mais útil. Já pensou se professores de História fossem constantes ao compartilhar métodos de ensino que funcionaram de forma brilhante para atrair o interesse dos alunos? E se pudéssemos contar com os voluntários de ONGs para estar atentos a eventos simbólicos ou encontros que pudessem inspirar outras pessoas da empresa? E se pudéssemos contar com nossos chefes para apostar em idéias importantes? Você não precisa admirar os sanduíches da Subway para admirar o processo de vitalização de uma grande idéia.

A arte da identificação

Como podemos ter certeza de que não estamos deixando uma grande idéia, um Jared em potencial, escapar entre os dedos? Não é difícil identificar, mas também não é um algo natural. Idéias não são como bandeiras que sacodem para chamar nossa atenção. Precisamos procurar as idéias certas, de forma consciente. Então, o que exatamente devemos procurar?

Na introdução do livro, apresentamos um estudo mostrando que leigos treinados para utilizar modelos de propaganda clássicos poderiam criar anúncios muito superiores àqueles desenvolvidos por um grupo sem treinamento. Assim como há modelos de propaganda que têm se mostrado eficazes, também há modelos de histórias que têm se mostrado eficazes. Aprender sobre esses modelos aperfeiçoa nossa capacidade de identificação.

Warren Buffett gosta de contar a história de Rose Blumkin, uma mulher que gerencia um dos negócios em que ele investiu. Blumkin é uma mulher russa que, aos 23 anos, tapeou um guarda na fronteira para chegar aos Estados Unidos. Ela não sabia falar inglês e não tinha escolaridade.

Blumkin montou um negócio de móveis em 1937, com os $500 que havia economizado. Quase cinqüenta anos depois, sua loja de móveis faturava $100 milhões em receita anual. Aos 100 anos, ela ainda comparecia à loja sete dias por semana. Inclusive, ela adiou a comemoração de seu centagésimo aniversário para mais tarde, quando a loja estaria fechada. Seus concorrentes chegaram a processá-la por violar o acordo de comercialização justa, pois seus preços eram muito inferiores. Eles pensaram que ela estivesse vendendo muito para poder tirá-los dos negócios. Buffett diz: "Ela demonstrou no tribunal que poderia vender um tapete com um enorme desconto, mantendo o lucro. E vendeu ao juiz um tapete no valor de $1.400."

A história de Rose Blumkin não está no livro *Histórias para aquecer o coração*, mas bem que poderia. Essa série inclui histórias inspiradoras – histórias que levantam o astral, motivam e energizam. Nesse sentido, essas histórias são o oposto de lendas urbanas, que tendem a reforçar uma visão cínica, pessimista e paranóica do mundo (Estranhos ainda roubam os seus rins! A Snapple apóia o KKK! O McDonald's coloca minhocas nos seus sanduíches!)

O que é surpreendente sobre essas histórias é que os autores não as escreveram – eles simplesmente as identificaram e reuniram. Gostaríamos de compreender o que fez essas histórias inspiradoras colarem. Analisamos centenas de histórias inspiradoras, buscando semelhanças subjacentes.

Aristóteles acreditava que havia quatro enredos dramáticos principais: Tragédia Simples, Comédia Simples, Tragicomédia e Farsa. Robert McKee, o guru da criação de roteiros, lista 25 tipos de histórias em seu livro: a narrativa moderna, o enredo da desilusão e assim por diante. Quando ele terminou a classificação de uma pilha enorme de histórias inspiradoras (um domínio bem menor), chegamos à conclusão de que há três enredos básicos: o enredo do Desafio, o enredo da Conexão e o enredo da Criatividade.

Esses três enredos básicos podem ser usados para classificar mais de 80% das histórias que aparecem na série *Histórias para aquecer o coração*. Talvez o mais surpreendente seja que eles também podem ser usados para classificar mais de 60% das histórias publicadas pela revista *People* sobre pessoas que não são celebridades. Se uma pessoa comum aparece na *People*, em geral é porque ela tem uma história inspiradora para nos contar. Se nossa meta é energizar e inspirar outras pessoas, esses três enredos são o local de partida certo. (A propósito, se você for um tipo de pessoa mais cética, que acha a série *Histórias para aquecer o coração* uma chatice, e não inspiradora, ainda encontrará valor nos três modelos de enredo. Mas sempre é possível abaixar um pouco o volume quando estivermos falando sobre enredo.)

O ENREDO DO DESAFIO

A história de Davi e Golias é o clássico enredo do Desafio. Um protagonista supera um grande desafio e é bem-sucedido. Davi derruba um gigante com sua atiradeira. Há variações do enredo do Desafio que todos nós reconhecemos: a história da situação desvantajosa, a história do pobre que vira rico, o triunfo da coragem sobre a adversidade.

O elemento-chave de um enredo do Desafio é que os obstáculos parecem assustadores para o protagonista. Para Jared, emagrecer e chegar a 81kg é um enredo do Desafio. Para o vizinho de Jared, que pesa 95kg, perder alguns centímetros na cintura não é um enredo do Desafio. Todos nós temos um inventário mental de histórias com enredo do Desafio: o time de hóquei norte-americano derrotando os grandes favoritos russos, nas Olimpíadas de 1980; o Álamo; Os contos de Horatio Alger; A Revolução Americana; Os filmes *Guerra nas Estrelas*; Lance Armstrong; Rosa Parks.

Enredos do Desafio são inspiradores, mesmo quando são muito menos dramáticos e históricos do que esses exemplos. A história de Rose Blumkin não envolve um personagem famoso. Enredos do Desafio são inspiradores de forma definida. Eles nos inspiram, ao apelar para nossa perseverança e coragem. Eles nos fazer querer trabalhar mais duro, aceitar novos desafios, superar obstáculos. De alguma forma, após saber que Rose Blumkin adiou a comemoração de seu 100º aniversário para uma noite em que a loja estivesse fechada, fica mais fácil limpar sua garagem. Enredos do Desafio nos inspiram a agir.

O ENREDO DA CONEXÃO

Hoje, a frase "o bom samaritano" se refere a alguém cujo voluntariado ajuda outras pessoas em momentos de desespero. A história original de O Bom Samaritano, uma parábola da Bíblia, certamente é consistente com essa definição, mas é ainda mais profunda.

A história começa com um especialista em leis que se aproxima de Jesus e pergunta como pode chegar ao paraíso. O especialista em leis estava mais interessado em testar Jesus do que em aprender com ele. Quando Jesus lhe perguntou qual era a resposta dele, o especialista em leis deu uma resposta que incluía a noção "Ame o teu próximo como a ti mesmo". Jesus aceitou a resposta. Depois, o especialista em leis (talvez desejando limitar o número de pessoas que estava disposto a amar) disse: "E quem é meu próximo?"

Como resposta, Jesus contou uma história:

> "Um homem ia descendo de Jerusalém para Jericó, e caiu nas mãos de assaltantes, que lhe arrancaram tudo, e o espancaram. Depois foram embora, e o deixaram quase morto.
>
> Por acaso um sacerdote estava descendo por aquele caminho; quando viu o homem, passou adiante, pelo outro lado. O mesmo aconteceu com um levita: chegou ao lugar, viu, e passou adiante, pelo outro lado.

> Mas um samaritano, que estava viajando, chegou perto dele, viu e teve compaixão. Aproximou-se dele e fez curativos, derramando óleo e vinho nas feridas. Depois colocou o homem em seu próprio animal, e o levou a uma pensão, onde cuidou dele. No dia seguinte, pegou duas moedas de prata, e as entregou ao dono da pensão, recomendando: 'Tome conta dele. Quando eu voltar, vou pagar o que ele tiver gasto a mais.'"
>
> Jesus perguntou: "Na sua opinião, qual dos três foi o próximo do homem que caiu nas mãos dos assaltantes?"
>
> O especialista em leis respondeu: "Aquele que praticou misericórdia para com ele." Então Jesus lhe disse: "Vá, e faça a mesma coisa." (Lucas 10.25-37)

O que está faltando nessa história, para leitores modernos, é um pouco de contexto. O samaritano da história não era simplesmente um homem bom. Ele era um homem bom que cruzou um enorme abismo social para ajudar o homem ferido. Naquele tempo, havia uma enorme hostilidade entre samaritanos e judeus (todos os outros personagens principais da história). Uma analogia moderna ao status de pária do samaritano pode ser "membro de uma gangue de ciclistas ateus". A lição da história é clara: bons vizinhos mostram misericórdia e compaixão, e não apenas para com as pessoas do próprio grupo.

É disso que trata um enredo da Conexão. É uma história sobre pessoas que desenvolvem um relacionamento sem fronteiras – raciais, de classe, étnicas, religiosas, demográficas ou outras. O enredo de Conexão não precisa lidar com apostas de vida e morte, como faz o Bom Samaritano. A conexão pode ser tão banal quanto uma garrafa de Coca-Cola, como no famoso comercial Mean Joe Greene: um fã jovem, branco e esquelético encontra um atleta famoso, alto e negro. Uma garrafa de Coca-Cola une os dois. Ela não é o Bom Samaritano, mas certamente é um enredo de Conexão.

Enredos de Conexão também são fabulosos para romances – pense em *Romeu e Julieta* (ou em um dos filmes mais assistidos de todos os tempos, *Titanic*). Todos os enredos de Conexão nos inspiram de uma forma social. Eles nos levam a querer ajudar os outros, a ser mais tolerantes com os outros, a trabalhar com os outros, a amar os outros. O enredo de Conexão é o tipo de enredo mais comum encontrado na série *Histórias para aquecer o coração*.

Enquanto enredos do Desafio envolvem a superação de obstáculos, os enredos da Conexão falam sobre nossos relacionamentos com as outras pessoas.

Se você estiver contando uma história na festa de Natal da empresa, talvez seja melhor utilizar um enredo da Conexão. Se estiver contando uma história na festa de lançamento de um novo projeto, opte pelo enredo do Desafio.

O ENREDO DA CRIATIVIDADE

O terceiro tipo principal de relato inspirador é o enredo da Criatividade. O protótipo deve ser a história da maçã que cai sobre a cabeça de Newton, inspirando sua teoria da gravidade. O enredo da Criatividade envolve alguém que faz uma descoberta mental, resolvendo um antigo enigma, ou atacando um problema de forma inovadora. É o enredo do *MacGyver*.

Ingersoll-Rand é uma megaempresa que fabrica produtos como lixadeiras industriais, utilizadas em lojas de automóveis para lixar peças de automóveis. Historicamente, a Ingersoll-Rand apresentou um processo lento de lançamento de novos produtos no mercado. Um empregado, frustrado com o ciclo de vida médio de quatro anos dos produtos, disse: "Estávamos levando mais tempo para lançar um novo produto do que a nação para lutar na Segunda Guerra Mundial."

A Ingersoll-Rand decidiu fazer algo para modificar o ciclo de desenvolvimento lento. A empresa criou uma equipe de projeto cuja meta era produzir uma nova lixadeira em um ano – um quarto do tempo habitual. As teorias padrão de cultura organizacional teriam previsto poucas chances de sucesso. A equipe da lixadeira, contudo, fez várias coisas certas, incluindo o uso de histórias para destacar a nova atitude e cultura do grupo. Uma história, por exemplo, envolvia uma decisão crítica sobre a construção de uma caixa de plástico ou metal para a nova lixadeira. O plástico seria mais cômodo para o cliente, mas o plástico teria durabilidade tão boa quanto a do metal?

O método tradicional da Ingersoll-Rand para resolver esse problema seria o de conduzir estudos detalhados das propriedades de elasticidade e compressão dos dois materiais. Mas essa era a Equipe da Lixadeira. Eles deveriam agir rapidamente. Alguns membros da equipe realizaram um procedimento de teste menos formal. Enquanto faziam uma visita a um cliente externo, os membros da equipe amarraram uma amostra de cada material ao pára-choque traseiro do carro da locadora. Em seguida, dirigiram em torno do estacionamento com os materiais arrastando atrás. Eles continuaram o procedimento até que a polícia apareceu e disse que deveriam tirar aquilo do carro. O veredicto foi que o novo composto plástico resistiu tão bem quanto o metal tradicional. A decisão estava tomada.

Na história da Equipe da Lixadeira, esse episódio ficou conhecido como o Teste de Arrancada. O Teste de Arrancada é um enredo da Criatividade que reforça a nova cultura da equipe. O Teste de Arranque implicava: "Ainda precisamos obter os dados certos para tomar decisões. Só precisamos fazer isso muito mais rápido."

O famoso explorador Ernest Shackleton enfrentou tantas adversidades em suas expedições (é claro que este é um típico enredo do Desafio) que a união entre seus homens era missão crítica. Um motim poderia significar a morte de todos. Shackleton descobriu uma solução criativa para lidar com aqueles que só sabiam se queixar. Ele ordenou que estes dormissem em sua barraca. Quando as pessoas se dividiam em grupos para realizar suas tarefas, ele agrupava os queixosos para trabalhar junto a ele. Por meio de sua presença constante, ele diminuiu a influência negativa. Enredos de Criatividade nos levam a querer fazer algo diferente, a ser criativo, a experimentar novas abordagens.

A meta da análise desses enredos não é nos ajudar a inventar histórias. A menos que você seja autor de ficção ou de propagandas. A meta aqui é aprender como identificar as histórias que têm potencial. Quando o artigo sobre Jared cai em nossas mãos, queremos identificar logo os elementos cruciais. *O cara enfrenta grandes obstáculos e os supera – este é um enredo do Desafio.* Enredos do Desafio inspiram as pessoas a enfrentar desafios e a trabalhar ainda mais. Se esse sentimento for compatível com a meta a ser alcançada, faça a história circular; não a prenda no quadro de avisos.

Se você estiver no comando da Equipe da Lixadeira e tentar reinventar a cultura da empresa, precisará estar à procura de enredos da Criatividade. Quando você ficar sabendo que alguns de seus funcionários arrastaram metal em torno de um estacionamento, já terá descoberto algo.

Saiba o que está procurando. Você não precisa criar nada. Não precisa exagerar, nem ser tão melodramático quanto os relatos da série *Histórias para aquecer o coração*. Você só precisa reconhecer quando a vida está oferecendo um presente.

Histórias no Banco Mundial

Em 1996, Stephen Denning estava trabalhando para o Banco Mundial, a instituição internacional que empresta dinheiro a países em desenvolvimento para projetos de infra-estrutura, como a construção de escolas, estradas e estações de tratamento de esgoto. Naquela época, ele gerenciava o trabalho do banco na África (a terceira maior área do banco) e parecia estar na direção certa para chegar à alta gerência da empresa.

Depois, um de seus dois principais mentores se aposentou e o segundo deixou a empresa. Logo em seguida, ele pediu para abandonar sua posição na África e "verificar a questão das informações". Seus superiores pediram a ele para explorar a área de gestão do conhecimento. Denning disse: "Agora este era um banco que cuidava de fluxos de dinheiro, e não de informações. A nova atribuição era o equivalente a ser enviado para uma empresa na Sibéria."

A tarefa não era apenas desinteressante em nível organizacional, mas também intimidadora. O Banco Mundial tinha muito conhecimento sobre como atingir resultados em nações desenvolvidas, mas essas informações estavam espalhadas na organização. O Banco Mundial conduziu projetos em vários países ao redor do mundo. Apesar de haver uma burocracia central, grande parte do know-how operacional estava naturalmente em nível local. De certa forma, cada projeto era seu próprio universo. Um especialista em tratamento de água, na Zâmbia, provavelmente descobriu uma ótima maneira de lidar com negociações políticas locais, mas era pouco provável que tivesse a oportunidade de compartilhar esse conhecimento com um especialista em construção de estradas, em Bangladesh. Nenhum desses gerentes saberia da existência do outro, a menos que pertencessem ao mesmo círculo de amigos ou fossem ex-colegas.

Um mês após aceitar a atribuição, Denning almoçou com um colega que tinha acabado de voltar de Zâmbia. Esse colega estava trabalhando em um projeto para melhorar a assistência médica, especialmente para mães e crianças. Durante sua estada em Zâmbia, ele conheceu um profissional da saúde em Kamana (uma pequena cidade a 579km da capital da Zâmbia), que lutava contra a malária na comunidade e tentava encontrar informações sobre como combater a doença. O profissional havia descoberto uma forma de se registrar na Internet e havia encontrado as respostas necessárias no website do Centers for Disease Control (CDC), em Atlanta. (Lembre-se de que isso ocorreu em 1996, quando a Internet não era a primeira opção óbvia para localizar informações, especialmente na África.)

Denning diz que não deu muita importância à história na época; ele a considerava apenas uma anedota interessante sobre o talento de um colega. Posteriormente, ele se deu conta de que a história da Zâmbia era um exemplo perfeito do poder da gestão do conhecimento. Alguém responsável pela operação vital precisava de informações. Ele saiu em busca disso, encontrou e, como resultado, foi capaz de agir com mais eficácia. Essa é a visão da gestão do conhecimento, exceto pelo fato de que o profissional da saúde não deveria ter sido forçado a conduzir uma pesquisa de tentativa-e-erro, que acabou no website do CDC, para obter as informações certas. Ele deveria ter sido capaz de ativar o conhecimento do Banco Mundial.

Denning começou a incorporar a história nas conversas com colegas, enfatizando por que o Banco Mundial deveria priorizar a gestão do conhecimento. Semanas depois, ele teve a oportunidade de falar com uma comissão da gerência sênior. Ele só dispunha de 10 a 12 minutos para apresentar uma nova estratégia organizacional e obter o apoio do grupo. Essa era uma meta difícil de ser alcançada.

Primeiro, Denning apresentou o problema: as dificuldades que o Banco Mundial encontrava em reunir seu conhecimento e o estado lastimável de seus sistemas de informações. Então, em vez de fazer o que a maioria das pessoas teria feito (ou seja, apresentar a disciplina de gestão do conhecimento sob novo ângulo e citar algumas autoridades sobre a importância da gestão do conhecimento para o século XXI), Denning fez algo diferente. Ele contou a história da Zâmbia.

Logo após sua apresentação, dois executivos foram falar com Denning e começaram a bombardeá-lo com sugestões para tornar o programa um sucesso. Denning pensou: "Que conversa estranha. Há dez minutos, essas pessoas não estavam dispostas a me dar uma oportunidade e, agora, acham que não estou me empenhando o bastante para implementar a idéia. Isso é terrível! Eles roubaram minha idéia!" E, depois, ele teve um pensamento mais positivo: "Que maravilha! Eles roubaram a minha idéia. E agora ela se tornou a idéia deles!"

Alguns anos depois, após Denning ter deixado o Banco Mundial, ele decidiu compartilhar as lições que aprendeu sobre o poder das narrativas. Em 2001, escreveu um livro de profundo insight chamado *The Springboard*. Denning define uma história de trampolim como uma história que permite às pessoas perceber como um problema existente pode mudar. Histórias de trampolim apontam possibilidades para as pessoas.

Uma grande vantagem das histórias de trampolim é que elas combatem o ceticismo e geram aceitação. Denning diz que, a princípio, a idéia de contar histórias violou sua intuição. Ele sempre acreditou no valor do discurso direto e temia que as histórias fossem ambíguas demais, secundárias, de caráter anedótico. Ele pensou: "Por que não transmitir a mensagem de forma direta? Por que dificultar as coisas, tentando evocar o pensamento do ouvinte de forma indireta, se é muito mais simples ir direto ao ponto, em uma orientação abstrata? Por que não pegar os ouvintes de surpresa?"

O problema é que, quando você pega os ouvintes de surpresa, eles tendem a ficar defensivos. A forma como você transmite uma mensagem é uma pista de como eles devem reagir. Se você apresentar um argumento, estará implicitamente solicitando que eles avaliem seu argumento (por meio de julgamento, debate e críticas) e, depois, discutam sobre ele, pelo menos em suas mentes. Mas Denning alega que, utilizando apenas uma história, você consegue atrair o público, pois está envolvendo as pessoas na idéia, convidando-as a participar com você.

Denning fala sobre como atrair a "voz que sussurra em seu ouvido", a voz que normalmente discutiria os pontos do falante. Denning diz: "A visão tradicional da comunicação é ignorar a voz que sussurra ao ouvido e esperar que ela fique quieta para que a mensagem seja transmitida." Mas ele faz uma recomendação diferente: "Não ignore a voz que sussurra... Em vez disso, *trabalhe em harmonia* com ela. Ocupe-a para conseguir atraí-la. Conte uma história para conseguir evocar uma segunda história da voz que sussurra."

Além de gerar aceitação, histórias de trampolim mobilizam as pessoas a agir. Histórias levam as pessoas a se concentrar em soluções em potencial. Contar histórias com metas e barreiras visíveis desloca a atenção do público para um modo de diagnóstico e solução de problemas. É claro que o volume de "solução de problemas" varia de acordo com a história. Quando assistimos ao filme *Titanic*, não começamos a fazer um brainstorm sobre sistemas aperfeiçoados para identificação de icebergs. Mas temos empatia pelos personagens principais e começamos a animá-los quando eles confrontam seus problemas: "Olhe para trás!" "Repreenda-o agora!" "Não abra aquela porta!"

Mas histórias de trampolim não se destinam apenas a nos capacitar a resolver problemas para o personagem principal. Uma história de trampolim nos ajuda a resolver nossos próprios problemas. Uma história de trampolim é um exercício da personalização em massa – cada membro da platéia utiliza a história como trampolim para destinos um pouco diferentes.

Após Denning contar a história da Zâmbia, um dos executivos presentes na reunião apresentou a idéia de gestão do conhecimento ao presidente do Banco Mundial, alegando que ela era o futuro da organização. Denning foi convidado a apresentar suas idéias à alta administração, incluindo o presidente. No final do ano, o presidente anunciou que a gestão do conhecimento era uma das prioridades do banco.

O livro de histórias da conferência

Iniciamos o capítulo com a história da enfermeira, que foi contada pelo pesquisador Gary Klein. Klein conta outra história que oferece um bom resumo do tema abordado.

A organizadora de uma conferência certa vez pediu à empresa de Klein que fizesse um resumo dos resultados da conferência. A organizadora precisava de um resumo útil da conferência, ou seja, mais compacto do que uma transcrição e mais coerente do que um conjunto idiossincrático de slides em PowerPoint dos apresentadores.

A empresa de Klein designou uma pessoa para monitorar cada uma das cinco sessões paralelas da conferência. Os monitores participaram de cada mesa-redonda e, cada vez que alguém contava uma história, eles a anotavam. No final da conferência, os monitores compararam as anotações e descobriram que, conforme Klein havia dito, eles haviam compilado uma série de histórias que eram "divertidas, trágicas e empolgantes". O grupo estruturou e organizou as histórias e enviou o material à organizadora da conferência.

Ela ficou encantada. Ela achou o material muito mais claro e útil do que as mensagens típicas de conferência: uma série de trechos cheios de jargão e secos. Ela chegou a solicitar recursos da organização para converter as anotações em um livro. Ao mesmo tempo, como cortesia, ela enviou as anotações do resumo a todos os apresentadores da conferência.

Eles ficaram furiosos. Eles se sentiram insultados porque as histórias foram retiradas de sua estrutura geral – eles não queriam ser lembrados como pessoas que contavam um bando de histórias e anedotas. Eles sentiram que haviam investido inúmeras horas no refinamento de suas experiências para transformá-las em uma série de recomendações. Na realidade, seus resumos (que haviam sido submetidos aos organizadores da conferência) estavam cheios de gotas de sabedoria, como "Mantenha as linhas de comunicação abertas" e "Não aguarde demais quando perceber que os problemas estão aumentando".

Klein disse: "Queremos explicar para eles que esses slogans são insignificantes em comparação a histórias, como aquela que mostrava *como* eles mantiveram as linhas de comunicação abertas durante um incidente difícil em que uma fábrica foi fechada." Mas, como os apresentadores se mostraram inflexíveis, o projeto foi abandonado.

Essa história é uma de minhas favoritas no livro, pois a dinâmica está muito clara. Não estamos tentando retratar os apresentadores como pessoas ruins, que têm aversão a idéias. Coloque-se no lugar deles. Você criou esta apresentação incrível, que resume anos de trabalho, e sua meta é ajudar as pessoas a dominar uma estrutura complexa que você levou anos para construir. Você conseguiu erguer um edifício intelectual fascinante! De repente, a equipe de Klein se aproxima de seu edifício, tira alguns tijolos da parede e tenta vendê-los como a soma de todos os seus esforços. Você não pode aceitar isso.

Mas há um problema: é impossível transferir um edifício em uma apresentação de 90 minutos. O máximo que você pode conseguir é transmitir alguns blocos constituintes. Mas você não pode tirar blocos constituintes do telhado. É exatamente isso que você está fazendo com uma recomendação como "Mantenha as linhas de comunicação abertas".

Digamos que você seja gerente na Nordstrom e que esteja fazendo uma apresentação para seus colegas de trabalho em uma conferência. O último slide de sua apresentação é: "Lições da Nordstrom: no varejo, a excelência no atendimento ao cliente é fonte essencial de vantagem competitiva." Ao discutir sobre o quarto slide, talvez você tenha citado, apenas a título de comentário, o Nordie que não se importa em embalar para presente pacotes comprados na Macy's. Esses piadistas da empresa de Klein desejam manter sua história sobre embrulho para presente, mas se esquecem do clímax. E eles estão absolutamente certos.

Nos capítulos "Simplicidade" e "Surpresa", dissemos que boas mensagens devem passar do senso comum para o senso incomum. Em contraste, não há mais nada *além* de senso comum em recomendações como "Mantenha as linhas de comunicação abertas" e "Não aguarde demais quando perceber que os problemas estão aumentando". (Klein comenta que essas lições são supostamente destinadas a pessoas que prefeririam fechar as linhas de comunicação e aguardar quando estão diante de um problema intimidador.)

Novamente, a Maldição do Conhecimento enfeitiçou esses apresentadores. Ao compartilharem suas lições – "Mantenha as linhas de comunicação abertas", eles estão ouvindo uma canção, repleta de paixão e emoção, sussurrada em seus ouvidos. Eles estão se lembrando das experiências que lhes ensinaram aquelas lições – as lutas, as batalhas políticas, o passo em falso, a dor. Eles estão batucando nesse ritmo. Mas se esqueceram de que a platéia não pode ouvir a mesma melodia que eles.

Histórias podem derrotar a Maldição do Conhecimento praticamente em uma só tacada. Na realidade, elas naturalmente incorporam a maioria dos elementos da estrutura de SUCESSOs. Relatos são quase sempre Concretos. A maioria deles possui elementos Sentimentais e Inesperados. A parte mais difícil na utilização eficaz de relatos é certificar-se de que eles são Simples, ou seja, que refletem sua mensagem essencial. Não basta contar uma grande história; ela precisa refletir sua visão. Você não deseja que um general ao alinhar as tropas antes da batalha conte uma história com enredo da Conexão.

Relatos surpreendem com seu duplo poder de simular e inspirar. E, na maior parte do tempo, não precisamos nem mesmo ser muito criativos para aproveitar esses poderes. Só precisamos estar preparados para identificar as boas histórias que a vida nos apresenta todos os dias.

CONCLUSÃO

O QUE COLA

Às vezes, idéias colam apesar de nossos maiores esforços para detê-las. Em 1946, Leo Durocher era o técnico dos Dodgers. Seu clube era líder da National League, enquanto os tradicionais arqui-rivais da equipe, os New York Giants, ocupavam as últimas colocações.

Durante um jogo entre os Dodgers e os Giants, Durocher estava caçoando dos Giants na presença de um grupo de comentaristas esportivos. Um dos comentaristas resolveu implicar com Durocher: "Por que você não tenta ser um cara legal ao menos uma vez?" Durocher apontou para o banco de reservas dos Giants e disse: "Caras legais! Olhe para lá. Você conhece um cara mais legal do que [dirigente dos Giants] Mel Ott? Ou do que qualquer outro membro dos Giants? Afinal, eles são os caras mais legais do mundo! E qual é a sua posição? Eles estão em sétimo lugar!"

Conforme recontado por Ralph Keyes em seu livro sobre citações adulteradas, *Nice Guys Finish Seventh*, a metamorfose da citação de Durocher começou um ano depois. O *Baseball Digest* se referiu à citação de Durocher, dizendo: "Caras legais terminam em último lugar na segunda divisão." Por muito tempo, isso foi transmitido de uma pessoa para outra, evoluindo, ficando mais simples e universal, até se tornar um comentário cínico sobre a vida: "Caras legais terminam por último." Não havia mais referência aos Giants, nem ao sétimo lugar – na verdade, não havia mais qualquer referência ao beisebol. Caras legais terminam por último.

Esta citação, aperfeiçoada pelo mercado de idéias, incomodou Durocher. Por muitos anos, ele negou que era o autor da frase (e, é claro, ele estava certo), mas finalmente desistiu. *Nice Guys Finish Last* foi escolhido como título de sua autobiografia.

Uma das mais famosas citações adulteradas de todos os tempos é atribuída ao detetive da ficção Sherlock Holmes. Holmes nunca disse "Elementar, meu caro Watson". É difícil acreditar nisso – a citação se encaixa perfeitamente no nosso esquema de Holmes. Na verdade, se você pedisse a alguém para lembrar de uma citação de Sherlock Holmes, provavelmente a pessoa diria essa. A citação mais famosa de Holmes é aquela que ele nunca disse.

Por que a citação inexistente colou? Não é difícil imaginar o que aconteceu. Holmes costumava dizer: "Meu caro Watson" e "Elementar". A combinação das duas frases pode ser considerada um erro natural para alguém que deseja se lembrar de uma citação de um mistério de Holmes. E, como uma mutação biológica adaptativa, a citação recém-combinada foi um aperfeiçoamento tão grande que seria impossível impedir sua proliferação. Afinal, essa citação de quatro palavras contém a essência de Holmes: o detetive brilhante que nunca estava ocupado demais para condescender ao seu companheiro inseparável.

No capítulo "Simplicidade", contamos a história da campanha de Clinton de 1992 e o famoso provérbio de Carville: "É a economia, idiota!" Mencionamos que esse provérbio foi uma das três frases que Carville escreveu em um quadro-branco. Esta é a pergunta trivial: Quais foram as outras duas frases?

As outras duas frases foram "Mudar *versus* deixar tudo como está" e "Não se esqueça de cuidar da saúde". Essas frases não colaram. Então, Carville teve sorte ao fazer sucesso com "É a economia, idiota!" como uma idéia? Por um lado, sua frase teve tamanha repercussão que se tornou ferramenta poderosa na estruturação da eleição. Por outro lado, ele só conseguiu transmitir um terço de sua mensagem!

Apresentamos esses exemplos pois, para fazer com que idéias colem, é necessário que o público vote. O público pode alterar o significado de sua idéia, como aconteceu com Durocher. O público, na verdade, pode aperfeiçoar sua idéia, como foi o caso de Sherlock Holmes. Ou o público pode manter algumas de suas idéias e descartar outras, como aconteceu com Carville.

Todos nós tendemos a ter "orgulho das idéias". Desejamos que nossa mensagem permaneça da forma como a concebemos. A resposta de Durocher, quando o público moldou sua idéia, foi negar, negar, negar... e, por fim, aceitar.

Devemos fazer a seguinte pergunta a nós mesmos em qualquer situação: a versão do público em relação à minha mensagem mantém sua essência? No Capítulo 1 ("Simplicidade"), discutimos sobre a importância de se destacar mensagens essenciais – adequando as verdades mais importantes que precisamos transmitir. Se o mundo aproveitar nossas idéias e alterá-las – ou aceitar algumas e descartar outras, só precisaremos indicar se as versões alteradas mantêm sua essência. Em caso afirmativo (como aconteceu com "É a economia, idiota!"), devemos aceitar com humildade o julgamento do público. Fundamentalmente, não medimos nosso sucesso como criadores de idéias por meio da capacidade de outras pessoas de repetir exatamente as nossas palavras, mas, sim, por meio de nossa capacidade de atingir metas.

O poder da identificação

Carville, Durocher e Arthur Conan Doyle foram criadores de idéias. Eles produziram idéias do zero. Não podemos esquecer que identificar idéias que colam é tão eficaz quanto criar idéias que colam.

Pense na Nordstrom. Fica um pouco difícil criar do zero várias histórias sobre vendedores que não se importam em embrulhar para presente alguns pacotes comprados na Macy's. Mas quando você se depara com uma história real como essa, precisa ficar alerta para o potencial da idéia. E isso não é tão fácil quanto parece.

O obstáculo para a identificação de idéias é que tendemos a processar anedotas de forma diferente de abstrações. Se um gerente da Nordstrom se deparar com uma abstração, como "Aumente os índices de satisfação do cliente em 10% neste trimestre", essa abstração atingirá a mentalidade da gerência: como chegar a esse ponto? Mas a história sobre um representante de vendas e da troca de correntes de pneu e aquecimento de carro provoca uma forma diferente de pensamento. Provavelmente, ele estará repleto de outros tipos de notícias pessoais do dia-a-dia – interessantes mas basicamente triviais, como o fato de que John Robison raspou a cabeça ou James Schlueter chegou atrasado sete dias consecutivos. De certa forma, há uma parede em nossas mentes separando as pequenas imagens (relatos, por exemplo) da imagem principal. A identificação exige que derrubemos essa parede.

Como derrubar a parede? Fazendo uma analogia grosseira, pense na forma como compramos presentes para pessoas queridas. Quando sabemos que o Natal ou um aniversário se aproxima, um processo de apelo é disparado em nossas mentes, como um lembrete de que "Papai adora aparelhos; então, fique de olho nas últimas novidades do mercado". Esse processo é bem consciente, mas se encontrarmos uma lanterna a laser retrátil no dia 8 de dezembro, provavelmente pensaremos logo que esse seria um presente que agradaria o papai.

A analogia ao mundo de idéias é manter um senso bem entranhado da mensagem essencial que desejamos transmitir. Assim como podemos colocar Lentes do Presente do Papai, que nos permitirão ver mercadorias a partir dessa perspectiva, também podemos colocar Lentes da Idéia Central, que nos permitirão filtrar idéias recebidas a partir dessa perspectiva. Se você fosse um gerente da Nordstrom, obcecado com a necessidade de melhorar o atendimento ao cliente, esse filtro o ajudaria a identificar o episódio de aquecimento de carro como um símbolo de perfeição, e não como uma anedota interessante.

Na Introdução, derrubamos o pressuposto comum de que é preciso ser um gênio criativo natural para conseguir conceber uma grande idéia. Sabemos que isso não é verdade. Mas, além disso, é essencial perceber que a criação é simplesmente desnecessária. Pense nas idéias apresentadas neste livro, que foram identificadas, e não criadas: Nordies. Jared. O mistério dos anéis de Saturno. Pam Laffin, a antiautoridade do tabagismo. A enfermeira que ignorou o monitor de freqüência cardíaca e preferiu escutar com seu estetoscópio, salvando, assim, a vida do bebê. Se você for um ótimo identificador, sempre superará um grande criador. Por quê? Porque o mundo sempre produzirá uma quantidade maior de grandes idéias do que qualquer indivíduo, mesmo o mais criativo.

Os palestrantes e os discursos que colam

Todo ano, na segunda parte da aula de Chip, "Como fazer idéias colarem", em Stanford, os alunos participam de um exercício, um tipo de credencial testável para mostrar os tipos de mensagens que colam e os que não colam. Os alunos recebem alguns dados de uma fonte do governo sobre padrões de crime nos

Estados Unidos. Metade deles precisa fazer um discurso persuasivo de um minuto para convencer seus companheiros de que crimes não-violentos são um problema sério. A outra metade precisa assumir a posição de que isso não é especialmente sério.

Como era de se esperar, os alunos de Stanford são inteligentes. Eles também tendem a pensar rápido e ter o dom da oratória. Seus discursos são sempre valiosos.

Os alunos se dividem em pequenos grupos e cada um fala por um minuto, enquanto os demais escutam. Após cada discurso, os ouvintes classificam o palestrante: Ele causou boa impressão? Foi persuasivo?

Invariavelmente, os palestrantes mais requintados recebem as classificações mais altas. Alunos que são equilibrados, elegantes e carismáticos são considerados os melhores da turma. Isso é natural, não é mesmo? Bons palestrantes sempre têm uma boa pontuação em provas orais.

A surpresa vem em seguida. O exercício parece ter acabado; na verdade, Chip costuma apresentar um clipe de *Monte Python* para passar o tempo e distrair os alunos. Depois, repentinamente, ele pede aos alunos para arrancar uma folha de papel e escrever todas as idéias de que se lembram sobre cada palestrante.

Os alunos ficam surpresos, pois não conseguem se lembrar de muita coisa. Observe que só se passaram dez minutos desde que as palestras foram proferidas. Além disso, não havia um grande volume de informações – eles escutaram, no máximo, oito palestras com duração de um minuto. E, ainda assim, os alunos só conseguem se lembrar de uma ou duas idéias da apresentação de cada palestrante. Alguns simplesmente apagaram da mente alguns discursos – não conseguem se lembrar de um único conceito.

Na palestra de um minuto, o aluno típico utiliza 2,5 de estatística. Apenas um aluno entre dez consegue contar uma história. A estatística de "recordação", por outro lado, é quase uma imagem espelhada: quando os alunos são solicitados a recordar os discursos, 63% conseguem se lembrar das histórias. Apenas 5% se lembra de alguma estatística individual.

Além disso, não há quase nenhuma correlação entre um "talento para proferir discursos" e a capacidade de fazer com que idéias colem. As pessoas que eram palestrantes cativantes não são melhores do que outros quanto à capacidade de fazer suas idéias colarem. Alunos estrangeiros, cuja dificuldade para falar inglês costuma deixá-los com classificações inferiores quanto às habilidades orais, de repente são equiparados a falantes nativos. As grandes estrelas da fixação são os alunos que transmitiram sua mensagem contando histórias, ou tocando na emoção, ou destacando um único ponto, e não dez. Sem dúvida, um impostor – um aluno que tivesse vindo participar do exercício após ter lido este livro – esmagaria os outros alunos. Um aluno de uma faculdade da comunidade para quem o inglês é um segundo idioma poderia perfeitamente ter um desempenho melhor do que alunos inadvertidos que se formaram em Stanford.

Por que esses falantes talentosos e inteligentes não conseguem fazer suas idéias colarem? Alguns dos vilões discutidos neste livro estão em questão. O primeiro vilão é a tendência natural de antecipar as informações – ficar perdido em um mar de informações. Uma das piores coisas em relação a saber demais, ou ter acesso a muitas informações, é que ficamos tentados a compartilhar todos esses dados. Professores do ensino médio dirão a você que, quando alunos escrevem suas pesquisas escolares, eles se sentem obrigados a incluir todos os fatos descobertos, como se o valor estivesse na quantidade de dados reunidos, e não na objetividade ou clareza do trabalho. A eliminação de informações, a fim de se concentrar apenas no essencial, não é algo que fazemos instintivamente.

O segundo vilão é a tendência de destacar a apresentação e não a mensagem. Pessoas que falam em público naturalmente querem parecer serenas, carismáticas e motivadoras. E, certamente, o carisma ajudará uma mensagem idealizada corretamente a ter melhor aderência. Mas todo o carisma do mundo não será capaz de salvar um discurso denso, sem foco. Alguns alunos de Stanford aprendem isso da forma mais difícil.

Mais vilões

Há dois outros vilões centrais no livro que os alunos de Stanford não precisam combater. O primeiro é a paralisia na decisão – a ansiedade e a irracionalidade que podem surgir devido ao excesso de opções ou a situações ambíguas. Pense nos alunos que perderam uma palestra fantástica ou um filme maravilhoso porque não conseguiram decidir qual seria a melhor escolha, ou em como foi difícil para Jeff Hawkins, o líder do grupo de desenvolvimento Palm Pilot, convencer sua equipe a se concentrar em algumas questões, em vez de focar várias.

Para combater a paralisia na decisão, comunicadores precisam executar a tarefa difícil de localizar a essência. Advogados precisam destacar um ou dois pontos em seus argumentos de conclusão, e não dez. Planos de aula de uma professora podem conter 50 conceitos a serem compartilhados com os alunos, mas para que tais conceitos sejam eficazes, essa professora precisa dedicar a maior parte dos esforços para fazer com que os dois ou três conceitos mais importantes sejam fixados. Gerentes precisam compartilhar provérbios – "Nomes, nomes e nomes" ou "A companhia aérea com tarifas baixas" – que ajudem empregados a tomar decisões em meio a situações ambíguas.

O arquivilão de idéias que colam, como você já sabe, é a Maldição do Conhecimento. Os alunos de Stanford não enfrentaram a Maldição do Conhecimento, pois os dados sobre crime eram algo totalmente novo para eles, ou seja, eles mais pareciam jornalistas tentando evitar a antecipação de informações sobre um noticiário do que especialistas que esqueceram o que significa desconhecer algo.

A Maldição do Conhecimento é um adversário digno, pois, de certo modo, é inevitável. São necessárias duas fases para conseguir transmitir uma mensagem: a fase Resposta e a fase Transmitir aos Outros. Na fase Resposta, você utiliza sua expertise para chegar à idéia que deseja compartilhar. Médicos estudam por uma década para poderem fornecer a Resposta. Gerentes de negócios podem levar meses para chegar à Resposta.

Eis o obstáculo: os mesmos fatores que funcionaram para sua vantagem na fase Resposta sairão como um tiro pela culatra durante a fase Conte aos Outros. Para obter a Resposta, você precisa de expertise, mas não pode dissociar expertise da Maldição do Conhecimento. Você sabe de coisas que os outros desconhecem, e não consegue se lembrar como é desconhecer aquelas coisas. Então, quando você deseja compartilhar a Resposta, tende a se comunicar *como se o seu público fosse você.*

Você destacará a grande quantidade de estatísticas que foram cruciais para chegar à Resposta – e, como os alunos de Stanford, você descobrirá que ninguém se lembra delas depois. Você compartilhará o clímax – a verdade essencial resultante de meses de estudo e análise – e, como o CEO que destaca a importância de "maximizar o valor do acionista" para os empregados da linha de frente, ninguém terá a menor idéia da relação entre o seu clímax e o trabalho cotidiano.

Há uma desconexão curiosa entre a quantidade de tempo investido no treinamento de pessoas sobre como chegar à Resposta e a quantidade de tempo investido no treinamento delas sobre como Transmitir aos Outros. É fácil se formar em

Medicina ou obter um diploma de MBA sem ter aula sobre comunicação. Professores de faculdade fazem vários cursos em suas áreas de conhecimento especializado, mas nenhum sobre como lecionar. Muitos engenheiros deveriam participar de um programa de treinamento sobre como Transmitir aos Outros.

Gerentes de negócios parecem acreditar que, após clicar em uma apresentação em PowerPoint, mostrando suas conclusões, isso bastará para transmitir suas idéias com sucesso. O que eles fizeram foi compartilhar dados. Se eles são bons palestrantes, eles podem até mesmo ter criado um senso aperfeiçoado, entre empregados e colegas de trabalho, de que eles são "decisivos", "gerenciais" ou "motivacionais". Mas, assim como os alunos de Stanford, a surpresa virá quando eles perceberem que nada do que disseram teve impacto real. Eles compartilharam dados, mas não criaram idéias úteis e duradouras. Nada colou.

Fazendo com que uma idéia cole: a estrutura da comunicação

Para que uma idéia cole, para que ela seja útil e duradoura, ela precisa levar o público a:

1. Prestar atenção
2. Compreender e se lembrar
3. Concordar/acreditar
4. Importar-se
5. Ser capaz de agir sobre a idéia

Este livro poderia ter sido organizado em torno dessas cinco etapas, mas há um motivo para elas terem sido reservadas para a conclusão. A Maldição do Conhecimento pode facilmente tornar essa estrutura inútil. Quando um especialista pergunta: "As pessoas compreenderão minha idéia?", a resposta é *Sim*, pois ele próprio compreende. ("É claro, o meu pessoal compreenderá o significado de 'maximizar o valor do acionista!'") Quando um especialista pergunta: "As pessoas se importarão com isso?", a resposta dele é *Sim*, pois ele próprio se importa. Pense no pessoal do Duo Piano, de Murray Dranoff, que disse: "Estamos aqui para proteger, preservar e promover a música duo piano." Eles ficaram chocados ao ver que aquela declaração não havia despertado nos outros a mesma paixão que despertava neles.

A lista de verificação de SUCESSOs é um substituto da estrutura anterior. A vantagem é que ela é mais tangível e menos sujeita à Maldição do Conhecimento. Na verdade, se você pensar nos capítulos lidos anteriormente, notará que a estrutura se encaixa perfeitamente:

1. Prestar atenção:	SURPRESA
2. Compreender e se lembrar:	CONCRETUDE
3. Concordar/acreditar:	CREDIBILIDADE
4. Importar-se:	SENTIMENTOS
5. Ser capaz de agir sobre a idéia:	RELATOS

Então, em vez de tentar adivinhar se as pessoas compreenderão nossas idéias, devemos perguntar: "Ela é concreta?" Em vez de especular se as pessoas se importam, devemos perguntar: "Ela desperta sentimentos? Ela sai do porão de Maslow? Ela força as pessoas a colocar um Chapéu Analítico ou permite que elas sintam empatia?" (A propósito, "Simplicidade" não consta na lista anterior, pois estamos tratando apenas da fase Resposta – apurando a essência de sua mensagem e tornando-a o mais compactada possível. Mas mensagens Simples ajudam no processo inteiro; elas são especialmente úteis para que as pessoas compreendam as idéias e possam agir sobre elas.)

A lista de SUCESSOs, então, é uma ferramenta ideal para lidar com problemas de comunicação. Vejamos alguns sintomas de problemas de comunicação e como podemos solucioná-los.

SINTOMAS E SOLUÇÕES

Problemas em atrair a atenção das pessoas para uma mensagem

SINTOMA: "Ninguém me escuta" ou "Eles parecem entediados – devem estar cansados de escutar sempre a mesma coisa".

SOLUÇÃO: Surpreenda-os, interrompendo suas máquinas de adivinhação – diga a eles algo que não faz parte do senso comum. (A deixa é: 'Não haverá aula na próxima quinta-feira! O Nordie que não se importa em embalar para presente pacotes comprados na Macy's!")

SINTOMA: "Eu os perdi no meio do caminho" ou "No final, eles não estavam mais prestando atenção".

SOLUÇÃO: Crie lacunas de curiosidade – diga às pessoas apenas o suficiente para que percebam a peça que está faltando em seu conhecimento. (Lembre-se das apresentações feitas por Roone Arledge nos jogos de futebol da faculdade, onde ele definia o contexto para a rivalidade.) Outra opção é criar mistérios ou enigmas que são resolvidos aos poucos, durante a comunicação. (Como o professor que começou a aula com um mistério, como aquele dos anéis de Saturno.)

Problemas para levar as pessoas a compreender e se lembrar

SINTOMA: "Sempre balançam a cabeça em sinal de aprovação quando explico isso a eles, mas isso nunca parece ser convertido em ação."

SOLUÇÃO: Simplifique a mensagem e utilize linguagem concreta. Utilize o conhecimento que as pessoas já possuem como forma de esclarecer suas intenções, como ocorre com uma analogia generativa (como a metáfora de "membros de um elenco" da Disney). Ou utilize exemplos concretos, do mundo real. Não fale sobre "gerenciamento do conhecimento"; conte uma história sobre um médico em Zâmbia que está obtendo informações sobre a malária na Internet.

SINTOMA: "Temos essas reuniões em que ninguém parece se entender" ou "Os níveis de conhecimento de cada pessoa são tão diferentes que é difícil ensiná-las".

SOLUÇÃO: Crie um terreno bem concreto, em que as pessoas possam aplicar seu conhecimento. (Pense no valor de capital de risco de um computador portátil onde o empreendedor joga sua pasta sobre a mesa, incitando um brainstorm.) Convença as pessoas a lidar com exemplos ou casos específicos, e não com conceitos.

Problemas para levar as pessoas a acreditar ou concordar com você

SINTOMA: "Eles não estão comprando a idéia."

SOLUÇÃO: Encontre os detalhes reveladores de sua mensagem – o equivalente ao dançarino de 73 anos, ou à fábrica têxtil tão ecologicamente correta que chega a limpar a água que libera da fábrica. Utilize menos autoridades e mais antiautoridades.

SINTOMA: "Eles contestam tudo que eu digo" ou "Passo o tempo todo discutindo com eles sobre isso".

SOLUÇÃO: Procure eliminar o ceticismo mental do público, utilizando uma história de trampolim, passando para o modo criativo. Fuja de estatísticas e fatos, buscando exemplos significativos. Utilize uma anedota que passe no Teste Sinatra.

Problemas para levar as pessoas a se importar

SINTOMA: "Eles estão tão apáticos" ou "Ninguém parece se importar com isso".
SOLUÇÃO: Lembre-se do efeito Madre Teresa – as pessoas se importam mais com indivíduos do que com abstrações. Conte a elas uma história inspiradora com enredo de Desafio ou enredo de Criatividade. Aproveite a percepção de sua própria identidade, como nos anúncios "Não mexa com o Texas", sugerindo que os texanos não jogassem lixo nas estradas.
SINTOMA: "As coisas que costumavam empolgar as pessoas parecem não ter mais efeito."
SOLUÇÃO: Saia do porão de Maslow e tente apelar para tipos mais profundos de interesse pessoal.

Problemas para levar as pessoas a agir

SINTOMA: "Todos balançam a cabeça em sinal de aprovação e depois nada acontece."
SOLUÇÃO: Inspire-os com uma história com enredo de Desafio (Jared, Davi e Golias) ou envolva-os utilizando uma história de trampolim (o Banco Mundial). Verifique se sua mensagem é simples e concreta o suficiente para ser útil – transforme-a em um provérbio ("Nomes, nomes e nomes").

John F. Kennedy *versus* Floyd Lee

"Eu acredito que esta nação deva se comprometer a alcançar o objetivo, antes do final da década, de enviar um homem à Lua e fazê-lo retornar com sucesso à Terra." Esse foi o discurso de John F. Kennedy, em maio de 1961. Uma mensagem inspiradora para uma missão inspiradora. Uma única idéia que motivou uma nação por uma década de trabalho – e, no final, levou a um sucesso histórico e inesquecível.

Mas, não se esqueça de um detalhe: você não é JFK.

Nós também não somos JFK. Não temos um décimo de seu carisma ou poder. Estamos menos preocupados com a viagem à Lua do que, digamos, em verificar se nossas carteiras estão no bolso ao sair de casa de manhã. Então, se fosse necessário ser JFK para fazer uma idéia colar, este livro decepcionaria o leitor.

JFK não é o padrão. Na verdade, ele é a aberração. Lembre-se de que o mesmo capítulo em que citamos pela primeira vez o discurso "Homem na Lua" também contém uma referência ao Kentucky Fried Rat. Não estamos totalmente no mundo da lua.

Idéias que colam têm algo em comum. Procuramos inverter o mecanismo neste livro. Analisamos idéias absurdas: os ladrões de rim e sua banheira cheia de cubos de gelo. Analisamos idéias brilhantes: úlceras causadas por bactérias. Analisamos idéias chatas que se tornaram interessantes: a comunicação sobre segurança do vôo. Analisamos idéias interessantes que se tornaram chatas: soro de reidratação que pode salvar a vida de milhares de crianças. Verificamos idéias relacionadas a jornais, contabilidade, guerra nuclear, evangelismo, cintos de segurança, poeira, dança, lixo, futebol, AIDS, remessa e hambúrgueres.

E verificamos que todas essas idéias – profundas e mundanas, sérias e tolas – apresentam traços em comum. Nossa esperança é que, agora que você compreende esses traços, poderá aplicá-los às suas próprias idéias. *Eles riram quando você compartilhou uma história em vez de uma estatística. Mas quando a idéia colou...*

A lista de verificação de SUCESSOs deve ser uma ferramenta muito prática. Não é por acaso que ela é uma lista de verificação, e não uma equação. Não é difícil nem ciência espacial. Mas também não é natural ou instintiva. Ela exige cuidado e consciência.

Este livro contém relatos de pessoas comuns com problemas comuns, que fizeram coisas extraordinárias simplesmente ao aplicar esses princípios (mesmo que não estivessem conscientes de que estavam fazendo isso). Essas pessoas são tão comuns que provavelmente você não reconhecerá seus nomes ao lê-los. Seus nomes não colaram, mas suas histórias sim.

Lembra-se de Art Silverman? Esse cara conseguiu fazer com que uma nação parasse de comer pipoca de cinema, altamente nociva à saúde. Ele apresentou o que corresponderia a um dia inteiro de consumo de alimentos gordurosos ao lado de um pacote de pipocas e disse: "Esta é a quantidade de gordura saturada que este pacote contém." Uma pessoa comum, com um emprego comum, que fez diferença.

Lembra-se do professor de jornalismo de Nora Ephron? Pobre rapaz. Nem mencionamos o seu nome. Ele disse à turma: "O lead é 'Não haverá aula na próxima quinta-feira.'" E nessa frase ele reescreveu a imagem de seus alunos sobre o jornalismo. Ele inspirou Ephron (e, sem dúvida, muitos outros) a se tornar jornalista. Uma pessoa comum, com um emprego comum, que fez diferença.

E quanto a Bob Ocwieja? Difícil lembrar desse nome. Ele é proprietário de uma franquia da Subway, que diariamente vendia sanduíches para um cara gordo, e identificou uma grande história nesse processo. Ocwieja levou à descoberta e ao lançamento da campanha Jared, que fez um tremendo sucesso. Uma pessoa comum, com um emprego comum, que fez diferença.

Lembra-se de Floyd Lee, o líder de refeitório do restaurante Pegasus, no Iraque? Ele definiu que sua função era cuidar da moral, e não apenas servir comida. Ele recebia os mesmos suprimentos que os outros, mas os soldados começaram a se dirigir para sua barraca e a chef de pastelaria começou a descrever suas sobremesas como “sensuais”. Uma pessoa comum, com um emprego comum, que fez diferença.

E quanto a Jane Elliott? Vinte anos se passaram, mas a simulação de preconceito racial que ela fez em sala de aula ainda está gravada nas mentes de seus alunos. Não é exagero dizer que sua idéia funcionou como *prevenção* contra o preconceito, como uma vacina. Uma pessoa comum, com um emprego comum, que fez diferença.

Todas essas pessoas se destacaram, pois tiveram idéias que fizeram a diferença. Elas não tinham poder, fama, agências de comunicação, investimento em propaganda, nem conselheiros de imagem.

E este é o melhor aspecto do mundo das idéias – qualquer um de nós, com o insight certo e a mensagem certa, pode fazer uma idéia colar.

IDÉIAS QUE COLAM: GUIA DE REFERÊNCIA FÁCIL

O que cola?

O Roubo do Rim. Doces no Dia das Bruxas. Pipoca no cinema.

Cola = compreensível, memorável e eficaz na mudança de pensamento ou comportamento.

SEIS PRINCÍPIOS = **SUCESSOs**

SIMPLICIDADE SURPRESA CONCRETUDE CREDIBILIDADE SENTIMENTOS RELATOS.

O VILÃO: Maldição do Conhecimento. *É difícil ser um ritmista. A criatividade começa com modelos: combata a Maldição com a lista de verificação de SUCESSOs.*

1. Simplicidade

ENCONTRE A ESSÊNCIA.

Intenção do Comando. Determine a coisa mais importante: "Companhia aérea com as tarifas MAIS baratas". Pirâmide invertida: não antecipe informações. *A dor da paralisia na decisão. Combata a paralisia na decisão por meio de contínuas prioridades:* "É a economia, idiota!" Clínica: exposição ao sol. *Nomes, nomes, nomes.*

COMPARTILHE A ESSÊNCIA.

Simples = essencial + compacto. *Provérbios: sound bites que são profundos. Provérbios visuais: o bloco de madeira Palm Pilot. Como transformar vários toques em uma comunicação compacta: (1) Utilizando o que está disponível: aproveite esquemas existentes. O pomelo. (2) Crie um conceito elevado: "Duro de Matar* em um ônibus." *(3) Utilize analogias generativas: "membros de um elenco"* da Disney.

2. Surpresa

DESPERTE A ATENÇÃO: SURPRESA

A comunicação bem-sucedida sobre segurança de vôo. Quebre um padrão! Interrompa as máquinas de adivinhação das pessoas (sobre um assunto essencial). Mudança inesperada de semblante: Uma pausa para coletar informações. Evite a surpresa ardilosa – torne-a "pós-visível". "Os Nordies que..." "Não haverá aula na próxima quinta-feira." Clínica: Excesso de ajuda externa?

MANTENHA A ATENÇÃO: INTERESSE.

Crie um mistério: De que são constituídos os anéis de Saturno? Roteiros como modelos para despertar curiosidade. A Teoria da Lacuna de Curiosidade: Destaque uma lacuna de conhecimento. *Utilize a abordagem de notícias provocativas:* "Que restaurante local tem limo na máquina de gelo?" Clínica: Captação de recursos. *Preparando-se para a lacuna. Como Roone Arledge conseguiu tornar o futebol da NCAA interessante para não-fãs. Mantenha o interesse de longo prazo: o "rádio que cabe no bolso" e o "homem na Lua".*

3. Concretude

AJUDE AS PESSOAS A COMPREENDER E LEMBRAR.

Escreva com a concretude de uma fábula. (Uvas verdes.) Torne a abstração concreta: as paisagens do The Nature Conservancy como ecocelebridades. Forneça um contexto concreto: abordagem de professores asiáticos para ensinar matemática. Coloque as pessoas dentro da história: aula de contabilidade ensinada com uma novela. Utilize a teoria Velcro de memória: quanto mais ganchos em sua idéia, melhor. Olhos castanhos, olhos azuis: uma simulação que "curou" o preconceito racial.

AJUDE AS PESSOAS A COORDENAR

Engenheiros versus *pessoal da manufatura. Encontre uma base comum em um nível compartilhado de compreensão. Defina metas comuns em termos tangíveis: nos-*

so avião pousará na Pista 4-22. Torne isso real: os Ferraris vão para a Disney World. Por que a concretude ajuda: coisas brancas versus *coisas brancas em sua geladeira. Crie um território onde as pessoas possam aplicar seu conhecimento. O VC pitch e a pasta grená.* Clínica: terapia da reidratação oral. *Converse sobre pessoas, e não dados: visitas internas ao Hamburger Helper e "Saddleback Sam".*

4. Credibilidade

AJUDE AS PESSOAS A ACREDITAR.

Ninguém acreditava no insight sobre úlcera, ganhador do prêmio Nobel. Bactéria comedora de carne em bananas.

CREDIBILIDADE EXTERNA. Autoridade e antiautoridade. *Pan Laffin, fumante.*

CREDIBILIDADE INTERNA.

Utilize detalhes convincentes. *Jurados e a escova de dentes Darth Vader. O dançarino de 73 anos.*

Torne as estatísticas acessíveis. *Ogivas nucleares como BBs. O princípio da escala humana. A analogia de Stephen Covey de um local de trabalho como uma equipe de futebol.* Clínica: histeria do ataque do tubarão.

Encontre um exemplo que transmita o Teste Sinatra. *"Se você pode fazer isso aqui, pode fazer em qualquer lugar." Transportando filmes de Bollywood: "Conseguimos lidar com Harry Potter e as provas de seu irmão." Um ambientalista que gostava de negócios e a fábrica têxtil que, na realidade, purificava a água que a alimentava – e produzia tecidos comestíveis.*

Utilize credenciais testáveis. *"Experimente antes de comprar." Onde está a carne? Snapple apóia a KKK?! Técnicos: É mais fácil destruir do que construir: Enchendo o Tanque Emocional. Orientação a novatos da NBA: "Todas estas mulheres têm AIDS."*

5. Sentimentos

LEVE AS PESSOAS A SE IMPORTAR.

O princípio Madre Teresa: sempre que perceber que alguém precisa de ajuda, entrarei em ação. As pessoas doam mais a Rokia do que à enorme quantidade de famintos da África. A campanha Verdade antitabagismo: O que levou os adolescentes a se importarem não foram as preocupações com saúde, mas a rebelião anticorporativa.

UTILIZE O PODER DA ASSOCIAÇÃO.

A necessidade de combater a distensão semântica: o significado diluído de "relatividade" e por que "exclusivo" deixou de ser exclusivo. Transformando o "espírito esportivo" em "aceitar as regras do jogo".

APELE PARA O INTERESSE PESSOAL (E NÃO APENAS O INTERESSE PESSOAL BÁSICO)

Anúncios de pedido por correio – "Eles riram quando me sentei ao piano..." WIIFY. TV a cabo em Tempe: Visualizando o que ela pode fazer por você. Evite o porão de Maslow: a falsa suposição de que as outras pessoas são mais básicas do que nós. Floyd Lee e seu refeitório no Iraque: "Sou responsável pela moral."

APELE PARA A IDENTIDADE.

O bombeiro rejeitou a pipoqueira. Compreenda como as pessoas tomam decisões com base na identidade. (Quem sou eu? Que tipo de situação é essa? E o que as pessoas esperam que eu faça nesse tipo de situação?) Clínica: Por que estudar álgebra? *Não mexa com o Texas: os texanos não jogam lixo nas estradas. Não se esqueça da Maldição do Conhecimento – não pressuponha, como os defensores do duo piano, que os outros se importam com as mesmas coisas que você.*

6. Relatos

LEVE AS PESSOAS A AGIR.

HISTÓRIAS COMO SIMULAÇÃO (DIGA ÀS PESSOAS COMO AGIR).

O dia em que o monitor de freqüência cardíaca mentiu: como a enfermeira agiu. Conversa sobre trabalho na Xerox: como o técnico agiu. Visualizando "como cheguei aqui": simulando problemas para resolvê-los. Utilize histórias como simuladores de vôo. Clínica: lidando com alunos problemáticos.

HISTÓRIAS COMO INSPIRAÇÃO (ENERGIZE AS PESSOAS PARA AGIR)

Jared, que consumia alimentos fast-food e pesava 192kg. Como identificar histórias inspiradoras. Procure três enredos principais: Desafio (superar obstáculos), Conexão (relacionar-se ou reconectar) e Criatividade (inspirar uma nova forma de pensamento). Contar uma história de trampolim: uma história que ajude as pessoas a ver como um problema existente pode mudar. Stephen Denning no Banco Mundial: um trabalhador na área de saúde na Zâmbia. Você pode extrair uma moral de uma história, mas não pode extrair uma história de uma moral. Por que apresentadores ficaram aborrecidos quando pessoas reduziram suas apresentações a histórias.

O que cola.

UTILIZE O QUE COLA.

Os bonzinhos acabam por último. Elementar, meu caro Watson. É a economia, idiota. O poder da identificação. Por que ter habilidades para fazer um bom discurso não significa necessariamente ter habilidades para conseguir uma boa fixação: alunos de Stanford e o exercício sobre discursos. Uma advertência final sobre a Maldição do Conhecimento.

Lembre-se de como SUCESSOs ajudam as pessoas a:

Prestar atenção	Surpresa
Compreender e lembrar	Concretude
Acreditar e concordar	Credibilidade
Interessar-se	Sentimentos
Agir	Relatos

A simplicidade ajuda em várias fases. O mais importante é que ela indica *o que* você deve dizer.

Sintomas e soluções: Para obter orientação prática, consulte as páginas 221-23.

John F. Kennedy versus *Floyd Lee: Como pessoas comuns, em situações comuns, podem fazer profunda diferença com suas idéias que colam.*

NOTAS

Introdução

2 **"Formação de uma comunidade abrangente"**: Tony Proscio, "In Other Words: A Plea for Plain Speaking in Foundations", Edna McConnell Clark Foundation, 2000.

3 **A verdade sobre a pipoca de cinema**: Um bom relato sobre a história da pipoca encontra-se em Howard Kurtz, "The Great Exploding Popcorn Exposé", *Washington Post*, 12 de maio de 1994, C1.

10 **Quem estragou o Dia das Bruxas?** A história do boato dos doces envenenados no Dia das Bruxas é contada em Joel Best e Gerald T. Horiuchi, "The Razor Blade and the Apple: The Social Construction of Urban Legends", *Social Forces* 32 (1985): 488-99. Joel Best integra um grupo de sociólogos que estudam a "construção" de problemas sociais. Preocupações sociais com vários problemas como dirigir alcoolizado, vício em drogas ou doces envenenados no Dia das Bruxas nem sempre coincidem com a incidência de problemas subjacentes. Sociólogos tentaram compreender como problemas sociais passaram a ser definidos como "problemas". Como leitura adicional sobre esse assunto, ver Joel Best, *Random Violence: How We Talk About New Crimes and New Victims* (Berkeley: University of California Press, 1999).

16 **a Maldição do Conhecimento**: O conceito de Maldição do Conhecimento foi extraído de C.F. Camerer, G. Loewenstein e M. Weber, "The Curse of Knowledge in Economic Settings: An Experimental Analysis", *Journal of Political Economy* 97 (1989): 1232-54. A Maldição do Conhecimento aumenta à medida que as pessoas adquirem mais experiência. Pamela Hinds pediu a especialistas (vendedores de uma empresa de telefonia celular) para dar uma previsão do tempo que novos usuários de telefones celulares levariam para aprender a executar várias tarefas (por exemplo, armazenar uma saudação no correio de voz, ou salvar algumas mensagens e excluir outras). Os especialistas fizeram uma previsão muito baixa em relação ao tempo que novos usuários levariam para concluir as tarefas (ou seja, eles disseram que bastariam 13 minutos para executar funções que, na verdade, levaram 30 minutos para serem concluídas), e suas estimativas não aumentaram quando eles foram solicitados a pensar especificamente sobre os problemas encontrados durante a aprendizagem original. *Ver* Pamela J. Hinds, "The

Curse of Expertise: The Effects of Expertise and Debiasing Methods on Predicting Novice Performance", *Journal of Experimental Psychology: Applied* 5 (1999): 205-21. *Ver também* o trabalho brilhante sobre psicologia, por Boas Keysar, Linda E. Ginzel e Max H. Bazerman, "States of Affairs and States of Mind: The Effect of Knowledge on Beliefs", *Organizational Behavior and Human Decision Processes* 64 (1995): 283-93. Ironicamente, a Maldição do Conhecimento foi bem documentada em situações de economia e mercado, onde as pessoas devem ter os maiores incentivos para tentar superá-las (ver http://curse-of-knowledge.behaviouralfinance.net/). Se você não conseguir superar a Maldição do Conhecimento quando isso estivar lhe custando muito dinheiro, será ainda mais difícil detectá-la e superá-la em situações do cotidiano.

16 **Em 1990, Elizabeth Newton**: L. Newton, "Overconfidence in the Communication of Intent: Heard and Unheard Melodies", Ph.D. diss., Stanford University, 1990.

18 **Em 1999, uma equipe de pesquisa israelense**: Jacob Goldenberg, David Mazursky e Sorin Solomon, "The Fundamental Templates of Quality Ads", *Marketing Science* 18 (1999): 333-51. O modelo de Analogia Pictórica apresenta analogias extremas de uma forma visual. Por exemplo, uma propaganda da Nike é gravada do ponto de vista de alguém pulando de um edifício alto. Um grupo de bombeiros está lá embaixo, na rua, preparando um colchão para o saltador cair com um tênis Nike enorme. A mensagem publicitária é: "Algo macio entre você e o asfalto." A maioria dos vencedores é composta de Analogia Pictórica e Conseqüências Extremas. Os outros modelos são Situações Extremas (em que um produto é mostrado em situações incomuns ou o atributo de um produto é exagerado ao extremo), Concorrência (em que um produto é mostrado como vencedor em uma competição com outro produto; em geral, em uma situação de uso incomum), Experiências Interativas (em que ouvintes interagem diretamente com o produto – ver "Credenciais Testáveis" no Capítulo 4) e Alteração da Dimensionalidade (por exemplo, um salto no tempo que mostra as implicações de longo prazo de uma decisão).

1. Simplicidade

26 **Herb Kelleher... disse certa vez**: James Carville e Paul Begala, *Buck Up, Suck Up, and Come Back When You Foul Up* (New York: Simon & Schuster, 2002), 88. Este é um dos livros mais interessantes que descobri sobre a dinâmica das campanhas políticas. Há um capítulo sobre como se comunicar em uma campanha política que repercute vários dos princípios que discutimos neste livro: conte histórias ("fatos dizem muito, mas histórias vendem"), seja emotivo e seja exclusivo (a versão deles para "Inesperado").

28 **Um coração saudável de 17 anos**: Jonathan Bor, "It Fluttered and Became Bruce Murray's Heart", *Syracuse Post-Standard*, 12 de maio de 1984.

28 **JERUSALÉM, 4 de novembro**: Barton Gellman, "O Primeiro-Ministro Israelense Yitzhak Rabin foi Morto", *Washington Post*, 5 de novembro de 1995. Chip Scanlon tem uma ótima coletânea de colunas on-line que descrevem as técnicas e os procedimentos de espionagem jornalística, incluindo uma que contém dois títulos neste site: www.poynter.org/column.asp?id=52&aid=35609.

29 **a pirâmide invertida surgiu**: Rich Cameron, "Understanding the Lead and the Inverted Pyramid Structure are Staples of Journalism 101 Classes", *The Inverted Pyramid*, 2003. Visite ww.cerritosjournalism.com, na seção intitulada "101 – Newswriting".

31 **"Era simples"**: O conselho de Carville para lembrar os fundamentos foi extraído de Mary Matalin e James Carville, *All's Fair: Love, War, and Running for President* (New York: Random House, 1994), 244. O intercâmbio de Clinton que levou à citação "Quando você diz três coisas, não diz nada" está na página 175.

32 **Em 1954, o economista L.J. Savage**: Leonard J. Savage, *The Foundations of Statistics* (New York: Wiley, 1954).

32 **Amos Tversky e Eldar Shafir:** O estudo sobre o feriado de Natal no Havaí foi extraído de Amos Tversky e Eldar Shafir, "The Disjunction Effect in Choice Under Uncertainty", *Psychological Science* 3 (1992): 305-9. O estudo da palestra/filme estrangeiro/biblioteca foi extraído de Donald A. Redelmeier e Eldar Shafir, "Medical Decision Making in Situations That Offer Multiple Alternatives", *Journal of the American Association* 273 (1995): 302-6. O fenômeno da paralisia na decisão é marcante até mesmo em profissionais. Redelmeier e Shafir mostram que médicos adiam a prescrição de um tratamento específico quando são forçados a escolher entre vários tratamentos bons.

35 **Exposição ao sol: prevenções e proteção:** A mensagem 1 da Clínica de Exposição ao Sol foi extraída de http://ohioline.osu.edu/hyg-fact/5000/5550.html.

42 **Cervantes definia provérbios**: A discussão sobre provérbios se baseia em Paul Hernadi e Francis Steen, "The Tropical Landscapes of Proverbial: A Crossdisciplinary Travelogue", *Style* 33 (1999): 1-20.

45 **"O real obstáculo aos primeiros PDAs"**: Tom Kelley, *The Art of Innovation: Lessons in Creativity from IDEO, America's Leading Design Firm* (New York: Doubleday Currency, 2001).

45 **J FKFB INAT OUP**: O exercício de letras/acrônimos demonstra o princípio clássico do "agrupamento", da psicologia cognitiva. A memória funcional é suficiente para reter apenas cerca de sete informações independentes. (Ver a descrição clássica de George Miller em "The Magical Number Seven, Plus or Minus Two", *Psychological Review* 63 (1956): 81-97.) No primeiro exercício, os grupos são letras e a maioria das pessoas consegue se lembrar de cerca de sete delas. No segundo exercício, os grupos são acrônimos pré-armazenados; as pessoas conseguem se lembrar de cerca de sete acrônimos, embora cada um contenha várias letras. Ao aproveitar grupos de informações preexistentes, podemos condensar mais informações em um espaço de atenção limitada.

48 **Psicólogos definem esquema**: Os esquemas fazem parte do kit de ferramentas padrão da psicologia cognitiva e social. Para obter uma discussão interessante sobre esquemas na percepção social, ver os Capítulos 4 e 5 de Susan T. Fiske e Shelley E. Taylor, *Social Cognition*, 2ª edição (New York: McGraw-Hill, 1991). Para obter um resumo interessante da pesquisa da psicologia cognitiva sobre esquemas, ver o Capítulo 2 de David C. Rubin, *Memory in Oral Traditions: The Cognitive Psychology of Epic, Ballads, and Counting-out Rhymes* (Oxford: Oxford University Press, 1995).

Uma analogia é uma boa forma de ajudar as pessoas a acessar o conhecimento em um esquema. Psicólogos educacionais publicaram vários trabalhos sobre o valor de analogias na aprendizagem de um novo material, especialmente Richard Mayer. Em um trabalho de 1980, ele ajudou alunos a aprender a programar a linguagem de um banco de dados. Um grupo de alunos recebeu analogias para a estrutura do computador: "A função de armazenamento de longo prazo do computador foi descrita como um fichário; a função de classificação foi descrita como uma cesta de itens recebidos, uma cesta de itens salvos e uma cesta de itens destacados sobre uma mesa de escritório." Quando os alunos estavam confrontando problemas fáceis, as analogias não tinham muita importância, mas quando os problemas ficaram mais complexos, os alunos que receberam analogias tiveram um rendimento cerca de duas vezes melhor do que os outros. *Ver* R. Mayer, "Elaborate Techniques That Increase the Meaningfulness of Technical Text: An Experimental Test of the Learning Strategy Hypothesis", *Journal of Educational Psychology* 72 (1980): 770-84.

A metáfora é uma outra forma de permitir que as pessoas acessem o conhecimento em um esquema. George Lakoff mostrou, em diversos livros, como metáforas estruturam profundamente nossa compreensão do mundo e a maneira como falamos sobre o mundo (por exemplo, George Lakoff e Mark Johnson, *Metaphors We Live By* [Chicago: University of Chicago Press, 1980]). Por exemplo, falamos e pensamos sobre o amor como uma viagem. (Veja *a que ponto chegamos*. Chegamos *a um ponto crucial*. Estamos *fora do padrão*.) Lakoff consegue, melhor do que ninguém, reconhecer a forma intensa com que essas metáforas afetam nossa comunicação, mas estas não precisam ser profundas nem intensas para serem úteis na transmissão de uma mensagem; elas só precisam ser compartilhadas pelo público relevante, como ocorreu na discussão sobre "conceito elevado" em Hollywood.

53 **Boas metáforas são "generativas"**: D.A. Schon, "Generative Metaphor: A Perspective on Problem-Solving in Social Policy", em *Metaphor and Thought*, 2ª edição, editado por A. Ortony, (Cambridge: Cambridge University Press, 1993).

53 **Disney chama seus empregados de "membros de um elenco"**: Os exemplos de Disney foram extraídos de: Disney Institute, *Be Our Guest: Perfecting the Art of Customer Service* (New York: Disney Editions, 2001).

2. Surpresa

57 **Uma comissária de bordo chamada Karen Wood**: Não é por acaso que Karen Wood era comissária da Southwest Airlines. Ver Kevin Freiberg e Jackie Freiberg. *Nuts! Southwest Airlines' Crazy Recipe for Business and Personal Success* (Austin, Texas: Bard Press, 1996), 209-10.

61 **"sobrancelhas de surpresa"**: Paul Ekman e Wallace V. Friesen, *Unmasking the Face: A Guide to Recognizing Emotions From Facial Clues* (Englewood Cliffs, N.J.: Prentice-Hall, 1975). A função da surpresa é um tópico que merece estudo mais aprofundado na psicologia, pois ela é tema de estudo de diferentes diciplinas da Psicologia. Pesquisadores cognitivos que estudam a atenção e a aprendizagem acham que ela é emocional demais; psicólogos sociais que estudam emoções como raiva, medo e repulsa acham que ela é cognitiva demais. Mas você pode alegar que a supresa é a emoção mais importante devido à sua função no controle da atenção e da aprendizagem.

64 **"PHRAUG e TAYBL"**: Bruce W.A. Whittlesea e Lisa D. Williams, "The Discrepancy-Attribution Hypothesis II: Expectation, Uncertainty, Surprise, and Feelings of Familiarity", *Journal of Experimental Psychology: Learning, Memory, and Cognition* 27 (2001): 14-33.

67 **O Nordie que passou**: Jim Collins e Jerry I. Porras, *Built to Last: Successful Habits of Visionary Companies* (New York: HarperBusiness, 1994), 118.

68 **Jornalismo básico**: Relato de Ephron extraído de Lorraine Glennon e Mary Mohler, *Those Who Can... Teach! Celebrating Teachers Who Make a Difference* (Berkeley, California: Wildcat Canyon Press, 1999), 95-96.

70 **Os norte-americanos insistem em acreditar**: A mensagem 1 da Clínica de ajuda externa foi extraída de www.ipjc.org/journal/fall02/nick_mele.htm.

71 **Pesquisas sugerem que a maioria dos norte-americanos**: Ver pesquisas conduzidas pelo Program for International Policy Attitudes (PIPA), da University of Maryland.

71 **Toda a África sub-Saara**: Desde 2001, a região africana do sub-Saara e a região inteira da Ásia receberam, cada uma, um pouco mais de $1 bilhão por ano. Considerando que há 280 milhões de norte-americanos, 12 refrigerantes a um preço de oferta de $0,33 somam $1,1 bilhão. Um filme por ano a $8 por entrada de cinema equivale a $2,24 bilhões.

72 **Como *manter* a atenção das pessoas?**: Despertar o interesse das pessoas e mantê-lo são tópicos amplamente discutidos entre psicólogos educacionais que desejam manter as crianças envolvidas no estudo com livros didáticos. Muitas de suas descobertas são consistentes com os tópicos que abordamos neste livro: As crianças ficam mais envolvidas quando os textos evocam ação e imagens (Concreto) ou emoções (Sentimentos) ou quando há uma novidade (Surpresa, embora, em nossa opinião, a novidade te-

nha mais probabilidade de atrair o interesse do que mantê-lo). Outros tópicos vão além do que discutimos aqui. Por exemplo, crianças estão mais envolvidas quando o material é personalizado (por exemplo, elas prestam mais atenção a problemas de matemática que envolvem os seus nomes ou os nomes de seus amigos), embora essa estratégia de personalização seja de difícil aplicação, de uma forma geral. Mas a maioria das pesquisas em psicologia educacional tem sido limitada, pois destaca apenas as características em nível de frase ou parágrafo dos textos, em vez de fazer questionamentos mais amplos, como: como levar os leitores a ler seções inteiras, capítulos ou livros? As observações de Cialdini sobre o mistério e a teoria da lacuna de curiosidade de Loewenstein agregariam muito valor a essa importante área de pesquisa. Para obter uma análise da pesquisa educacional, ver Suzanne Hidi, "Interest and Its Contribution as a Mental Resource for Learning", *Review of Educational Research* 60 (1990): 549-71.

72 **Há alguns anos, Robert Cialdini**: Cialdini escreveu este artigo para professores de Psicologia, mas ele é um conselho excelente para todos os professores. *Ver* Robert B. Cialdini, "What's the Best Secret Device for Engaging Student Interest? The Answer is in the Title", *Journal of Social and Clinical Psychology* 24 (2005): 22-29.

75 **McKee diz: "A *curiosidade*"**: Robert McKee, *Story: Substance, Structure, Style and the Principles of Screenwriting* (New York: ReganBooks, 1997). McKee também tem bom insight sobre a diferença entre surpresa ardil e surpresa que nos leva à solução em filmes: "Sempre podemos chocar freqüentadores de cinema, apresentando uma cena inesperada ou saindo de uma cena que eles esperam que continue." Mas ele diz que a "verdadeira surpresa" ocorre quando uma lacuna legítima é revelada repentinamente entre o que esperamos e o que de fato ocorre. A legitimidade provém de um súbito insight, revelando algum tipo de verdade que estava oculta.

76 **Em 1994, George Loewenstein**: George Loewenstein, "The Psychology of Curiosity: A Review and Reinterpretation", *Psychological Bulletin* 116 (1994): 75-78. Esse é um artigo fantástico que analisa décadas de pesquisa psicológica.

81 **Até agora, a televisão fez**: A história de Roone Arledge foi extraída de sua autobiografia, *Roone: A Memoir* (New York: HarperCollins, 2003). A citação do memorando encontra-se na página 32.

84 **Na cidade de Tóquio**: A história da Sony foi extraída de John Nathan, *Sony: The Private Life* (Boston: Houghton Mifflin, 1999).

86 **"Se as pessoas *gostam* da curiosidade"**: Loewenstein, "Psychology of Curiosity", 86.

3. Concretude

90 **"Gerador de jargões de negócios"**: O gerador de jargões foi inventado por W. Davis Folsom, da University of South Carolina-Aiken. Ver http://highered.mcgraw-hill.com/sites/0072537892/student_view0/business_jargon_exercise.html.

90 **A concretude nos ajuda a evitar esses problemas**: As vantagens de idéias concretas aparecem na psicologia. Idéias concretas são mais memoráveis. Talvez o resumo mais interessante dessa evidência se encontre em um livro de David Rubin, psicólogo cognitivo, da Duke University, que passou anos tentando compreender como aspectos da cultura – sagas épicas, canções populares e músicas de crianças – passam de pessoa para pessoa, a cada nova geração. Seu livro *Memory in Oral Traditions* consegue resumir com maestria o trabalho realizado em humanidades e psicologia. Elementos concretos têm mais chance de sobreviver à transmissão de uma pessoa para outra, pois são mais fáceis de compreender e de lembrar. *Ver* David C. Rubin, *Memory in Oral Traditions: The Cognitive Psychology of Epic, Ballads, and Couting-Out Rhymes* (Oxford: Oxford University Press, 1995).

Idéias concretas também são mais fáceis de se compreender. Na pesquisa educacional, Mark Sadoski, Ernest Goetz e colegas publicaram vários trabalhos interessantes ilustrando que idéias concretas são mais fáceis de se compreender, mais memoráveis e, como benefício adicional, mais interessantes. *Ver* Mark Sadoski, Ernest T. Goetz e Maximo Rodriguez, "Engaging Texts: Effects of Concreteness on Comprehensibility, Interest, and Recall in Four Text Types", *Journal of Educational Psychology* 92 (2000): 85-95.

96 **Eric Havelock, pesquisador da Universidade de Yale**: E. A. Havelock, *Preface to Plato* (Cambridge, Mass.: Harvard University Press, 1963).

97 **Dois professores da Georgia State University**: Carol W. Springer e S. Faye Borthick, "Business Simulation to Stage Critical Thinking in Introductory Accounting: Rationale, Design, and Implementation", *Issues in Accounting Educat*ion 19 (2004): 277-303.

100 **Olhos castanhos, olhos azuis**: A descrição da simulação antipreconceito de Jane Elliott foi extraída de um documentário da *PBS Frontline*, "A Class Divided". Esse é um dos programas mais solicitados na história da rede de televisão, vencedor de um Emmy for Outstanding Informational, Cultural, or Historical Programming, em 1985. Ele também se encontra na site www.pbs.org/wgbh/pages/frontline/shows/divided/etc/view.html.

102 **Estudos conduzidos dez e vinte anos mais tarde**: Phil Zimbardo, *Psychology and Life*, 12ª edição (Glenview, Illinois: Scott, Foresman, 1985), 634.

103 **Uma pesquisadora chamada Beth Bechky**: B.A. Bechky, "Crossing Occupational Boundaries: Communication and Learning on a Production Floor", Ph.D. diss., Stanford University, 1999.

105 **O 727 deve conter 131 assentos para passageiros**: Jim Collins e Jerry I. Porras, *Built to Last: Successful Habits of Visionary Companies* (New York: HarperBusiness, 1994), 93.

105 **Os Ferraris vão à Disney World:** O trabalho de Stone-Yamashita com a HP se baseia em Victoria Chang e Chip Heath, "Stone-Yamashita and PBS: A Case at the Graduate School of Business", estudo de caso SM119 da Stanford University Graduate School of Business (2004).

108 **Kaplan e o investimento em computadores**: Esse exemplo foi extraído de um livro excelente, do autor Jerry Kaplan: *Start-Up: A Silicon Valley Adventure* (Boston: Houghton Mifflin, 1995). É um dos melhores relatos que lemos sobre as incertezas do dia-a-dia e a luta para ser um empreendedor e construir uma empresa. E o livro também é muito divertido.

109 **O público parecia tenso**: Ibid, 25-26.

110 **Seu investimento avaliou**: A empresa de Kaplan, posteriormente chamada de Go Computers, acabou não dando certo, pois a tecnologia da época não era suficiente para suportar computadores baseados em pen-drive. Entretanto, a idéia de computação baseada em pen-drive era tão aderente (o "rádio que cabe no bolso" de sua geração) que várias outras empresas, além da empresa de Kaplan, surgiram e atraíram investimento de capital de risco, em dólar (e grandes talentos em engenharia) para adquirir a tecnologia.

111 **A diarréia é uma das principais causas da morte**: A mensagem 1 da Clínica Terapia de Reidratação Oral foi extraída de PSI, uma ONG de Washington, D.C. que está fazendo um trabalho inovador sobre saúde para populações de baixa renda. *Ver* www.psi.org/our_programs/products/ors.html.

112 **"Vocês sabiam que"**: A mensagem 2 da Clínica Terapia de Reidratação Oral é de James Grant, que, durante sua permanência na Unicef, fez mudanças que são apontadas como responsáveis por salvar as vidas de mais de 25 milhões de crianças. Por exemplo, os índices de vacinação aumentaram de 20% para 80%. Essa história notável é contada por David Bornstein, *How to Change the World: Social Entrepreneurs and the Power of New Ideas* (Oxford: Oxford University Press, 2004). A citação se encontra na página 248.

115 **"Saddleback Sam"**: Rick Warren, *The Purpose-Driven Church* (Grand Rapids, Mich.: Zondervan, 1995): 169. O livro de Warren explica os princípios organizacionais de uma das igrejas com mais adeptos e que mais cresce nos Estados Unidos.

4. Credibilidade

118 **"simplesmente não se comportava como um"**: Daniel Q. Haney, "News That Ulcers Are Caused by Bacteria Travels Slowly to MDs", *Buffalo News*, 11 de fevereiro de 1996.

118 **"Isso tinha gosto de água de pântano"**: Manveet Kaur, "Doctor Who Discovered 'Ulcer Bugs'", *New Straits Times*, 13 de agosto de 2002, 6.

119 **um tema importante na medicina moderna**: Laura Beil, "A New Look at Old Ills: Research Finds Some Chronic Diseases May Be Infectious", *The Record* (Northern New Jersey), 24 de março de 1997.

120 **mas, se somos céticos em relação**: Idéias que colam naturalmente são uma grande fonte de insight sobre o processo de persuasão. Pesquisadores que estudam a persuasão na psicologia se beneficiariam do estudo dessas idéias. Estudos tradicionais da persuasão na psicologia tentaram evitar a questão da credibilidade, criando uma série de argumentos, solicitando que as pessoas os classificassem quanto à credibilidade e, depois, utilizando aqueles classificados com credibilidade alta ou baixa. Com exceção de uma série de estudos sobre o impacto da autoridade, pesquisadores têm evitado tentar compreender o que torna mensagens críveis. Mas boatos e lendas urbanas costumam desenvolver traços que atribuem a credibilidade a alegações estranhas. A idéia de "credenciais testáveis" que discutimos no capítulo, por exemplo, é um traço comum em várias lendas urbanas; porém, ele ainda não foi discutido pela literatura de pesquisa em relação à persuasão.

120 **Por volta de 1999, uma mensagem de e-mail**: A lenda da bactéria comedora de carne em bananas é discutida em www.snopes.com/medical/disease/bananas.asp.

121 **Pam Laffin, a antiautoridade**: A história de Pan Laffin é descrita em Bella English, "Sharing a Life Gone Up in Smoke", *Boston Globe*, 20 de setembro de 1998.

122 **"Comecei a fumar para parecer mais velha"**: Extraído do website da U.S. Centers for Disease Control and Prevention, www.cdc.gov/tobacco/christy/myth.htm.

122 **A Doe Fund enviou um motorista**: agradecemos a Spencer Robertson por esse exemplo.

124 **"adquirem boa parte da"**: Jan Harold Brunvand, *The Vanishing Hitchhiker: American Urban Legends and Their Meanings* (New York: W.W. Norton & Company, 1981), 7. Este livro é, em grande parte, responsável pela criação de uma mania de lendas urbanas nos Estados Unidos. Por muitos anos, foram escritos artigos sobre folclore de pessoas modernas, mas este livro de Brunvand era tão acessível que todos começaram a ouvir falar nas lendas urbanas – e ficaram *chocados* ao saber que diferentes versões de suas histórias locais estavam sendo ditas por todas as demais pessoas da nação.

124 **Ao apresentar uma alegação tangível e concreta**: Há um debate em andamento na literatura da psicologia sobre o impacto de detalhes claros sobre a memória e a credibilidade. A nosso ver, a evidência é confusa, pois pesquisadores não foram cuidadosos ao diferenciar detalhes que apóiam ou desviam de uma mensagem *essencial*. Pessoas inevitavelmente destacam e se lembram de detalhes claros. Quando detalhes claros apóiam a mensagem essencial, ela é mais memorável e convincente, mas detalhes claros irrelevantes também podem distrair as pessoas da essência e tornar a mensagem menos memorável e convincente (daí a preocupação, na psicologia educacional, com "detalhes sedutores"). Um bom resumo das questões pode ser encontrado em Ernest T. Goetz e Mark Sadoski, "Commentary: The Perils of Seduction: Distracting Details or Incomprehensible Abstration?" *Reading Research Quarterly* 30 (1995), 500-11.

124 **Em 1986, Jonathan Shedler e Melvin Manis**: Jonathan Shedler e Melvin Manis, "Can the Availability Heuristic Explain Vividness Effects?" *Journal of Personality and Social Psychology* 51 (1986), 26-36.

130 **"Digamos que uma equipe de futebol"**: O exemplo de Covey é de um trecho de seu livro reimpresso em *Fortune*, 29 de novembro de 2004, 162.

134 **UM TUBARÃO, UM CERVO**: Agradecemos a Tim O'Hara pela idéia da comparação na Mensagem 2 da Clínica Histeria do Ataque do Tubarão.

137 **Tecidos comestíveis**: William McDonough, 2003 Conrandin Von Gugelberg Memorial Lecture on the Environment, Stanford University, 11 de fevereiro de 2003; www.gsb.stanford.edu/news/headlines/2003_vongugelberg.shtml. *Ver também* Andrew Curry, "Green Machine", *U.S. News & World Report*. 5 de agosto de 2002, 36.

142 **"O Tanque Emocional"**: O termo "Tanque Emocional" é extraído de Jim Thompson, *The Double-Goal Coach: Positive Coaching Tools for Honoring the Game and Developing Winners in Sports and Life* (New York: HarperCollins, 2003). O exercício é descrito na página 63. Este livro é leitura essencial para qualquer técnico de esportes para crianças.

143 **Mas, nos Estados Unidos**: As estatísticas na Clínica Nossa Intuição É Falha, sobre várias causas da morte, foram extraídas de 2001 Statistical Abstract of the United States.

145 **Algumas semanas antes da temporada da NBA**: A orientação a novatos da NBA é descrita em artigo excelente de Michelle Kaufman, "Making a Play for Players", *Miami Herald*, 5 de outubro de 2003.

146 **na orientação da NFL**: *Ver* Grant Wahl e L. Jon Wertheim, "Paternity Ward", *Sports Illustrated*, 4 de maio de 1998, 62.

5. Sentimentos

147 **Em 2004, alguns pesquisadores da Carnegie Mellon**: Deborah A. Small, George Loewenstein e Paul Slovic, "Can Insight Breed Callousness? The Impact of Learning About the Identifiable Victim Effect on Sympathy", ensaio, University of Pennsylvania, 2005.

150 **Este capítulo aborda o componente emocional**: Este capítulo destaca o poder das emoções de despertar o *interesse* das pessoas, mas pesquisas sugerem que idéias emocionais também são mais *memoráveis*. Emoções aumentam a memória para a "essência ou centro" de um evento. Pesquisadores da memória falam sobre "foco na arma" – pessoas que foram roubadas ou que testemunharam crimes costumam se lembrar da arma ou faca do perpetrador com muita nitidez, mas se lembram pouco do resto (*ver* Reisberg e Heuer, a seguir). As pessoas se lembram do tema emocional central de um evento e outras coisas intimamente relacionadas no espaço ou estrutura causal. Então, o destaque do conteúdo emocional de uma idéia pode ser uma maneira de levar as pessoas a se concentrar em uma mensagem principal. *Ver* Daniel Reisberg e Friderike Heuer, "Memory for Emotional Events" em *Memory and Emotion*, ed. Daniel Reisberg e Paula Hertel (Oxford: Oxford University Press, 2004).

Mark Sadoski e colegas descobriram que aspectos emocionais de textos são classificados como mais importantes (Sadoski, Goetz e Kangiser, 1988) e são recordados bem melhor (Sadoski e Quest, 1990). É interessante observar que o último artigo está entre diversos estudos de pesquisa que descobriram que as coisas são mais emocionais quando apresentam fácil visualização. Tornar as coisas concretas não apenas ajuda a torná-las compreensíveis, mas também as torna emocionais e ajuda a despertar o interesse das pessoas. Mark Sadoski e Z. Quest, "Reader Recall and Long-term Recall for Journalistic Text: The Roles of Imagery, Affect, and Importance", *Reading Research Quarterly* 25 (1990), 256-72.

Mark Sadoski, Ernest T. Goetz e Suzanne Kangiser, "Imagination in Story Response: Relationships Between Imagery, Affect, and Structural Importance", *Reading Research Quarterly* 23 (1988), 320-36.

151 **"Percebemos que não há consistência [das propagandas Verdade]"**: "Smoke Signals", LA Weekly, 24-30 novembro de 2000 (também encontrado em www.laweekly.com/ink/01/01/offbeat.php).

152 ***American Journal of Public Health***: A comparação entre as campanhas "Verdade" e "Pense. Não Fume" está em Matthew C. Farrelly, et al, "Getting to the Truth: Evaluating National Tobacco Countermarketing Campaigns", *American Journal of Public Health* 92 (2002), 901-7.

153 **que se associam a emoções**: Esse princípio ficou bem conhecido, pois Ivan Pavlov ganhou o Prêmio Nobel por ensinar cachorros a salivar em reação a uma campainha. Uma discussão divertida sobre o poder da associação se encontra no capítulo sobre "Liking" no livro de Robert Cialdini chamado *Influence: The Psychology of Persuasion* (New York: Quill, 1993). Cialdini começa apresentando o dilema do meteorologista em uma cidade chuvosa, que costuma receber correspondências com queixas de telespectadores que o associam às notícias que transmite; ele também aborda uma pesquisa sobre a "técnica do almoço", a qual mostrava que as pessoas estão mais propensas a apoiar declarações políticas que elas escutam pela primeira vez durante o almoço. O livro de Cialdini é o estudo clássico sobre influência e um dos melhores livros na área de Ciências Sociais.

153 **"*Rashomon* pode ser visto"**: C. Vognar, "Japanese Film Legend Kurosawa Dies at 88", Dallas Morning News, 7 de setembro de 1998, 1A.

154 **Em 1929, Einstein protestou**: Os comentários de Einstein sobre a forma com que as pessoas utilizavam o termo relatividade foram extraídos de David Bodanis, $E = mc^2$: *A Biography of the World's Most Famous Equation* (New York: Walter & Company, 2000). As citações estão nas páginas 84 e 261.

154 **Pesquisas conduzidas em Stanford e Yale**: Chip Heath e Roger Gould, "Semantic Stretch in the Marketplace of Ideas", ensaio, Stanford University, 2005. Neste ensaio, Chip e Roger também mostraram que sinônimos extremos da palavra *bom* (por exemplo, *fantástico* ou *surpreendente*) estão cada vez sendo mais utilizados do que sinônimos menos extremos (*OK* ou *muito bom*), e que os sinônimos extremos de *ruim* (*terrível* versus *ruim*) mostram o mesmo padrão. Está ocorrendo uma distensão semântica ou o mundo está ficando, simultaneamente, muito melhor ou muito pior.

156 **O espírito esportivo antes era uma idéia poderosa**: Jim Thompson, *The Double-Goal Coach: Positive Coaching Tools for Honoring the Game and Developing Winners in Sports and Life* (New York: HarperCollins, 2003). O Capítulo 4 aborda os problemas do espírito esportivo e a idéia de Aceitar as Regras do Jogo.

158 **Em 1925, John Caples**: O livro clássico sobre comerciais de pedido pelo correio é John Caples, *Tested Advertising Methods*, 5ª edição, revisada por Fred E. Hahn (Paramus, N.J.: Prentice Hall, 1997). Comerciais de pedido pelo correio costumam ser de baixa qualidade, mas, como dissemos no texto, eles são um dos poucos lugares onde os anunciantes obtêm feedback imediato, mensurável sobre o que funciona ou não. Isso significa que costuma haver muita sabedoria a ser obtida quando compreendemos por que eles têm essa aparência – alguém testou todos os atributos.

160 **Jerry Weissman, ex-produtor de TV**: Jerry Weissman, *Presenting to Win: The Art of Telling Your Story* (New York: Financial Times Prentice Hall, 2003). A citação está na página 18.

161 **"Não diga: 'As pessoas se sentirão seguras'"**: Caples/Hahn, *Tested Advertising*, 133.

161 **TV a cabo em Tempe**: Larry Gregory, Robert B. Cialdini e Kathleen M. Carpenter. "Self-Relevant Scenarios as Mediators of Likelihood Estimates and Compliance: Does Imagining Make It So?" *Journal of Personality and Social Psychology* 43 (1982): 89-99.

163 **Em 1954, um psicólogo chamado Abraham Maslow**: Abraham Maslow, *Motivation and Personality* (New York: Harper, 1954).

164 **A pesquisa subseqüente sugere que o aspecto hierárquico**: Ver qualquer livro de introdução à Psicologia. Qualquer autor de livro apresenta a hierarquia de Maslow, pois é um ótimo gráfico, e depois confessa que o aspecto hierárquico da sua teoria não funcionou muito bem.

164 **Imagine que uma empresa esteja oferecendo**: O bônus e os novos estudos sobre estruturação de emprego foram extraídos de Chip Heath, "On the Social Psychology of Agency Relationships: Lay Theories of Motivation Overemphasize Extrinsic Rewards", *Organizational Behavior and Human Decision Processes* 78 (1999): 25-62

166 **Jantando no Iraque**: A história de Floyd Lee foi extraída de um artigo maravilhoso, de Julian E. Barnes, "A Culinary Oasis", *U.S. News & World Report*, 6 de dezembro de 2004, 28.

167 **A pipoqueira e a ciência política**: A história da pipoqueira foi extraída de Caples/Hahn, *Tested Advertising*, 71.

168 **Diante de uma ação afirmativa**: Donald Kinder, "Opinion and Action in the Realm of Politics", em *Handbook of Social Psychology*, ed. Daniel T. Gilbert, Susan T. Fiske e Gardner Lindzey, 4ª edição (London: Oxford University Press, 1988), 778-867. O restante da citação está na página 801.

170 **James March [...] teve uma idéia parecida**: James March descreve os dois padrões da tomada de decisões – conseqüência *versus* identidade – nos Capítulos 1 e 2 de James G. March, *A Primer on Decision Making* (New York: Free Press, 1994). A análise econômica, em especial, pressupõe que todas as decisões são tomadas com base em conseqüências; então, ela faz previsões incorretas em muitas áreas em que a identidade é importante; a maioria dos economistas ficaria surpresa com o fato de que a campanha "Não mexa com o Texas" funcionaria sem a aplicação de multas por jogar lixo na rua.

171 **Em uma conferência sobre "álgebra para todos", realizada em 1993**: A mensagem 1 na Clínica Idéias foi extraída de Joseph G. Rosenstein, Janet H. Caldwell e Warren G. Crown, *New Jersey Mathematics Curriculum Framework* (New Jersey: New Jersey Department of Education, 1996).

173 **MENSAGEM 3**: A resposta de Dean Sherman e a continuação da discussão de sua pergunta entre professores de álgebra pode ser encontrada em http://mathforum.org/t2t/thread.taco?thread=1739.

174 **Dan Syrek é o melhor pesquisador dos Estados Unidos**: Seh Kantor, "Don't Mess With Texas Campaign Scores Direct Hit with Ruffian Litterers", *Austin American-Statesman*, 4 de agosto de 1989, A1.

175 **"Apelidamos ele de Bubba"**: Allyn Stone, "The Anti-Litter Campaign in Texas Worked Just Fine", *San Francisco Chronicle*, 28 de novembro de 1988, A4.

176 **Too-Tall Jones avança em direção**: O Dallas Cowboys spot é descrito em Robert Reinhold, "Texas Is Taking a Swat at Litterbugs", *New York Times*, 14 de dezembro de 1986.

177 **O plano original do Department of Transportation**: Marj Charlier, "Like Much in Life, Roadside Refuse Is Seasonally Adjusted", *The Wall Street Journal*, 3 de agosto de 1989.

6. Relatos

183 **A enfermeira estava trabalhando**: A história sobre o bebê preto-azulado foi extraída de Gary Klein, *Sources of Power: How People Make Decisions* (Cambridge, Mass.: MIT Press, 1998), 178-79.

185 **histórias certas levam as pessoas a agir**: Como nos capítulos anteriores, este capítulo destaca uma virtude das histórias – o incentivo à ação, mas poderíamos ter discutido outras. Histórias também ajudam as pessoas a compreender e recordar. É difícil contar uma história abstrata; então, relatos herdam todas as virtudes da Concretude, mas também servem como formas Simples (essencial e compacto) de integrar várias informações. Pesquisas sobre decisões tomadas por júri mostram que os jurados se baseiam muito em histórias para decidir sobre seus veredictos. Os jurados confrontam diversos fatos, apresentados em uma seqüência desordenada, com lacunas reais no registro, filtradas por meio das evidentes

tendências pessoais das testemunhas. Como eles lidam com essa complexidade? Parece que eles constroem espontaneamente uma história (ou histórias) para dar conta dessas informações confusas. Depois, eles associam sua história pessoal às histórias contadas pelos advogados de acusação e defesa, e escolhem o lado que conta uma história que mais combina com sua própria história. Em um estudo nessa área, Nancy Pennington e Reid Hastie mostram que os veredictos variam de acordo com a facilidade dos jurados em construir uma história, mesmo quando são apresentadas informações idênticas. Quando a defesa apresentava evidência na ordem de uma história desvendada, mas a acusação apresentava evidência fora da ordem da história, apenas 31% dos jurados votavam a favor da condenação do réu. Quando eram apresentadas informações exatamente iguais, mas a defesa apresentava testemunhas fora de ordem e a acusação apresentava testemunhas na ordem da história, 78% dos jurados votavam a favor da condenação. Os jurados se sentiam mais seguros em suas decisões quando os dois lados apresentavam na ordem da história; as pessoas gostam de compreender as duas histórias, encontrar a evidência clara em suas mentes e, depois, tomar uma decisão. *Ver* Nancy Pennington e Reid Hastie, "Explanation-based Decision Making: Effects of Memory Structure on Judgment", *Journal of Experimental Psychology: Learning, Memory & Cognition* 14 (1988): 521-33.

Histórias também aumentam a credibilidade. Os pesquisadores Melanie Green e Timothy Brock indicam que as atitudes formadas pela experiência direta são mais poderosas e que histórias nos dão a sensação de experiência real. Eles mostram que pessoas estão mais propensas a serem convencidas por uma história quando são "conduzidas" por ela, ou seja, quando se sentem mais envolvidas na simulação mental. *Ver* Melaine C. Green e Timothy c. Brock, "The Role of Transportation in the Persuasiveness of Public Narratives", *Journal of Personality and Social Psychology* "9 (2000): 701-21.

186 **A nova configuração da placa XER**: Julian E. Orr, *Talking About Machines: An Ethnography of a Modern Job* (Ithaca, N.Y.: Cornell University Press, 1996).

188 **"John *vestiu* seu moletom"**: Este estudo está entre dezenas de estudos que sustentam a importância da simulação mental. Para obter uma análise, *ver* Rolf A. Zwaan e Gabriel A. Radvansky, "Situation Models in Language Comprehension and Memory", *Psychological Bulletin* 123 (1998): 162-85. As pessoas não apenas simulam mentalmente o espaço, mas também simulam o tempo. Em uma história sobre pessoas entrando em um cinema, os respondentes estão mais propensos a reconhecer a referência "ao projecionista" quando só se passaram dez minutos na história do que decorridas seis horas, mesmo que as duas referências tenham sido feitas algumas frases antes, na página da linha sobre o cinema.

188 **não existe público passivo**: A melhor visão geral da pesquisa sobre "leitor ativo" é fornecida por Richard Gerrig, um pesquisador da área. Ver *Experiencing Narrative Worlds: On the Psychological Activities of Reading* (New Haven, Conn.: Yale University Press, 1988). Gerrig diz que Samuel Coleridge estava errado ao descrever nossa capacidade de apreciar histórias como a "suspensão da descrença", pois sua citação implica que o estado padrão do ser humano é a descrença cética. Na realidade, o real estado é o oposto disso. É *fácil* ficar envolvido por uma história; é *difícil* avaliar argumentos de forma cética, desconfiando deles até que sejam provados. Uma das ilustrações do poder da simulação que mais gostamos é a pesquisa de Gerrig sobre histórias com finais conhecidos. Quando as pessoas estão no meio de uma história, elas costumam ficar tão envolvidas na simulação que momentaneamente agem como se tivessem esquecido um final óbvio. Cuidado com aquele iceberg, *Titanic*!

190 **Por que a simulação mental funciona?**: Batucada, Torre Eiffel, limonada e outros exemplos foram extraídos de Mark R. Dadds, Dana H. Bovbejerg, William H. Redd e Tim R.H. Cutmore, "Imagery in Human Classical Conditioning" *Psychological Bulletin* 122 (1997): 89-103.

191 **Uma análise de 35 estudos**: James E. Driskell, Carolyn Copper e Aidan Moran, "Does Mental Practice Enhance Performance?" *Journal of Applied Psychology* 79 (1994): 481-92.

193 **Lidando com alunos problemáticos**: A Mensagem 1 foi extraída de uma página de dicas, "Tips for Dealing with Student Problem Behaviors" do Office for Professional Development, Indiana University-Purdue University Indianapolis. *Ver* www.opd.iupui.edu/uploads/library/IDD/IDD6355.doc. A Mensagem 2, de Alison Buckman, foi originalmente publicada em http://research.umbc.edu/~korenman/wmst/disruptive_students2.html.

196 **Quando Fogle se inscrevia**: Ryan Coleman, "Indiana U. Senior Gains New Perspective on Life", *Indiana Daily Student*, 29 de abril de 1999.

198 **Em 1999, as vendas da Subway**: As estatísticas de desempenho da Subway, da Schlotzky's e da Quiznos foram extraídas de Bob Sperber, "In Search of Fresh Ideas", *Brandweek*, 15 de outubro de 2001, M54.

201 **Blumkin é uma mulher russa**: Rose Blumkin é descrita por Warren Buffett em sua carta de acionista, em 1983 (*ver* www.berkshirehathaway.com/letters/1983.html).

202 **Esses três enredos básicos**: Estes são resultados da pesquisa de Chip em Stanford. Após estudar lendas urbanas por um tempo (histórias que costumam ser especialistas na criação de emoções negativas como medo, raiva ou repugnância), ele perguntou se havia histórias que circulavam em função das emoções positivas que produziam. Nada melhor do que começar pelas histórias do livro *Histórias para aquecer o coração*. Na pesquisa sobre as freqüências dos três enredos, os avaliadores recebem o sistema de classificação, mas nenhuma outra informação sobre as hipóteses da pesquisa. Embora os avaliadores trabalhassem de forma independente, duplas de avaliadores que analisaram as mesmas histórias apresentaram grande divergência nas classificações.

Outro estudo de Stanford sugere que esses três enredos são uma boa forma de garantir que suas histórias sejam mais inspiradoras. Alguns alunos receberam a atribuição de localizar uma história real capaz de inspirar seus colegas de turma. Essa história poderia ser tirada de sua vida pessoal ou de alguma outra fonte pública. Posteriormente, o restante da turma avaliou as histórias para determinar sua capacidade de inspirar, ou seja, o poder de levá-los a se sentir orgulhosos, empolgados e determinados. As histórias que apresentavam um dos três enredos tinham probabilidade bem maior de serem classificadas como as 50% melhores. Mas, dentre as histórias classificadas como as 10% melhores, todas tinham um ou mais dos três enredos.

Outro estudo mostrou que cada enredo leva a um tipo específico de atividade. As pessoas leram uma seleção de histórias, uma por dia, e registraram como se sentiam após ler cada história. Enredos do Desafio levaram as pessoas a querer definir metas mais altas, a assumir novos desafios, a se esforçar mais e a persistir por mais tempo. Enredos da Conexão levaram as pessoas a querer trabalhar com os outros, a ajudá-los e a ser mais tolerantes. Enredos da Criatividade levaram as pessoas a querer algo diferente, a serem criativas, a experimentar novas abordagens. Então, as histórias certas não apenas nos indicam como agir, mas também operam como um tipo de pacote de baterias psicológicas, oferecendo a energia para entrar em ação. Notavelmente, nenhuma dessas histórias tinha maior probabilidade de levar a uma atividade "prazeroza". As pessoas não estavam mais propensas a fazer algo para se divertir – ouvir uma boa música, assistir à TV ou fazer uma boa refeição; em vez disso, elas queriam sair e realizar algo. Então, essas histórias levam à ação produtiva, mas não ao envolvimento pessoal passivo.

203 **Como resposta, Jesus contou uma história**: A parábola do bom samaritano foi extraída de New International Version of the Bible, Lucas 10:25-37.

205 **Ingersoll-Rand**: A história do Grinder Team é contada no Capítulo 6 de Tom Peters, *Liberation Management* (New York: Knopf, 1992).

207 **Histórias no Banco Mundial**: Essa seção se baseia em dois livros excelentes de Stephen Denning. Seu primeiro livro, sobre a função da narrativa em organizações, é *The Springboard: How Storytelling Igni-*

tes Action in Knowledge-Era Organizations (Boston: Butterworth-Heinemann, 2001). Há vários livros disponíveis que abordam a função da narrativa em empresas e na estrutura organizacional; *The Springboard* é o melhor livro sobre o assunto e figura entre os melhores livros de negócios de todos os tempos. Um livro subseqüente que descreve vários enredos de história, que não são histórias de trampolim, é *The Leader's Guide to Storytelling: Mastering the Art and Discipline of Business Narrative* (San Francisco: Josey-Bass, 2005). A citação "empresa na Sibéria" foi extraída de um discurso de Stephen Denning na IDEO, 9 de junho de 2005.

208 **"Que conversa estranha"**: Denning, *The Leader's Guide*, 63.

209 **"Por que não transmitir a mensagem de forma direta?"**: Denning, *The Springboard*, 80.

209 **"voz que sussurra em seu ouvido"**: Denning, *The Leader's Guide*, 62.

210 **Klein conta outra história**: A história de resumo dos resultados da conferência foi extraída de Klein, *Sources of Power*, 195-96.

Conclusão: O que cola

213 **Conforme recontado por Ralph Keyes**: Ralph Keyes, *Nice Guys Finish Seventh: False Phrases, Spurious Sayings and Familiar Misquotations* (New York: Harper-Collins, 1992). Esse livro contém vários exemplos interessantes de como provérbios evoluem e mudam, à medida que se espalham na sociedade.

ÍNDICE

Este livro foi impresso nas oficinas gráficas da Editora Vozes Ltda.,
Rua Frei Luís, 100 – Petrópolis, RJ.